中国企业集团财务公司
行业发展报告
(2019)

DEVELOPMENT REPORT ON
CHINA'S FINANCE COMPANIES (2019)

中国财务公司协会
中国社会科学院财经战略研究院　编著

社会科学文献出版社
SOCIAL SCIENCES ACADEMIC PRESS (CHINA)

编委会

主　　　任：盖永光
副 主 任：张永军　何德旭　李玉平　郝　彬
委　　　员：刘　宏　刘　永　李占国　张蓓蕾　沈根伟　陈景东

主　　　编：李玉平
编写组成员（按姓氏笔画排序）：
　　　　　　王文汇　王晓莉　王朝阳　孔　舰　史晓琳　吕　煌
　　　　　　朱　静　朱晓雯　刘　畅　刘姜琛　孙现梅　李清军
　　　　　　杨　睿　汪　恒　张　剑　陈　达　尚丽丽　周建林
　　　　　　郑联盛　孟雅婧　陶　亮　蒋　燕

前　言

2018年，面对严峻的国内外经济金融形势，在党中央、国务院的正确领导和中国银行保险监督管理委员会的有效监管和积极引导下，企业集团财务公司坚持稳中求进工作总基调，助力集团践行国家战略，持续提升各项金融服务，切实加强全面风险管控，积极应对多重困难挑战，在传统业务挖潜、产业链金融创新、内控机制完善、信息科技建设等方面取得了显著成效。

助力集团践行国家战略，加大服务实体经济力度。2018年，财务公司继续坚持以服务供给侧结构性改革为主线，借助融合产业及金融的天然优势，顺应国家政策变化及金融市场形势发展，协助集团规划负债规模及结构，选择合适的融资工具，帮助集团降低负债水平。持续通过存贷利率优惠、结算免费、手续费减免等措施全力支持集团产业发展，最大限度帮助企业降本增效。2018年，财务公司行业通过利率优惠、费用减免等措施，累计为企业节约各项成本790.34亿元。同时，财务公司作为集团产业发展的助推器和稳定阀，不断拓展业务覆盖的广度和深度，完善支持成员企业深度融入"一带一路"建设的金融服务方案，持续提升服务集团国际化发展的水平和质量。2018年，财务公司行业支持企业集团积极参与"一带一路"建设，累计办理国际结算达到933.64亿元，为国家"一带一路"建设的顺利推进做出应有贡献。

持续提升各项金融服务，深入贯彻新发展理念。2018年，财务公司从所在企业集团的行业特征、业务特点、管理模式等实际情况出发，紧密贴合集团产业发展降成本、提效率诉求，不断优化金融服务手段，完善融资服务方案，尤其是传统业务在不断扩大规模、丰富产品、改进服务的同时，不断提升自身发展质量和发展内涵，各项金融服务与财务公司所在集团的主业发展进一步深度融合，呈现出从外延式发展到内涵式发展的良好态势，迸发出勃勃生机。在贯彻新发展理念上，资金集中业务体现尤为突出，通过走内涵式发展道路，财务公司资金集中业务与集团管理体系运转和主营业务运转进一步深度融合。2018年末，全行业资金集中度达到49.48%，相比2017年增长1.57个百分点，保持了稳步发展态势，成为财务公司为集团提供各类金融服务、发挥辅助管理职能的坚实基础。

切实加强全面风险管控，巩固行业持续发展基础。2018年，财务公司顺应"严监管""强监管"形势，提高全流程全面风险管理水平，将合规风控要求全面嵌入公司经营管理各个环节。2018 年末，财务公司不良资产余额 316.00 亿元，同比增长 297.65 亿元；不良资产率为 0.46%，同比增长 0.43 个百分点。面对复杂严峻的风险压力，财务公司居安思危、主动作为，不断完善风控架构，优化制度流程，切实提高风险管理水平；通过风险管理与公司整体战略、具体业务操作环节的深度融合，形成以风险管理为导向的管理闭环；加大专门机构、专职岗位、专业人员等方面的投入与保障，在业务日益复杂、管理时效性要求日益提高的情况下积极推进风险管理数字化与信息化，开发专业系统，探索将大数据、云计算、人工智能等前沿技术手段用于风险管理实践；同时面向全员强化风险意识，建设风险文化，将风控基因深深植入公司肌体，扎实巩固财务公司行业可持续健康发展的基础。

2019 年是新中国成立 70 周年，是决胜全面建成小康社会第一个百年奋斗目标的关键之年，财务公司将以习近平新时代中国特色社会主义思想为指导，全面贯彻落实中央经济工作会议精神，按照"六稳"工作要求，坚持新发展理念，坚持高质量发展，坚持以供给侧结构性改革为主线，加大服务实体经济力度。充分发挥对接产业与金融的独特优势，继续服务所在集团和上下游产业链，通过有针对性的金融服务和辅助管理手段，提高对国家重要战略部署的对接与服务能力。同时，财务公司将以"严风控""强风控"作为行业发展的重要主题，以风险意识、合规意识、底线意识引领生产经营全局，在更好适应"严监管""强监管"形势的同时，巩固行业发展基础，扫除行业发展隐患，为维护和提升行业整体声誉创造条件。

为全面、深入反映 2018 年企业集团财务公司行业发展的主要成绩和运行特点，展望未来行业发展趋势，中国财务公司协会第四次组织编著了《中国企业集团财务公司行业发展报告》。报告共分为六篇，分别为环境篇、机构篇、业务篇、风险篇、服务篇和发展篇，从多个角度、多个方面对企业集团财务公司行业进行介绍、分析和展望，力求报告内容客观准确、全面翔实。

本报告编著人员均有丰富的从业经验和扎实的研究功底，在报告撰写过程中，召开多次研讨会议，对报告的定位、框架、风格、体例、观点等进行了反复沟通和不断完善，希望它能为社会各界了解财务公司经营管理和发展历程，为业内外研究交流提供一定的参考。

中国财务公司协会
2019 年 5 月

导 言

2018年是不平凡的一年。世界经济形势发生了重大的变化，全球经济增长未能延续过去几年温和复苏态势，经济下滑压力较为显著，同时出现了显著的结构性分化趋势。2018年世界经济增长约3.7%，美国经济持续向好，欧元区、日本经济面临显著压力，新兴经济体亦呈现结构性分化态势。更重要的是，全球经济面临美国主导的单边主义的冲击，逆多边合作、逆全球化的政策思维严重冲击现有国际经济政治格局，对全球经济带来了巨大的不确定性。

面临内外的诸多不确定性，2018年中国经济发展较好完成预期发展目标，经济运行在合理区间，我国全年国内生产总值突破90万亿元大关，实际经济增速为6.6%。2018年中国经济物价水平整体稳定，供给侧结构性改革成效显著，三大攻坚战取得积极进展，金融风险防控主动有效，结构性矛盾有所缓释。当然，中国经济的结构性问题仍较为凸显，不平衡不充分矛盾较为突出，系统性金融风险防范化解仍是重要任务，供给侧结构性改革有待进一步深化，经济高质量转型仍在路上。

面对日益复杂的国内外形势，尤其是中美贸易战的冲击，企业集团财务公司作为我国金融体系重要的一个组成部分，服务国内200多家大中型企业集团及其20多个重要产业，认真贯彻党中央国务院的各项方针政策，坚持服务实体经济的初衷，坚决贯彻高质量转型发展战略，深化供给侧结构性改革，对产融结合、降本增效和实体经济发展都提供了有益的支撑。

2018年企业集团财务公司行业整体继续保持良好的发展态势，继续深化业务结构转型，继续守住不发生系统性金融风险的底线，整体取得了较好的发展业绩。一是行业机构数量和资产规模继续保持良好增长态势。截至2018年末，全行业法人机构数量253家，较2017年末增加6家。2018年末，全行业表内外资产总额9.50万亿元，同比增长9.3%。二是财务公司行业经营状况良好。2018年，全行业实现营业净收入1413亿元，同比增速为15.79%；2018年，全行业实现净利润790.34亿元，同比增加4.92%。三是财务公司行业风险控制得当，整体保持稳健发展态势。虽有个别财务公司出现了风险事件，但财务公司整体经营稳健，风险指标整体优良。2018年末，财务公司行业不良资产余额为316亿元。行业平均不良资产率为0.46%，不良贷款率为

0.96%。无不良资产的财务公司达 214 家，占全行业的比例达到 85.6%。行业平均资本充足率 20.48%，核心一级资本充足率 19.49%，拨备覆盖率 292.85%。四是财务公司行业资金集中度继续提高。财务公司进一步加强资金归集能力，充分发挥集团资金管控功能。截至 2018 年末，全行业平均资金集中度达到 49.48%，较 2017 年上升 1.57 个百分点，再创历史新高。

财务公司继续坚持服务实体经济的基本定位，深化金融供给侧结构性改革，不断提升服务实体经济的能力与水平。2018 年，财务公司行业紧扣集团和所在行业的发展需求，不断加大对集团和成员单位的信贷支持力度，支持实体产业发展成效显著。全年累计发放贷款 4.55 万亿元，同比增长 13.03%，远高于经济增长速度。在服务好所在企业集团的同时，财务公司行业积极探索服务产业链和服务实体经济的新机制，尤其是重点拓展产业链金融服务。2018 年，有 37 家财务公司向产业链下游开展消费信贷、买方信贷和集团产品融资租赁业务，涉及中小微企业 4756 家；有 54 家财务公司向产业链上游开展延伸产业链业务，全年累计发生额 1318 亿元，涉及中小微企业 5287 家。财务公司通过产业链金融更好地服务集团主业，改善产业链上下游企业融资难、融资贵的现状，促进了产业链整体健康发展。

2018 年财务公司资产负债良性互动，资产规模从高速增长转为稳健增长，负债规模保持合理扩张态势，动态有效地支持企业集团、产业转型和高质量发展。2018 年末，全行业表内外资产总额 9.50 万亿元，增速 9.30%。其中，表内资产总额 6.33 万亿元，同比增长 10.68%。资产增速比上年收窄了近 10 个百分点，但仍然高于银行业平均增速 4.41 个百分点。2018 年末，财务公司全行业负债规模跟随资产规模增速呈下降趋势，全行业负债为 5.43 万亿元，同比增长 10.28%，增速下降 10.13 个百分点。存款仍是财务公司最主要的负债业务类型，2018 年末各项存款占总负债的比重为 94.26%。

2018 年财务公司同业业务和中间业务继续保持稳健发展态势，国际化业务创新发展趋势较为显著，业务结构不断完善，各项业务取得积极进展。一是积极适应经济政策、货币政策和同业市场变化，统筹存放同业、同业拆借、买入返售和卖出回购等业务，同业业务增长良好，同业金融资源得到有效利用，同业业务结构持续优化。截至 2018 年末，财务公司行业存放同业余额 24578.55 亿元，同比增长 8.98%；同业拆入余额 1208.57 亿元，同比增长 10.15%；拆放同业余额 561.01 亿元，同比增长 31.58%。二是顺应企业集团综合化金融服务需求的大势，不断深化完善中间业务，在 2017 年中间业务大发展的情况下继续保持良好发展态势。2018 年度财务公司行业结算业务发生额 433.17 万亿元，同比增长 23.22%；票据承兑业务发生额 8460.34 亿元，同比增长 22%。三是积极适应经济全球化和业务国际化的趋势，着力于国际业务开展创新，外汇交易、外汇资金池、跨境人民币资金集中运营、自贸区业务等国际金融服务均取得良好的进展。2018年财务公司行业的外汇交易金额是14137.43亿元。截至2018年末，持有人民币外汇即期、人民币外汇衍生品、外币对和外币拆借交易会员资格的财务公司，分别为83家、16家、13家和65家，分别较上年末增加8家、2家、1家和12家。85家财务公司作为主办企业获得开展跨国公司外汇资金集中运营管理的资质，较上年末增加2家。

风险管理是财务公司稳健经营的核心保障。2018年，在美联储加息缩表、英国脱欧等外部冲击和国内金融监管延续严格监管态势的背景下，财务公司不断完善风险治理架构，不断强化风险管理职能，优化风险管理制度体系和各项风险管理方法，风险监管指标总体良好，行业总体风险水平保持稳定。尽管有个别风险事件发生，但财务公司行业整体守住了不发生系统性金融风险的底线。截至2018年末，全行业共214家财务公司无不良资产，占全行业财务公司的85.6%；受个别财务公司风险事件影响，本年末不良贷款率为0.96%，较上年提高0.9个百分点，但仍低于商业银行平均水平0.93个百分点。全行业平均资本充足率20.48%，资本充足情况良好；资产负债结构趋于合理。2018年各季末财务公司行业流动性比例均值为62.34%，流动性相对宽裕。同时，财务公司行业在个别风险事件的启发下，进一步完善风险治理结构、加强风险管理制度建设、增强风险管理文化，重点加强信用风险、市场风险、操作风险、流动性风险等管控，尤其是着力于新兴业务的风险管理，并通过风险管理信息系统建设夯实风险管控的技术基础。

2018年财务公司服务功能不断深化，对于企业集团、成员单位和产业链等的服务功能不断深化完善。首先，在服务企业集团践行国家战略、服务企业集团平台功能发挥、服务企业集团风险管控等方面发挥了重要的作用。尤其在服务国家战略上，财务公司积极配合企业集团，重点服务供给侧结构性改革，重点服务"一带一路"倡议，重点服务"三大攻坚战"，重点服务高质量转型发展。其次，在服务成员单位上，财务公司坚定不移地协助所在集团深入实施创新驱动发展，大力推动成员单位新旧动能转换，妥善处置深化改革、"处僵治困"带来的各种风险和挑战，在企业集团和成员单位供给侧结构性改革、创新驱动发展和高水平开放上发挥了积极的服务功能。在服务产业链上，财务公司借助贯通全产业链金融服务的发展优势不放，通过持续加强对产业链上下游的金融服务，使供应链各环节紧密联结，帮助企业集团建立了长期稳定贸易合作关系，有效润滑了整个供应链的管理，逐步解决产业链失衡问题，引导并推动所在集团重点领域与产业转型升级，着力支持产业链践行国家高质量转型发展战略。

2019年是新中国成立70周年，中国改革开放和国家建设将进入新的历史时期，中国高质量发展转型将进一步深化，财务公司行业发展前景光明。在2019年2月政治局第十三次集体学习中，习近平总书记提出要注重在稳增长的基础上防风险，强化财政政策、货币政策的逆周期调节作用，确保经济运行在合理区间，坚持在推动高质量发展中防范化解风险。政策部门将继续实施积极的财政政策和稳健的货币政策，实施就业优先政策，加强政策协调配合，确保经济运行在合理区间，促进经济社会持续健康发展。2019年以及未来一段时间，中国改革开放和高质量发展转型的最大不确定性来自美国，美国政府的单边主义政策以及中美贸易战的持续升级，将可能对中国贸易稳定、金融稳定和经济稳定等带来显著的外部冲击，中国内外统筹的任务更加艰巨。2019年，财务公司、企业集团和相关产业面临的外部金融经济环境将更加复杂，发展转型、结构优化和风险防控的任务将更为艰巨。

财务公司转型发展需要统筹行业发展新特征、新挑战和新趋势，构建高质量发展的新体系。过去一段时间，财务公司发展呈现出五个新的特点：一是传统业务迸发持续发展活力；二是产业链金融创新深化；三是严监管成为常态；四是信息化成为基础支撑；五是生态链建设上新台阶。同时，财务公司面临四个显著的挑战：首先，宏观经济下行压力将传导至与实体紧密关联的财务公司；其次，金融市场波动将对财务公司稳健经营带来直接的风险；再次，金融监管强化将对业务拓展产生一定的抑制作用；最后，金融供给侧结构性改革对财务公司提出更高的服务要求。为了更好地实现转型发展，财务公司需要在以下五个方面进行布局：一是对接国家战略，服务实体经济；二是回归行业本源，规范发展方向；三是发挥独特优势，赋能集团发展；四是提升服务能力，优化金融供给；五是狠抓风险管控，守住风险底线。

目 录

第一篇　环境篇	1
第一章　经济环境	3
一　世界经济形势	3
二　中国经济形势	10
第二章　货币金融环境	21
一　货币市场环境	22
二　资本市场环境	28
三　外汇市场环境	33
第三章　政策环境	36
一　宏观经济政策环境	36
二　货币政策环境	40
三　财政政策环境	43
四　金融监管政策环境	45
五　国有资产管理政策环境	49
第四章　行业自律环境	52
一　积极完善行业自律规章	52
二　严谨开展行业评级工作	53
三　继续推进行业社会责任建设	53

四　着力引领行业科学发展　　53
　　五　全面加强党对行业的领导　　53

第二篇　机构篇　　55

第五章　机构概览　　57
　　一　总体情况　　57
　　二　分布情况　　59

第六章　经营概况　　62
　　一　财务状况　　62
　　二　经营成果　　66

第七章　信息科技　　72
　　一　信息科技基本概况　　72
　　二　信息系统应用情况　　72
　　三　信息科技发展趋势与展望　　87

第八章　人力资源管理　　91
　　一　人才队伍基本概况　　91
　　二　人才选用在强化组织领导下跃上新台阶　　92
　　三　人才素质在优化培训体系中得到新提升　　95
　　四　人才成长在深化职业发展中迈出新步伐　　99
　　五　人才价值在量化考核管理中发挥新作用　　102
　　六　人才动力在活化薪酬分配中呈现新亮点　　104

第三篇　业务篇　　107

第九章　资产业务　　109
　　一　总体情况　　109
　　二　贷款业务　　110
　　三　投资业务　　121

第十章　负债业务　125
一　总体情况　125
二　存款业务　126

第十一章　同业业务　133
一　总体情况　133
二　存放同业　135
三　同业拆借　138
四　买入返售与卖出回购　144
五　其他同业业务　150

第十二章　中间业务　152
一　总体情况　152
二　结算业务　154
三　担保类业务　156
四　委托类业务　161
五　顾问类业务　163

第十三章　国际业务　169
一　总体情况　169
二　外汇交易　172
三　外汇资金池　177
四　跨境人民币资金集中运营　182
五　其他国际业务　184
六　国际财资服务　187

第四篇　风险篇　195

第十四章　行业风险概况　197
一　基本情况　197
二　风险治理架构　198
三　风险管理制度建设　203

四	风险管理信息系统建设	204
五	风险管理文化建设	205

第十五章　风险管理策略　　　　　　　　　　　　　　208
    一　信用风险管理　　　　　　　　　　　　　　　208
    二　市场风险管理　　　　　　　　　　　　　　　215
    三　流动性风险管理　　　　　　　　　　　　　　217
    四　操作风险管理　　　　　　　　　　　　　　　221

第五篇　服务篇　　　　　　　　　　　　　　　　　225

第十六章　服务企业集团　　　　　　　　　　　　　　227
    一　服务集团践行国家战略　　　　　　　　　　　227
    二　服务集团平台功能发挥　　　　　　　　　　　236
    三　服务集团有效管控风险　　　　　　　　　　　241

第十七章　服务成员单位　　　　　　　　　　　　　　244
    一　支持成员单位深入实施转型升级　　　　　　244
    二　助力成员单位创新驱动发展战略　　　　　　245
    三　配合成员单位的国际化业务开展　　　　　　247

第十八章　服务产业链　　　　　　　　　　　　　　　249
    一　助力疏通货币政策传导机制　　　　　　　　249
    二　协同构建一体化产业金融服务体系　　　　　252
    三　运用科技变革产业链金融服务模式　　　　　253

第六篇　发展篇　　　　　　　　　　　　　　　　　257

第十九章　新特点　　　　　　　　　　　　　　　　　259
    一　传统业务迸发新生机　　　　　　　　　　　259
    二　产业链金融引领新业务　　　　　　　　　　261
    三　严监管筑牢发展新基础　　　　　　　　　　262

	四　信息化勾画未来新蓝图	264
	五　生态链建设再上新台阶	266

第二十章　新挑战　268
　　一　宏观形势显著影响产业发展　268
　　二　金融市场波动带来明显压力　269
　　三　监管环境持续约束业务创新　270
　　四　内外环境变化提出更高要求　271

第二十一章　新趋势　274
　　一　对接国家战略，服务实体经济　274
　　二　回归行业本源，规范发展方向　274
　　三　发挥独特优势，赋能集团发展　275
　　四　全面提升能力，优化金融供给　275
　　五　狠抓风险管控，巩固发展基础　276

附　录　279

财务公司机构名录　280

后　记　289

Contents

Part 1	Environment		1
Chapter 1	Economic Environment		3
	Ⅰ	World Economy	3
	Ⅱ	Chinese Economy	10
Chapter 2	Financial Environment		21
	Ⅰ	Money Market	22
	Ⅱ	Capital Market	28
	Ⅲ	Foreign Exchange Market	33
Chapter 3	Policy Environment		36
	Ⅰ	Macroeconomic policy	36
	Ⅱ	Monetary Policy	40
	Ⅲ	Fiscal Policy	43
	Ⅳ	Regulatory Policy	45
	Ⅴ	Policy on State-owned Assets	49
Chapter 4	Industrial Self-discipline		52
	Ⅰ	Promoting Industrial Self-regulation	52
	Ⅱ	Developing Industrial Rating System	53
	Ⅲ	Improving Industrial Social Responsibility Management System	53

	Ⅳ	Leading the Scientific Development of the Industry	53
	Ⅴ	Strengthening the Party's Leadership of the Industry	53

Part 2　Finance Companies　55

Chapter 5	Overview of Finance Companies		57
	Ⅰ	General Introduction	57
	Ⅱ	Distribution	59

Chapter 6	Business Operations of Finance Companies		62
	Ⅰ	Finance Situation	62
	Ⅱ	Operations	66

Chapter 7	Information Technology		72
	Ⅰ	Basic Environment	72
	Ⅱ	Application of Information System	72
	Ⅲ	IT Development Trend and Prospect	87

Chapter 8	Human Resources		91
	Ⅰ	Basic Environment	91
	Ⅱ	Improving Human Resources Allocation	92
	Ⅲ	Stengthening Training to Improve Staff Quality	95
	Ⅳ	Broadening Career Path to Encourage Staff Self-development	99
	Ⅴ	Innovating Performance Assessment to Improve Staff Professionality	102
	Ⅵ	Optimizing Remuneration to Vitalize Energy	104

Part 3　Business　107

Chapter 9	Asset Business		109
	Ⅰ	Overview	109
	Ⅱ	Loans	110
	Ⅲ	Investment	121

Chapter 10	Liabilities	125
	Ⅰ Overview	125
	Ⅱ Deposits	126
Chapter 11	Interbank Business	133
	Ⅰ Overview	133
	Ⅱ Interbank Deposits	135
	Ⅲ Interbank Lending	138
	Ⅳ Repo and Reverse Repurchase	144
	Ⅴ Other Interbank Business	150
Chapter 12	Intermediary Business	152
	Ⅰ Overview	152
	Ⅱ Settlement	154
	Ⅲ Guarantee Business	156
	Ⅳ Commission Business	161
	Ⅴ Consultancy Business	163
Chapter 13	International Business	169
	Ⅰ Overview	169
	Ⅱ Foreign Exchange Trading	172
	Ⅲ Foreign Exchange Cash Pool	177
	Ⅳ Capital Centralization of Cross border RMB	182
	Ⅴ Other Businesses	184
	Ⅵ International Treasury Services	187

Part 4 Risks — 195

Chapter 14	Risk Management Overview	197
	Ⅰ Overview	197
	Ⅱ Risk Governance Structure	198
	Ⅲ Risk Management Policies and Framework	203

	Ⅳ	Risk Management IT System	204
	Ⅴ	Risk Management Culture	205

Chapter 15　Risk Management Strategies　208
　　Ⅰ　Credit Risk　208
　　Ⅱ　Market Risk　215
　　Ⅲ　Liquidity Risk　217
　　Ⅳ　Operational Risk　221

Part 5　Service　225

Chapter 16　Service for the Corporate Groups　227
　　Ⅰ　Assisting Corporate Groups in Implementing National Strategies　227
　　Ⅱ　Serving Corporate Groups and Well-positioning　236
　　Ⅲ　Serving Corporate Groups in Mitigating Risks　241

Chapter 17　Service for the Member Units　244
　　Ⅰ　Supporting Industrial Upgradation of Member Units　244
　　Ⅱ　Serving Member Units in Innovation-driven Development Strategy　245
　　Ⅲ　Serving Member Units in International Businesses　247

Chapter 18　Service for the Industrial Chain　249
　　Ⅰ　Achieving Monetary Policy Transmission Mechanism　249
　　Ⅱ　Creating Integrated Industrial Financial Service System　252
　　Ⅲ　Using Technology to Transform the Industrial Chain Financial Service Model　253

Part 6　Development　257

Chapter 19　New Features　259
　　Ⅰ　Revitalized Traditional Businesses　259

	II	Promising Industrial Chain Finance	261
	III	Strengthened Financial Regulation	262
	IV	Deeply-constructed Industrial Information System	264
	V	Improved Industrial Chain Cycle	266

Chapter 20		New Challenges	268
	I	Domestic and Overseas Macro Economy	268
	II	Financial Market Fluctuations	269
	III	Stricter Financial Regulation	270
	IV	Internal and External Policy Changes	271

Chapter 21		New Trend	274
	I	Integrating the State Strategies to Better Serve the Real Economy	274
	II	Standardizing Industrial Development and Focusing on Main Businesses	274
	III	Leveraging Industrial Advantages and Supporting the Groups	275
	IV	Improving Financial Services to Optimize Financial Supply	275
	V	Strengthening Risk Management to Maintain Steady and Healthy Development	276

Appendix	279

List of Finance Companies	280

Afterwords	289

第一篇 环境篇

2018年，世界经济形势发生了深刻且复杂的变化。世界经济增速约为3.7%，未能延续上年强劲的复苏势头，以美国为主的部分发达经济体的狭隘单边主义与保护主义拖累世界经济发展进程。2018年是改革开放40周年，也是全面贯彻党的十九大精神的开局之年，中国在外有所患、内有所忧的复杂形势下，经济迎难而上，继续保持总体稳定、稳中有进的增长态势。

2018年，国际金融环境波诡云谲，金融形势并不平稳。美国的系列政策举措成为影响世界经济增长、扰动国际金融市场和改变国际经贸规则的主要源头。中国货币政策调控较好地把握了支持实体经济、防范金融风险和兼顾内外均衡之间的平衡。货币市场、债券市场整体运行平稳，股市波动相对较大。全球外汇市场出现较大的结构性变化。人民币对美元持续贬值，同时人民币汇率双向波动的态势较为显著。

2018年，面对经济下行压力，宏观经济政策适时调整，"去杠杆"边际放缓，而"稳增长"政策目标的重要性边际提升。以"纾困民企"为重点的维稳之策成为财务公司发展的有效助推力。在坚持稳健中性的基础上，货币政策适时调整，疏通传导机制，保持人民币汇率弹性，为供给侧结构性改革和高质量发展营造了适宜的货币金融环境。货币政策趋松，对财务公司的负债端以及资产端产生了一定影响。积极财政是2018年财政政策的主基调。基建补短板、减税降费、扩大内需的政策导向激发了财务公司的活力。2018年金融监管是2017年监管的延续，更多针对乱象根源，建章立制，强化协调，为功能监管"持久战"做好保障。各种监管措施对财务公司运行，尤其是投资业务提出了更高要求。各级国资监管机构加快推进从管企业向管资本转变，通过出台一系列政策条例，不断推动国有资本做优、做大、做强。国资委从资金集中管理、业务规范、风险防控、组织治理等方面对央企财务公司提出新要求。

2018年，中国财协积极完善行业自律规章，重新修订《中国财务公司协会章程》，增加了党的建设和社会主义核心价值观等内容，全面加强党对行业的领导，严谨开展行业评级工作，继续推进行业社会责任建设，着力引领行业科学发展。

Part 1 Environment

In 2018, the global economic situation has undergone profound and complex changes. The world economy grew at a rate of about 3.7%, failing to sustain the strong recovery momentum of the previous year. Unilateralism and protectionism of some developed economies led by the United States dragged down the world economic growth. In the 40th anniversary of reform and opening-up in 2018 and the full implementation of the spirit of the 19th National Congress of the Communist Party of China, under the complicated situation of external troubles and internal worries, the Chinese economy has risen to the challenges and continues to maintain overall stability and steady growth.

In 2018, the international financial environment was in turmoil and unstable. A series US policies have become the main source of economic fluctuations, disrupted international financial markets, and altered international economic and trade rules. China's monetary policies have better grasped the balance between development of the real economy, prevention of financial risks, and the internal and external equilibrium. The money market and the bond market as a whole ran smoothly, and the stock market was relatively volatile. There was a major structural change in the global foreign exchange market. The renminbi continued to depreciate against the US dollar, and the two-way fluctuation of the RMB exchange rate was more apparent.

In 2018, in the face of economic downward pressure, macroeconomic policies were adjusted in a timely manner, and the *de-leverage* margin slowed down, while the importance of the stable growth increased. The strategy of maintaining stability with the focus on *Private Enterprises Bailout* has become an effective boost for the development of finance companies. On the basis of adhering to a stable and neutral development, monetary policy was adjusted in a timely manner, dredging the transmission mechanism, maintaining the flexibility of the RMB exchange rate, and creating a suitable monetary and financial environment for supply-side structural reform and high-quality development. The loosening of monetary policy has had a certain impact on the debt side and asset side of finance companies. Active fiscal policy is the main tone in 2018. Policies of filling the gap of infrastructure construction shortfalls, tax cuts and fee reductions, and expansion of domestic demands have spurred the vitality of finance companies. Financial supervision in 2018 continued the basic tone of that in 2017, which was more directed at the roots of chaos. By establishing rules and regulations and strengthening coordination, the regulation was preparing for the "protracted war" of functional supervision. Various regulatory measures put forward higher requirements for the operation of finance companies, especially investment businesses. State-owned assets supervisory institutions at all levels have accelerated the transformation from managing enterprises to managing capital. Through the introduction of a series of policies and regulations, the SOA institutions have continuously improved the total asset volume as well as management quality. The State-owned Assets Supervision and Administration Commission (SASAC) put forward new requirements for finance companies of centrally-managed enterprises in terms of centralized fund management, business standards, risk prevention and control, and organizational governance.

In 2018, China National Association of Finance Companies (CNAFC) actively improved the industrial self-discipline, revised the Statutes of the Association, adding parts on party building and socialist core values. CNAFC comprehensively strengthened the party's leadership in the industry, and rigorously carried out the industrial rating work. Besides, the association kept improving social responsibility of the industry and played a positive role in promoting the scientific development of the industry.

第一章
经济环境

2018年，世界经济形势发生了重大的变化：一是全球经济出现了显著的结构性分化趋势，美国经济持续向好，欧元区、日本经济面临显著压力，新兴经济体亦呈现结构性分化态势。二是全球经济面临美国主导的单边主义的冲击，逆多边合作、逆全球化的政策思维严重冲击现有国际经济政治格局，给全球经济带来了巨大的不确定性。

2018年中国经济发展较好地完成了预期发展目标，经济在合理区间内运行，我国全年国内生产总值突破90万亿元大关，实际经济增速为6.6%。2018年中国经济物价水平整体稳定，供给侧结构性改革成效显著，三大攻坚战取得积极进展，金融风险防控主动有效，结构性矛盾有所缓解。

一 世界经济形势

（一）全球经济概况

2018年，世界经济形势发生了深刻且复杂的变化。从经济增长水平看，2019年1月21日国际货币基金组织（IMF）发布的《世界经济展望》展示了2018年全球经济形势的主要特征：一是全球经济继续扩张，但势头减弱。总体上，2018年世界经济增速约为3.7%，较2017年实际经济增速放缓0.1个百分点，未能延续上年强劲的复苏势头。二是此次经济"减速"具有全球化特征。分类别看，发达经济体2018年经济增速约为2.3%，新兴市场国家与发展中国家2018年经济增速约为4.6%，两个数据均较上年实际值下降0.1个百分点。发达经济体增长出现分化，与美国经济表现亮眼形成鲜明对比，欧元区、日本、英国经济均出现不同程度的增速下滑。主要新兴市场国家与发展中国家增长动能同样出现结构性分化：中国与印度经济继续保持相对较快的速度增长，然而中国经济增速有所回调，印度增长势头却依然迅猛；俄罗斯和巴西经济增速保持低位但略有回升；南非经济表现暗淡，经济增速甚至低于发达经济体中增速下滑最为严重的日本。

2018年全球性经济增长动能减弱的主要原因在于以美国为主的部分发达经济体的狭隘单边主义与保护主义思想"甚嚣尘上"，从而拖累世界经济发展进程。一是国际贸易市场"剑拔弩张"。2018年美国向多国挑起贸易争端，这一行为致使全球贸易市场摩擦接连不断，紧张局势屡次升级，经济秩序遭到破坏，最终使得风险在全球范围内蔓延。二是美联储频繁的加息"动作"使得资金回流美国，非美元货币出现集体性贬值，以土耳其和阿根廷为代表的新兴经济体甚至遭遇了近年来最为严重的"货币危机"。此外，由于石油输出国组织（OPEC）国家对原油减产态度存在不确定性，国际油价存在大幅波动的可能，经济不稳定性随之提高。经济利益纠纷引发部分经济体间政治生态恶化，也是拉低经济增速的部分原因。世界各国纷纷推出的减税政策为提振经济提供了一丝契机，但是，不足以抵消诸多负面因素的冲击。

在本次《世界经济展望》中，IMF对全球经济走势的部分关键预测做出修正，核心是调低了未来经济增长预期水平。IMF认为，此次增速放缓将持续至2019年和2020年，并预测全球增长率分别为3.5%和3.6%，较2018年10月份预测值分别下调0.2个和0.1个百分点。鉴于欧元区多国家财政状况堪忧，IMF下调欧元区经济增速预测值，这是拖累发达经济体整体经济增速的主要原因。发达经济体2019年与2020年经济增速预测值分别为2.0%和1.7%，前者较上年10月份预测值调低0.1个百分点。对于新兴市场国家与发展中国家，IMF认为整体增速将放缓，2019年和2020年经济增速预计为4.5%和4.9%。结合不同经济体的实际情况，IMF对各经济体数据调整情况并不相同（见表1-1）。比如，考虑到石油价格下跌与紧缩性货币政策步伐放缓等因素，IMF预测印度经济增速将继续加快；考虑到金融监管收紧与贸易冲突问题，IMF主张对中国经济增速持保持不变或下调的预期。

表1-1 世界经济增速预测

地区	实际（%）	估计（%）	预测（%）		与2018年10月预测的差异（个百分点）	
	2017年	2018年	2019年	2020年	2019年	2020年
全球	3.8	3.7	3.5	3.6	-0.2	-0.1
发达经济体	2.4	2.3	2.0	1.7	-0.1	0.0
美国	2.2	2.9	2.5	1.8	0.0	0.0

续表

地区	实际（%）	估计（%）	预测（%）	与2018年10月预测的差异（个百分点）	
	2017年	2018年	2019年	2020年	2019年	2020年
欧元区	2.4	1.8	1.6	1.7	-0.3	0.0
日本	1.9	0.9	1.1	0.5	0.2	0.2
英国	1.8	1.4	1.5	1.6	0.0	0.1
新兴市场国家与发展中国家	4.7	4.6	4.5	4.9	-0.2	0.0
俄罗斯	1.5	1.7	1.6	1.7	-0.2	0.1
中国	6.9	6.6	6.2	6.2	0.0	0.0
印度	6.7	7.3	7.5	7.7	0.1	0.0
巴西	1.1	1.3	2.5	2.2	0.1	-0.1
南非	1.3	0.8	1.4	1.7	0.0	0.0

资料来源：IMF《世界经济展望》（2019年1月）。

（二）发达国家经济概况

1. 美国经济形势与政策走势

根据美国经济分析局（BEA）发布的数据，2018年以美元现价计算的美国GDP为20.5万亿美元，首次突破20万亿美元大关。实际GDP增长2.9%，增幅较上年提升0.7个百分点。综合考量特朗普政府减税政策落实、监管逐步放松等有利因素以及贸易状况恶化的不利因素，2018年美国四个季度经济增长率经历了"先升后降"的走势，分别为2.2%、4.2%、3.4%和2.6%。经济增长速度总体高于上午同期水平，整体保持充足的增长动力（见图1-1）。

2018年美国通胀水平温和回升。2018年3～12月，季调后的美国核心消费者物价指数同比增速在2.2%附近微幅波动（见图1-2），总体实现美联储调控目标。随着就业市场环境改善，2018年美国新增非农就业人数指标频超预期，失业率呈下降趋势，其中9月、10月、11月所维持的3.7%的失业率创下1969年以来的最低水平（见图1-3），市场基本达到充分就业状态。在政府减税刺激、失业规模缩减及通货膨胀回升的情况下，2018年美联储货币政策进一步向正常化靠拢。一方面，美联储加息步伐提速。2018年，美联储共进行4次加息操作。3月22日、6月13日、9月27日和12月20日美联储分别宣布加息25个基点，联邦基金利率最终由年初的1.25%～1.50%上调至2.25%～2.50%。

美联储频繁加息举动使非美元货币"苦不堪言",货币大幅贬值、资本大量外流致使部分新兴市场国家遭遇不同程度的货币金融危机,同时为世界经济稳定发展带来显著压力。另一方面,为防止市场利率上升过快动摇经济稳健程度,美联储在2018年放慢资产负债表"缩表"进程。截至2018年12月26日,美联储分别持有国债、抵押支持债券（MBS）的数量为2.24万亿美元和1.64万亿美元,累计实际减持数量滞后于计划水平。

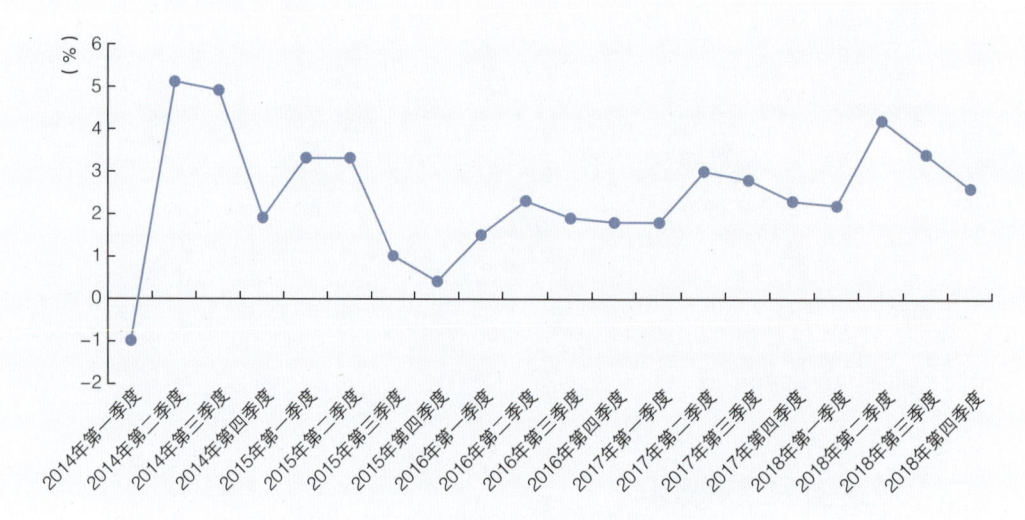

图 1-1 美国 GDP 季度环比折年增长率

资料来源：Wind。

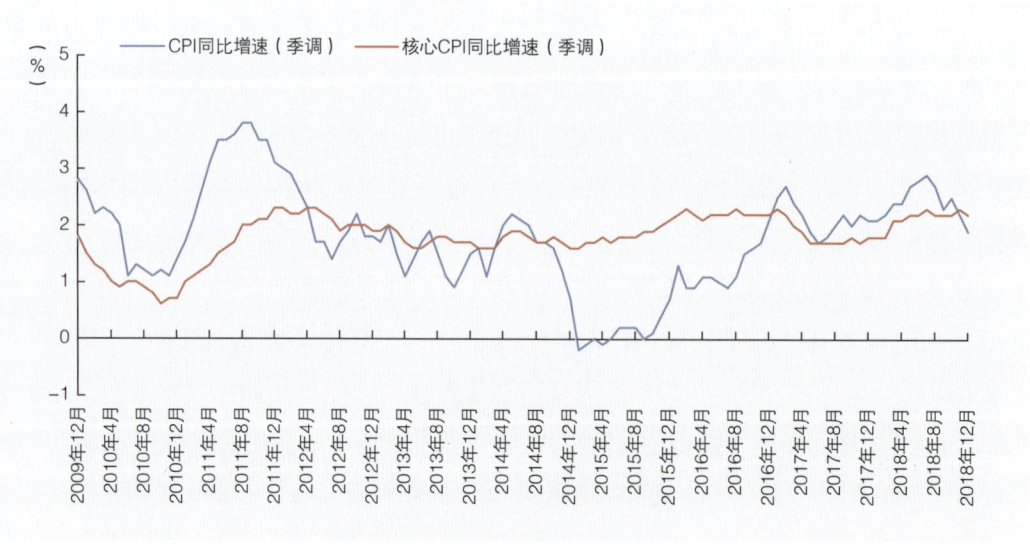

图 1-2 美国月度 CPI 变化

资料来源：Wind。

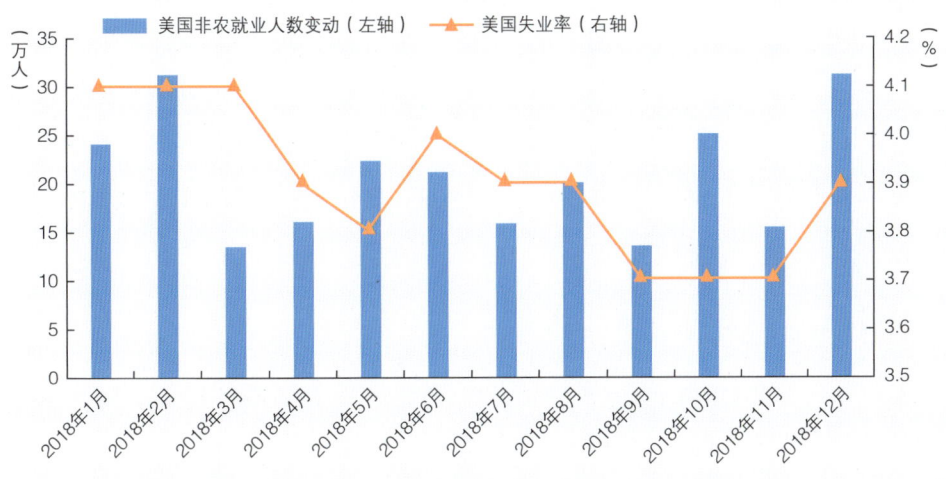

图 1-3 2018 年美国就业情况

资料来源：Wind。

美国经济交出"亮眼"成绩单与特朗普政府所采取的政策措施直接相关。对于国内企业和民众，特朗普政府推出声势浩大的减税计划，缓解成本压力。2017 年 12 月，美国参、众两院通过最终版本的《减税与就业法案》并得到特朗普签署，至此，特朗普上台时承诺兑现的税改计划正式拉开帷幕。在 2018 年 4 月美国白宫公布的税改原则中，特朗普减税政策的核心为削减企业与个人所得税，从而减轻成本压力，刺激投资、消费意愿，提高经济增长动能。由于特朗普税改计划的提出时间恰逢美国经济处于上升通道，因此该项改革为经济发展"锦上添花"。对于国际往来合作，特朗普政府奉行"美国优先"原则，即一切决策的制定均以服务美国自身利益为先。标准在这一原则指引下，2017 年至今，美国先后退出跨太平洋伙伴关系协定（TPP）、巴黎气候变化协定、联合国教科文组织、全球移民协议、伊朗核协议和联合国人权理事会等国际组织，并威胁退出各类自由贸易协定甚至世界贸易组织（WTO）。2018 年，美国更是向多国挑起贸易"事端"，最具代表性的事件为中美"贸易战"。自 2018 年 3 月起，美国先后对中国列出 500 亿美元、1000 亿美元和 2000 亿美元的关税"清单"，中国被迫反击，终止履行多项美国产品关税减让义务，并对部分美国产品加征关税。经过多次磋商，中美双方于 2018 年 12 月 G20 峰会期间暂时达成"停火"90 天协议。中美"贸易战"成为 2018 年对世界政治经济格局影响最为深远的事件。

"美国优先"政策思维不仅折射出保护主义、单边主义等逆全球化思潮，更反映了美国未能承担起维护世界和平、促进全人类发展的"大国责任"。长期来看，这种做法不仅于美国本国经济发展无益，还会导致多败俱伤。"贸易战"的负面效应在美国已经初步显现：农业遭受巨额损失，制造业竞争力下降，小型企业相继"关门"。此外，受房地产和石油价格走高拖累，美国经济增速或将放缓，面临见顶回落的风险。更重要的是，欧元区、日本以及诸多新兴经济体将受到"贸易战"直接或间接的影响而面临显著的经济下滑压力。IMF预计，2019年和2020年美国经济增速分别为2.5%和1.8%，明显低于2018年2.9%的水平。若美国政府仍坚持保护主义立场，2019年世界经济将面临更多严峻挑战。

2. 欧日经济增长状况

2018年欧元区GDP增速整体放缓，19国经济景气指数持续下行（见图1-4）。考虑内部因素，政治争端成为阻碍经济发展的"拦路石"。僵持多年的英国"脱欧"进程崎岖坎坷，致使英国与欧盟多类产业疲惫不堪，经济效益减退。2018年3月，意大利"大选"结果出人意料，带有浓厚反欧情绪的民粹政府与欧盟抗衡，大大提升意大利债务违约风险。2018年11月，法国28万名民众示威抗议政府税收政策，"黄背心"事件愈演愈烈，严重破坏法国正常经济秩序。受新的燃料排放标准拖累，德国汽车制造业疲弱，加之内外需求不振，经济减速较为明显。考虑外部因素，2018年欧盟与美国贸易摩擦不断"升级"，高额关税严重挫伤欧盟国家制造业与进出口行业的发展动力。此外，美国减税政策引发欧盟国家资本回流。IMF认为，欧元区经济增长的减速将超出2018年秋季的预测结果，预计2019年和2020年增长率将分别降至1.6%和1.7%。

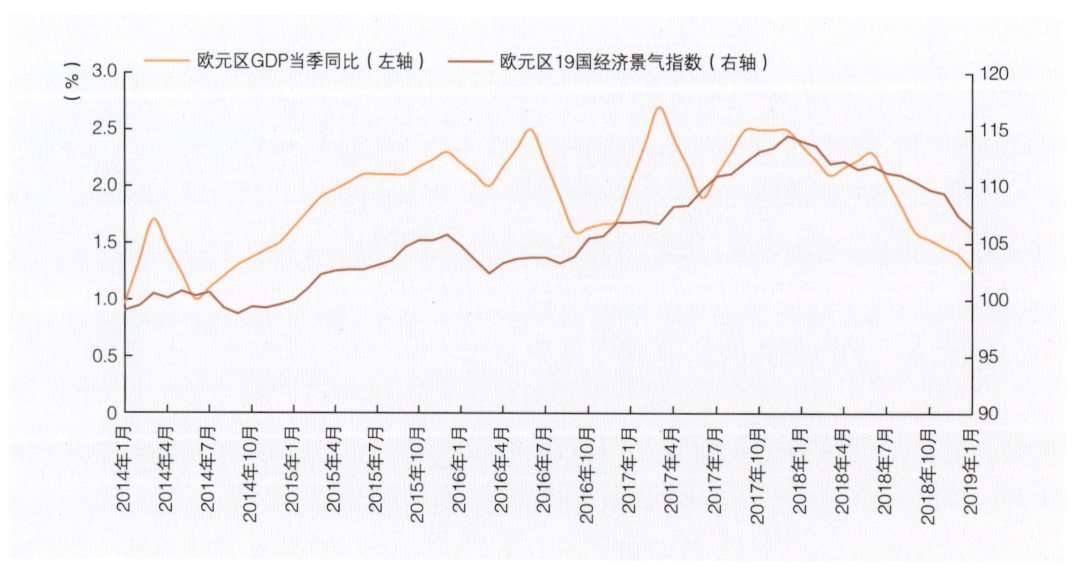

图1-4 欧元区经济增长与经济景气指数走势

资料来源：Wind。

与欧元区相似，2018年日本经济同样放缓复苏步伐。数据显示，2018年日本实际国内生产总值同比仅增长0.7%，增速较上年下滑1.2个百分点。四个季度GDP环比增速分别为−0.2%、0.6%、−0.7%和0.3%，自然灾害频发是导致第三季度经济大幅滑坡的重要原因。人均实际GDP增长0.9%，增幅较上年下滑1.2个百分点。制造业情况虽有改善，采购经济指数（PMI）全年稳定在50%荣枯分界线之上，但经济景气指数却持续下降，出现了自2013年以来第一次长期徘徊于负值的情况（见图1-5）。日本经济的衰退迹象表明，超长期宽松货币政策或已逐渐失效，日本政府需要从实体部门探寻新的、可持续的经济增长点。IMF认为，由于日本政府进一步提供财政支持，预计2019年日本经济增速将提高0.2个百分点，实现微幅回升。然而，中美贸易局势、美国减税政策仍是影响日本未来经济发展的重要风险因素。

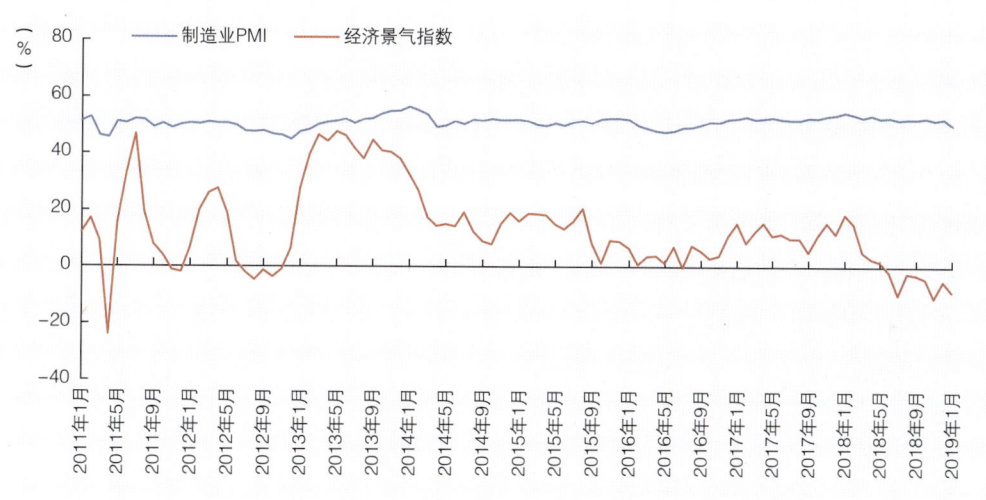

图1-5　日本制造业采购经理指数与经济景气指数走势

资料来源：Wind。

（三）新兴经济体经济概况

俄罗斯经济在国际石油价格上升驱动下经历温和复苏。俄联邦统计局发布的初步统计数据显示，2018年俄罗斯全年国内生产总值为103.63万亿卢布，合1.65万亿美元，实际经济增速为2.3%，较上年回升0.7个百分点，通胀水平较低且保持稳定。分行业来看，俄罗斯经济增长依赖于传统工业，采矿业、制造业、贸易等三大行业的增加值占比约40%。对外贸易方面，中国蝉联俄罗斯第一大贸易伙伴国，2018年中俄双边贸易总额达到 1070.6 亿美元，增幅为 27.1%。IMF 最新发布的《2018 年第四条磋商报告》指出，俄罗斯经济复苏的部分原因在于俄罗斯当局近年来制定了强有力的宏观经济政策框架，有效抵御了外部不确定性因素的冲击。然而，受制于国家地理因素、油价不稳定因素、地缘政治因素影响，俄罗斯已丧失与发达经济体收入水平齐头并进的趋势，其在全球经济中的分量正在萎缩。

印度在全球经济增速放缓背景下继续引领增长，发展前景仍被看好。2018 年印度 GDP 同比实际增长 7.3%，增幅较上年回升 0.6 个百分点。人均 GDP 水平首次突破 2000 美元，增幅较上年加快 0.7 个百分点。印度经济增长与当局所采取的稳健宏观经济政策与结构性改革措施密切相关。2016 年与 2017 年，印度相继推出货币兑换计划与商品及服务税改革，经济增长出现暂时性中断。随着投资与私人消费的回升，经济重新步入复苏行列。此外，国内需求复苏与国际油价上涨将 2018 年印度通货膨胀率推高至 4.7%，较上年同期上涨 1.1 个百分点。目前，印度经济面临来自国际油价上涨、全球金融环境动荡、贸易冲突与地缘政治局势紧张带来的下行风险。在中美贸易摩擦持续升级的形势下，印度在美国地缘战略中地位达到相对的高点。

土耳其经济在 2018 年坐上"过山车"。在大规模财政刺激措施与政策驱动型信贷冲动的驱动下，2018 年上半年，土耳其经济一路"高歌猛进"，延续了 2017 年以来的增长势头。2018 年前两季度土耳其经济同比实际增长 7.2% 和 5.3%。然而，由于美国对土耳其采取制裁措施以及美联储加息缩表进程，土耳其里拉汇率在 8 月份经历了大幅贬值，并在全国范围上演"货币危机"。土耳其经济剧烈收缩，GDP 增长率大幅下降，第三季度增长率仅为 1.6%。IMF 对 2019 年土耳其经济活力的恢复持悲观态度。

越南经济充满活力，开放程度不断深化。经济改革的有力推进以及外商直接投资的持续流入助力越南经济实现结构转型并提高潜在增长率。2018 年前三季度越南 GDP 仍保持 6.98% 的高增长速度，三次产业同比增速为 3.65%、8.89% 和 6.89%，其中制造业为越南经济增长提供最重要的驱动力。近年来，中越贸易合作不断加深，2018 年两国双边贸易额达到 1067.06 亿美元，同比增长 12.71%，中国成为越南贸易伙伴国家中首个与越双边贸易额突破 1000 亿美元的国家。IMF 对越南经济前景保持乐观，预估 2019 年越南经济增速为 6.5%。

二　中国经济形势

2018 年是改革开放 40 周年，也是全面贯彻党的十九大精神的开局之年。在外有所患、内有所忧的复杂形势下，中国经济迎难而上，继续保持总体稳定、稳中有进的增长态势。2018年中国经济取得重要的成绩：经济总量迈上新台阶，增速位于合理区间内；产业结构升级转型，内需动力保持强劲，物价就业表现稳定；供给侧结构性改革成效凸显，新旧动能转换加速；三大攻坚战初战告捷，风险水平整体可控。当然，中国经济社会发展存在部分结构性问题，面临一定的经济下行压力：系统性金融风险点多面广，不平衡不充分矛盾依然突出，结构性杠杆风险值得关注，国际贸易紧张局势变幻莫测。2019年，中国需坚持稳中求进工作总基调，坚持以供给侧结构性改革为主线，落实好稳就业、稳金融、稳外贸、稳外资、稳投资、稳预期的"六稳"政策方略，实现经济平稳、健康发展。

（一）经济运行在合理区间，增速水平略有放缓

2018年，我国经济运行总体平稳，增长速度保持在合理区间内。综合来看，我国全年国内生产总值突破90万亿元大关，实际经济增速为6.6%，较2017年放缓0.2个百分点（见图1-6），对世界经济增长贡献率约为30%。分季度看，2018年四个季度我国GDP实际分别增长6.8%、6.7%、6.5%、6.4%，呈现逐季回落趋势。人均国内生产总值为64644元，同比增长6.1%。

图1-6 中国国内生产总值及增速

资料来源：Wind。

从生产看，我国产业结构不断优化，新动能引领新发展。三次产业增加值分别为64734亿元、366001亿元和469575亿元，占国内生产总值的7.2%、40.6%和52.2%（见

图1-7)。其中,第三产业增加值同比增速超过经济总体增长速度,达到7.6%,对经济增长的贡献率达到60.8%,同比提高1.8个百分点,成为经济增长的"顶梁柱"。具体来看,2018年工业全年增加值比上年增长6.1%,规模以上工业增加值增长6.2%,其中战略性新兴产业增加值同比增长8.9%,新能源汽车产量同比增长66.2%。战略性新兴服务业营业收入同比增长14.6%,信息传输、软件和信息技术服务业增加值增幅达到30.7%;批发和零售业、金融业、房地产业等产业增加值均实现了不同程度的增长。

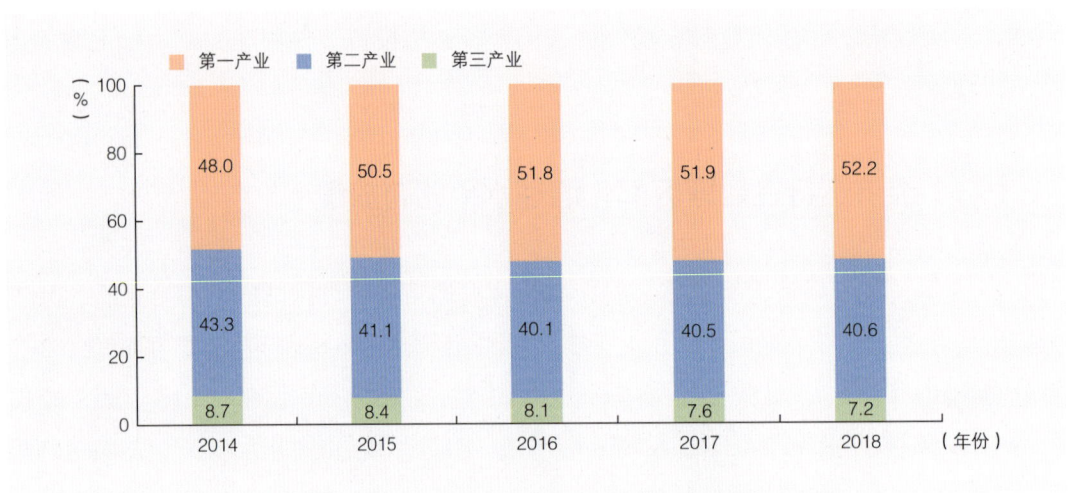

图1-7 三次产业增加值占国内生产总值比重

资料来源:Wind。

从需求看,内需拉动作用显著增强,动力结构发生改变。2018年,消费增长对我国经济的拉动作用继续凸显。全年最终消费支出对国内生产总值增长的贡献率为76.2%,较上年大幅提升17.4个百分点,服务性消费占比提高。投资驱动效应有所削弱,2018年全年全社会固定资产投资增长5.9%,增速较上年放缓1.1个百分点。受地方政府去杠杆影响,2018年基建资金大幅缩减,基础设施投资额仅增长3.8%,这是造成投资增长减速的主要原因。2018年制造业投资增长9.5%,较上年提高4.7个百分点,这一回暖现象部分得益于制造业企业利润的回升。对外贸易方面,在中美贸易摩擦持续升级的不利形势下,2018年我国进出口总额同比增长9.7%,增速比上年下降4.5个百分点,进出口顺差比上年减少5217亿元。出口和进口增速出现同步下滑(见图1-8)。因对中美"贸易战"持有继续升级的预期,国内厂商出现"抢出口"行为,一定程度上缩减了中国外贸损失。在贸易争端前景不明的情况下,我国对外经济面临受挫风险。但是,随着2018年11月首届中国国际进口博览会的顺利举办,我国坚定地展现出持续扩大开放的决心以应对来自国际复杂环境的困难与挑战。

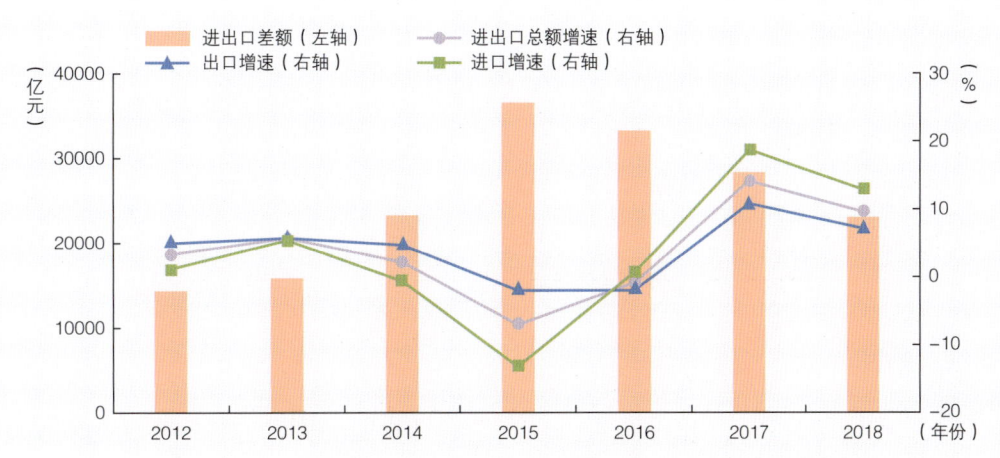

图1-8 进出口差额与增速变动

资料来源:《中国统计年鉴2018》。

综上,在置身复杂严峻国际形势、面临前所未有发展挑战的2018年,我国经济整体稳中有进,虽然增速略有回落,但仍保持合理运行区间。更重要的是,产业结构转型升级,内部需求持续发力,最终较好地实现了国民经济和社会发展的主要预期目标。

(二)物价水平总体稳定,就业形势表现良好

2018年,我国物价水平总体稳定,波动温和。从消费领域看,2018年居民消费价格指数(CPI)当月同比与环比数据除受"春节效应"影响而在年初出现较大波动外,其余月份波动趋平,总体延续了2017年的上涨态势(见图1-9)。2018年CPI同比上涨2.1%,增幅较上年扩大0.5个百分点。其中,食品价格由降转升是拉动CPI加速上涨的主要原因。受国际石油市场价格波动,我国能源价格增速较快。但是由于服务价格涨幅回落,核心CPI增速较上年下降0.3个百分点。

从生产领域看,2018年工业生产者出厂价格指数(PPI)和购进价格指数(PPIRM)分别较上年增长3.5%和4.1%。二者当月同比增速均表现出"倒N"形走势,其中PPIRM增幅始终高于PPI增幅,反映了我国工业企业增长质量的提高(见图1-10)。生产资料价格上涨幅度较大,成为影响PPI增速上升的主要原因。上游行业生产资料价格涨幅高于中下游行业,煤炭开采和洗选业、黑色金属与有色金属冶炼等重点行业价格增速出现回落,带动PPI整体增速下滑。

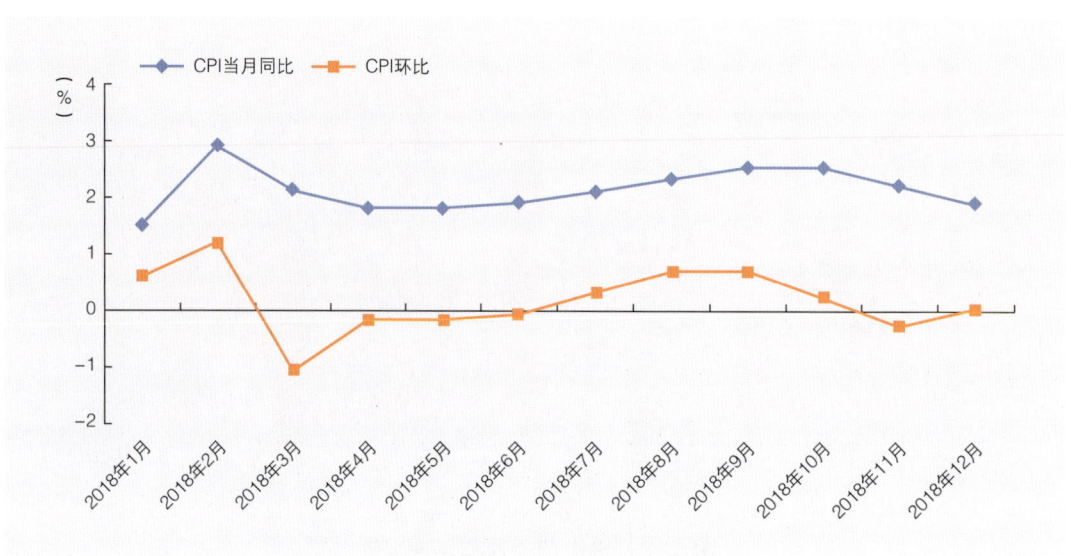

图 1-9 消费者价格指数同比与环比变动

资料来源：Wind。

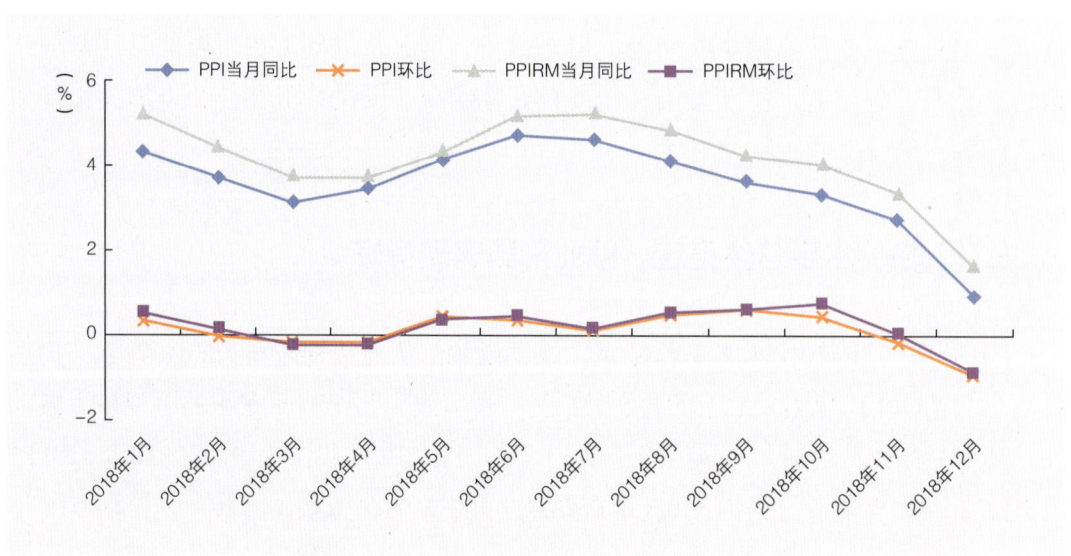

图 1-10 工业生产者出厂价格指数（PPI）与购进价格指数（PPIRM）变动

资料来源：Wind。

2018年，我国就业形势良好。2018年全国城镇新增就业人数1361万人（见图1-11），较2017年增长10万人，创历史新高。全国城镇调查失业率为4.9%，低于5.5%的预期目标，较上年末下降0.1个百分点。高新技术产业、双创领域提供的就业岗位数量增多，就业结构不断优化。就业与物价的双重稳定说明我国政策实施有效，同时反映了我国经济具备平稳发展的良好基础。

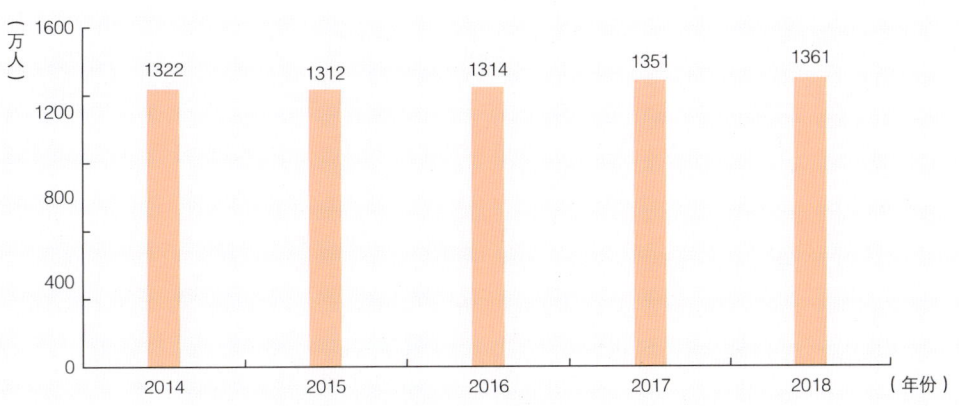

图 1-11 城镇新增就业人数

资料来源：Wind。

（三）供给侧改革成效显著，三大攻坚战初战告捷

目前，供给侧结构性改革已现成效，三大攻坚战初战告捷，经济转型循序渐进，发展进程蹄疾步稳。具体来看，"三去一降一补"取得新成果。2018年，全国工业产能利用率为76.5%，继续保持高水平（见图1-12）。煤炭、钢铁去产能效果显著，全年共退出煤炭产能1.5亿吨以上，压减钢铁产能3000万吨以上，提前超额完成全年去产能任务目标。随着加快优质产能释放政策的持续推进，传统能源生产有望恢复增

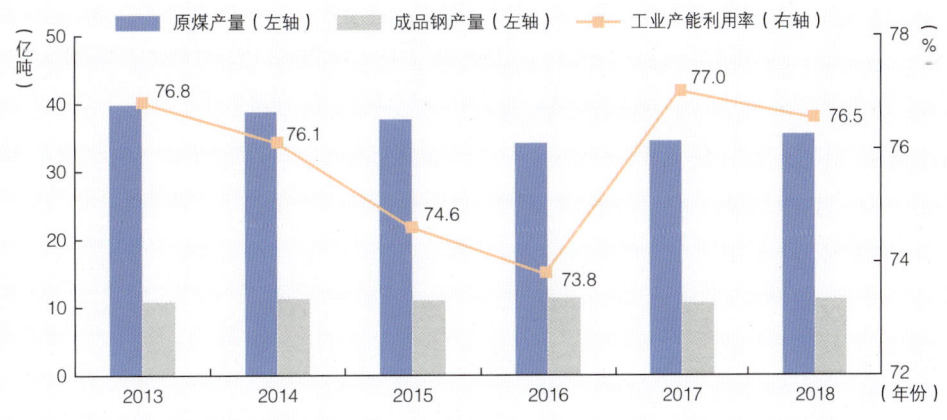

图 1-12 煤炭、钢铁产量及工业产能利用率变化情况

资料来源：Wind。

长。房地产去库存扎实推进，2018年末商品房待售面积较上年同比下降11.0%，棚改货币化力度不断增强。宏观杠杆高速增长势头得到遏制，居民与政府部门杠杆水平总体可控，规模以上工业企业杠杆率较上年末下降0.5%。减税、降费等积极财政政策陆续推出，制度性交易成本逐渐降低。生态短板得以补长，生态保护与环境治理投资同比增长43.0%。

2018年是三大攻坚战开局之年。重大金融风险得到有效防范。系统重要性机构风险可控，房地产价格持续上涨势头得到控制，地方政府债务余额为183862亿元，未超规定限额，新增地方债规模与PPP投资规模显著缩小。精准脱贫卓有成效。农村贫困人口数量下降1386万人，贫困发生率降低1.4%。污染防治成绩斐然。生态保护和环境治理业投资增长43.0%，清洁能源消费总量占比上升1.3个百分点，全年空气质量达标城市数量增长6.5%。

（四）监管体系全面升级，引导金融回归本源

延续2017年金融监管不断强化的趋势，2018年我国金融监管整体继续以"严"字当头，金融监管持续深化。一是监管体系发生重大变革。2018年"两会"通过银监会与保监会合并为银保监会的机构改革方案，长达15年的"一行三会"分业监管模式成为历史，"一委一行两会"监管新格局正式形成。二是监管职责更为明确。国务院金融稳定发展委员会起到整体协调功能，中国人民银行成为统筹负责货币政策与宏观审慎政策"双支柱"调控框架的主体，银保监会与证监会负责维护金融行业稳健运行，保护金融消费者合法权益。三是监管政策不断细化。对金融机构资产管理、商业银行表外理财、商业银行流动性管理、民间借贷及网络借贷等可能隐含重大金融风险的金融业务监管不断强化。从分业监管到协同监管、功能监管，意味着我国深化金融体制改革迈出重要一步，对实现我国金融高质量发展起到助推作用。

在强监管作用下，我国金融去杠杆加快步伐。以银行业为例，2017年以来，监管政策密集出台，主要针对同业业务、表外理财与非标业务进行针对性监管，严管嵌套、通道等乱象。2018年，我国同业存单实际发行规模仅比上年增长4.6%，增速实现显著下跌（见图1-13）。表外理财业务规模有所收缩，理财发行量同比增速出现持续负增长。2018年我国商业银行不良贷款率略高于上年同期水平但整体仍处于较低水平，流动性持续增强，资本充足率高，杠杆率处于低位，风险整体可控（见表1-2）。

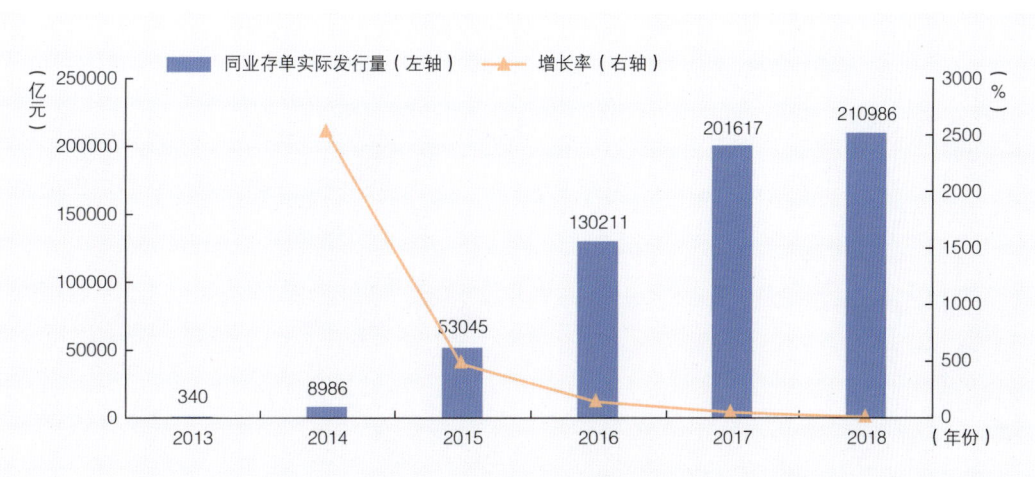

图 1-13　同业存单发行情况

资料来源：Wind。

表 1-2　2018 年中国商业银行主要监管指标情况

单位：%

指标	第一季度	第二季度	第三季度	第四季度
信用风险指标				
不良贷款率	1.75	1.86	1.87	1.83
流动性指标				
流动性比例	51.39	52.42	52.94	55.31
人民币超额备付金率	1.51	2.19	1.89	2.64
资本充足指标				
核心一级资本充足率	10.72	10.65	10.80	11.03
加权平均资本充足率	13.64	13.57	13.81	14.20
杠杆率	6.54	6.52	6.62	6.73

资料来源：中国银行保险监督管理委员会。

2018 年，我国 M2 同比增速表现平稳（见图 1-14），深刻映照了"把好货币供给总闸门，保持流动性合理充裕"的政策要求。受金融去杠杆以及中美"贸易战"影响，社会融资规模存量同比增速下滑。中国人民银行预调微调政策框架，进一步完善流动性管理举措，保障了金融稳定前提下实体经济的正常融资需求。

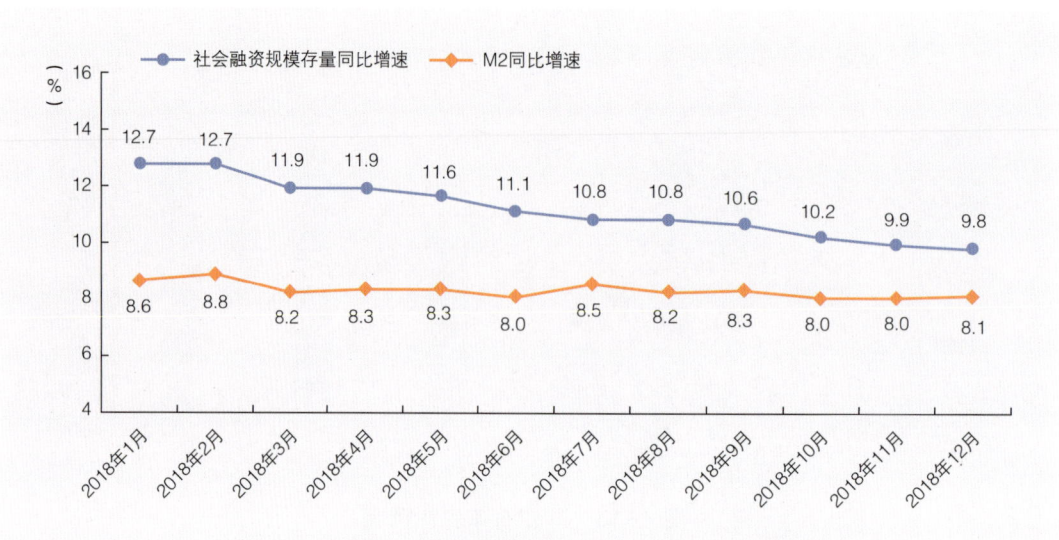

图1-14 社会融资规模存量同比增速与M2同比增速

资料来源：中国人民银行。

（五）"不平衡不充分"问题有所缓解，结构性问题依然突出

我国经济社会正经历由高速增长阶段转向高质量发展阶段，抓好主要矛盾、解决发展问题是实现平稳过渡的关键所在，是实现人的全面发展、社会全面进步的前提保障。目前，我国社会面临人民日益增长的美好生活需要和不平衡不充分的发展之间的矛盾，反映在经济运行中，就是供给侧结构性矛盾。

考察区域经济发展水平。改革开放40年来，东部、中部、西部和东北区域地区生产总值分别年均增长11.4%、10.4%、10.4%和9.0%，各区域人均地区生产总值差距相对缩小。从产业结构看，各经济区域增长动力实现由第一产业向第三产业转变。从投资情况看，2018年，东、中、西及东北地区投资额同比分别增长5.7%、10.0%、4.7%和1.0%，中西部地区吸引投资水平有所增强。目前，我国已形成东部领跑、中部崛起、西部开发、东北振兴的区域发展格局，各区域分别发挥比较优势，共同推进经济协调性发展。

考察城乡居民生活水平。表1-3数据显示，2018年城镇与农村居民人均可支配收入分别为39251元、14617元，扣除价格因素，实际同比增速分别为5.6%和6.6%，差额扩大速度减慢；人均消费性支出分别为26112元和12124元，扣除价格因素，同比分别实际增长4.6%和8.4%，农村居民消费需求提升较快。

表 1-3　中国城镇、农村人均可支配收入与人均消费性支出

	2014 年	2015 年	2016 年	2017 年	2018 年
人均可支配收入（元）					
城镇	28844	31195	33616	36396	39251
农村	10489	11422	12363	13432	14617
差额	18355	19773	21253	22964	24634
人均消费性支出（元）					
城镇	19968	21392	23079	24445	26112
农村	8383	9223	10130	10955	12124
差额	11586	12170	12949	13490	13988

资料来源：《中国统计年鉴2018》。

处于特定历史发展阶段，我国社会主要矛盾发生转变，经济运行的主要矛盾也已发生变化。2018年中央经济工作会议指出，当前我国经济运行主要矛盾仍然是供给侧结构性的。通过放缩需求总量的宏观政策调控方式已不能够从根本上解决我国经济升级转型所面临的困难，相反地，供给侧结构性改革能够触及我国经济体制机制的根基。经过三年砥砺奋战，"三去一降一补"取得重要进展，然而，"僵尸企业"仍未完全清退、部分城市"炒房"热度仍然不减、非金融企业部门杠杆仍居高不下，诸多问题指明供给侧结构性改革应是长期性的。虽然我国经济面临下行压力，但坚持供给侧结构性改革主线不能动摇。

展望2019年，保护主义、单边主义思潮纷纷抬头，以美国为首的国家不惜打破全球经济平衡以促进本国发展，各国经济发展协同性被严重削弱，立场分化趋势愈发明显，人类命运共同体理念遭到挑战，世界经济形势由不确定转向更不确定。

2019年世界经济增长主要面临以下不确定性因素。一是中美"贸易战"可能再度升级。随着美联储加息进入尾声、美国总统大选波澜又起，特朗普政府有强烈动机对我国实施强硬战略。二是全球债务问题压力不减。全球主要经济体杠杆水平持续上升，美国非金融企业部门债务创历史新高，中国杠杆结构性问题亦较为突出，部分新兴经济体主要面临外债压力。三是新兴市场国家货币面临贬值风险。2019年美联储或继续加息操作，伴随欧日逐步退出量化宽松，全球流动性持续收紧，新兴市场国家融资环境更为恶劣，部分新兴市场国家可能持续深陷货币贬值的"泥淖"。

整体而言，在风险因素的作用下，2019年世界经济预计难以维持稳健复苏势头，放缓与调整或将成为新的"关键词"。发达经济体可能面临经济趋缓、分化加大等风

险，整体增速进一步下降至约 2%。欧盟不仅面临复杂的外部环境，英国脱欧等诸多政治经济问题将更加凸显，欧盟国家增长可能加大分化倾向。新兴市场国家与发展中国家可能面临增长减弱、风险增加的趋势。IMF 预计新兴市场国家与发展中国家经济增速将小幅降至 4.5%。

2019 年中国经济面临新风险。一是在中美贸易摩擦升级背景下，外需不确定性实质性加大。二是杠杆结构有待调整。高负债结构上的严重失衡致使债务风险主要集聚在国有企业、地方政府上，需要进行结构性去杠杆。三是金融市场风险需要警惕。外汇市场、股票市场、债券市场等都受制于外部环境，需要重点关注。

2019 年中国经济仍将保持产出平稳、结构优化的态势。坚持稳中求进工作总基调，做好"六个稳"，即稳就业、稳金融、稳外贸、稳外资、稳投资、稳预期。大力推动制造业高质量发展，促进形成强大国内市场，扎实推进乡村振兴战略，促进区域协调发展，加快经济体制改革，推动全方位对外开放，加强保障和改善民生。

展望 2019 年，虽然中国经济发展之路困难重重，但基于供给侧结构性改革与扩大对外开放的政策路线，中国经济底子厚、韧性强、潜力大，加之以积极态度应对贸易摩擦、以稳健政策化解金融风险、以创新眼光引导产业发育、以鼓励方式激活企业动力的政策配合，必将实现经济增长出现新跨越、经济发展书写新篇章。

第二章
货币金融环境

2018年是国际金融环境波诡云谲的一年。总体来看,世界经济延续2017年触底回升的态势实现了温和增长,主要发达经济体增长稳健持续,新兴经济体经济也有不同程度的复苏。但国际金融形势并不平稳,美国通过"货币政策正常化＋保护主义＋规则高标准化"吸引全球资本向美国流动,经济增长超出预期；美联储持续加息,新兴经济体资本流出加剧,保护主义和单边主义抬头,国际贸易和跨境投资作为世界经济增长的重要动能表现不佳；美国、墨西哥和加拿大达成新的高标准贸易协定,WTO改革箭在弦上,国际经济规则酝酿深刻调整。总体来看,美国的系列政策举措成为2018年及其后影响世界经济增长、扰动国际金融市场和改变国际经贸规则的主要源头。

在复杂的全球经济形势下,2018年中国经济稳中求进,财政政策方面推出一系列降费减税政策,金融市场"去杠杆"政策逐步转向"稳杠杆"政策,供给侧结构性改革也取得明显进展,企业盈利增长势头良好。资管新规及其配套的监管规范的颁布,进一步稳定金融市场,各子市场都向更加规范的方向发展。

2018年底中央经济工作会议要求坚持稳中求进工作总基调,以供给侧结构性改革为主线,打好防范化解重大风险、精准脱贫、污染防治三大攻坚战。在财政政策方面,中央强调实施积极的财政政策、调整优化财政支出结构、确保对重点领域和项目的支持力度。在货币政策方面,要求保持中性的稳健政策,管住货币供给总闸门,守住不发生系统性金融风险的底线。在结构调整方面,中央强调结构性政策要发挥更大作用,强化实体经济吸引力和竞争力,发挥好消费的基础性作用,促进有效投资特别是民间投资合理增长,支持民营企业发展,全面实施并不断完善市场准入负面清单制度。这些政策虽然由于形势变化在具体执行上有所调整,但为我国金融、经济发展指明方向,对国内形势产生重要影响。

总体来看,2018年以来货币政策调控较好地把握了支持实体经济、防范金融风险和兼顾内外均衡之间的平衡。银行体系流动性合理充裕，贷款同比显著增长，广义货币（M2）和社会融资规模存量增速与名义GDP增速基本匹配，宏观杠杆率保持稳定。2018年，M2增速保持在8%以上；人民币贷款全年新增16.2万亿元，同比多增2.6万亿元；年末社会融资规模存量同比增长9.8%。截至2018年12月末，企业贷款加权平均利率已连续四个月下降，累计下降0.25个百分点，其中，微型企业贷款利率已连续五个月下降，累计下降0.39个百分点。年末，中国外汇交易中心（CFETS）人民币汇率指数为93.28，人民币汇率双向波动加大，整体保持稳定。国民经济继续运行在合理区间，2018年GDP同比增长6.6%，消费对经济增长的拉动作用增强，CPI同比温和上涨2.1%。[①]

一 货币市场环境

（一）货币供应与社会融资

2018年，伴随着实体经济温和增长，货币供给合理宽松，金融机构贷款增长较快，信贷结构继续改善，货币供应量、社会融资规模总体平稳增长。在货币供应量方面，2018年广义货币供应量M2增速趋稳，与名义GDP增速大体相当。2018年末，广义货币供应量M2余额为182.7万亿元，同比增长8.1%，与上年末持平。狭义货币供应量M1余额为55.2万亿元，同比增长1.5%。流通中货币M0余额为7.3万亿元，同比增长3.6%。2018年现金净投放2563亿元，同比多投放221亿元。2018年以来M2增速总体趋稳、保持在8%以上（见图2-1），与名义GDP增长率基本匹配，宏观杠杆率保持稳定。

2018年社会融资规模适度增长，较好地支持了实体经济的融资需求。2018年末社会融资规模存量为200.75万亿元，同比增长9.8%。全年增量为19.26万亿元，比上年少3.14万亿元，主要是表外融资大幅下降。2018年社会融资规模增量有以下特点：一是对实体经济发放的人民币贷款同比多增，对实体经济的支撑作用进一步加强；二是委托贷款、信托贷款和未贴现的银行承兑汇票同比显著减少，金融同业间业务大肆扩张得到有效控制；三是企业债券融资显著增加，股票融资同比少增；四是地方政府专项债券同比少增，地方政府融资管理进一步强化；五是存款类金融机构资产支持证

---

① 中国人民银行：《2018年第四季度中国货币政策执行报告》，2019年2月21日。

券和贷款核销同比均有所多增。2019年1月末，社会融资规模存量为205.08万亿元，同比增长10.4%。从结构上看，1月末对实体经济发放的人民币贷款余额占同期社会融资规模存量的67.4%，同比上升1.9个百分点。中长期贷款余额趋势见图2-2。

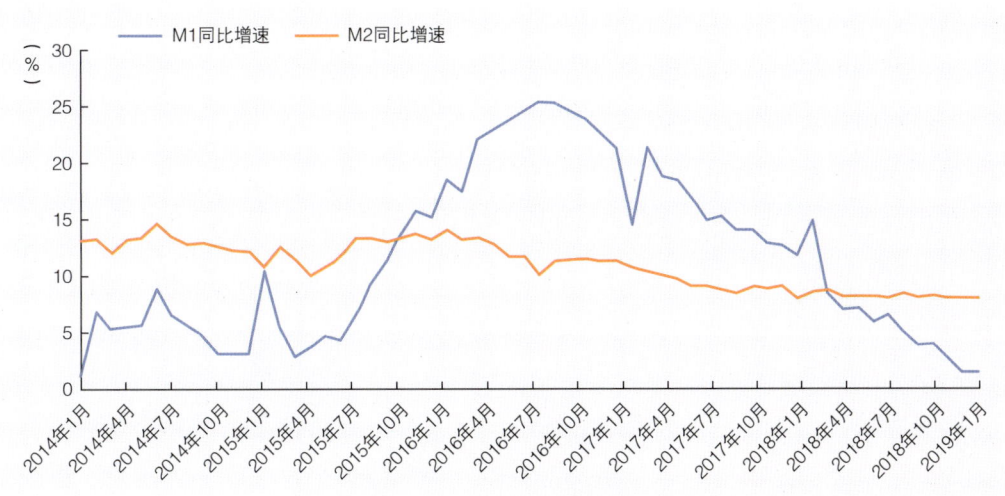

图2-1　中国货币供应量走势

资料来源：Wind。

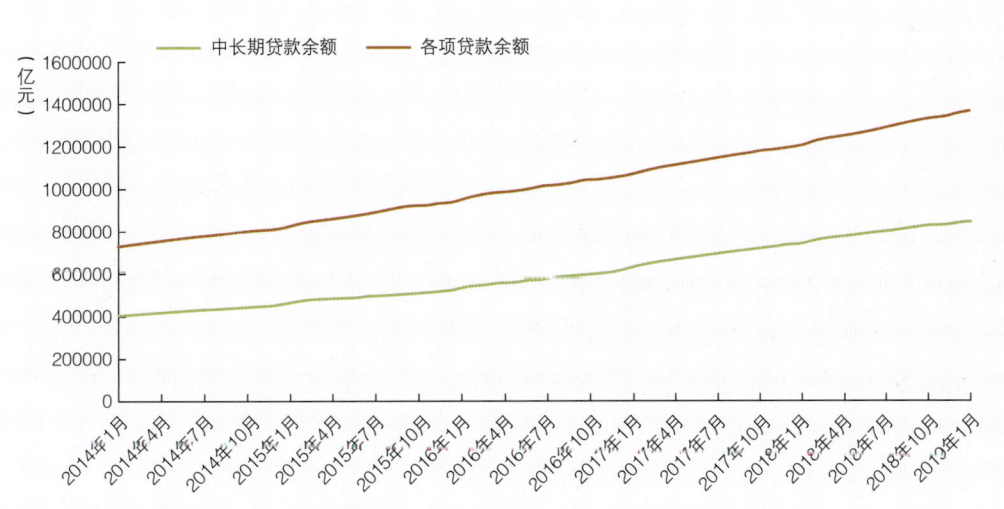

图2-2　中长期贷款余额走势

资料来源：Wind。

（二）公开市场操作

2018年，国内外经济金融形势更加复杂多变，中国人民银行全面贯彻落实党中央、国务院决策部署，实施好稳健的货币政策，并根据形势变化，前瞻性地采取了一系列逆周期调节措施，从总量性去杠杆逐步向结构性去杠杆转变，保持流动性合理充裕，保持货币信贷和社会融资规模合理增长，促进经济金融良性循环，为供给侧结构性改革和高质量发展营造了适宜的货币金融环境。

在公开市场操作方面，灵活开展短期逆回购操作。人民银行以7天期逆回购为主搭配不同期限品种灵活开展公开市场操作，及时对冲税收、节日现金投放、季末监管考核等因素对流动性的冲击，弥补短期流动性缺口，将银行体系流动性总量保持在合理充裕水平。同时，针对金融体系结构性去杠杆过程中，市场流动性内生波动阶段性加大的实际情况，适当增厚关键时点的流动性缓冲垫，维护金融市场平稳运行。在此基础上，通过《公开市场业务交易公告》传递流动性形势变化等相关信息，提高货币政策操作的透明度，有效引导市场预期，增强操作效果。

稳定公开市场操作利率，引导货币市场利率中枢下行。货币市场基准性的DR007中枢从年初的2.9%左右下降至2.6%左右，第四季度以来至2019年春节前保持平稳。2018年第一季度，为了应对美联储加息的外溢影响，央行公开市场7天期逆回购操作利率在美联储加息后提升5个基点，其他操作品种利率相应上行；第二季度以来，美联储继续加息三次，中国人民银行保持公开市场操作利率稳定，通过强化流动性管理使得货币市场利率下行并逐步传导至债券市场和信贷市场，为稳定实体经济融资需求、降低民营小微企业融资成本创造适宜的货币金融环境，也有利于稳定市场对经济前景的预期。公开市场操作利率和货币市场利率的利差缩小使得央行流动性管理压力有所缓释，尤其是应对外部冲击的政策压力有所降低。

2018年，中国人民银行累计开展逆回购操作10.84万亿元，其中7天期操作7.1万亿元，14天期操作2.6万亿元，28天期操作9100亿元，63天期操作2300亿元。年末，公开市场逆回购操作余额为8400亿元。逆回购利率情况见图2-3。

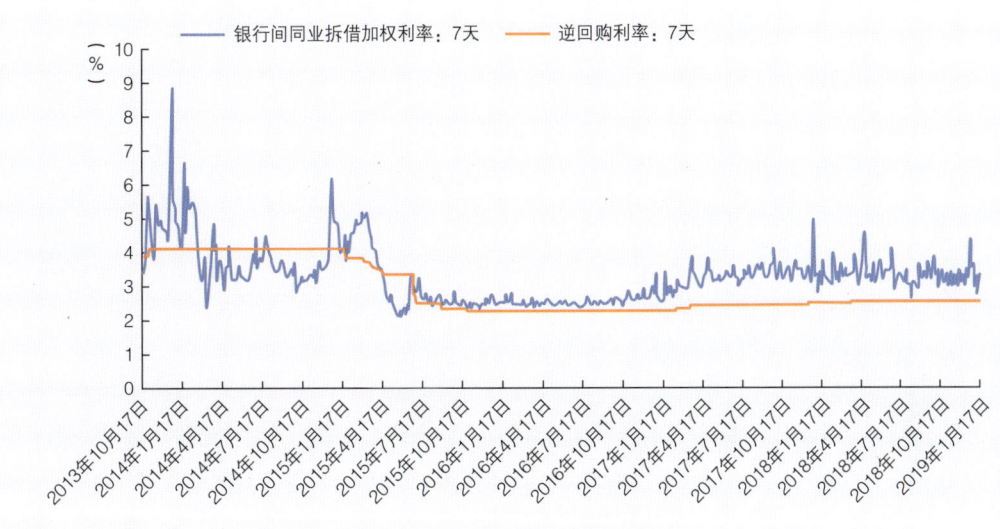

图 2-3 逆回购利率

资料来源：Wind。

（三）银行间市场交易

银行体系流动性合理充裕，货币市场利率下行，为实体经济融资提供了相对较好的货币市场环境。2018 年 12 月同业拆借加权平均利率为 2.57%，比上年同期低 34 个基点；质押式回购加权平均利率为 2.68%，比上年同期低 43 个基点。银行业存款类金融机构间利率债质押式回购加权平均利率为 2.43%，比上年同期下降 31 个基点。Shibor 整体有所下行。2018 年末，隔夜和 1 周 Shibor 分别为 2.55% 和 2.90%，分别较上年末下降 29 个和 5 个基点（见图 2-4）；3 个月和 1 年期 Shibor 分别为 3.35% 和 3.52%，分别较上年末下降 157 个和 124 个基点。2018 年整体尤其是年底货币市场利率下行较为显著，这与宏观经济变化和货币政策微调是紧密相关的。

银行间回购、拆借交易较快增长，中小银行资金需求较强，中资大中型银行仍是资金的主要净融出方。从总量看，2018 年银行间市场债券回购累计成交 722.7 万亿元，日均成交 2.9 万亿元，同比增长 16.8%，比上年高 14.3 个百分点；同业拆借累计成交 139.3 万亿元，日均成交 5528 亿元，同比增长 75.7%，上年为同比下降 17.7%。从期限结构看，回购和拆借隔夜品种的成交量分别占其总量的 81.6% 和 90.1%，占比分别较上年上升 1.1 个和 4.0 个百分点。交易所债券回购累计成交 231.1 万亿元，同比下降 11.2%。从融资主体结构看，主要呈现以下特点。一是中资大中型银行是资金的融出

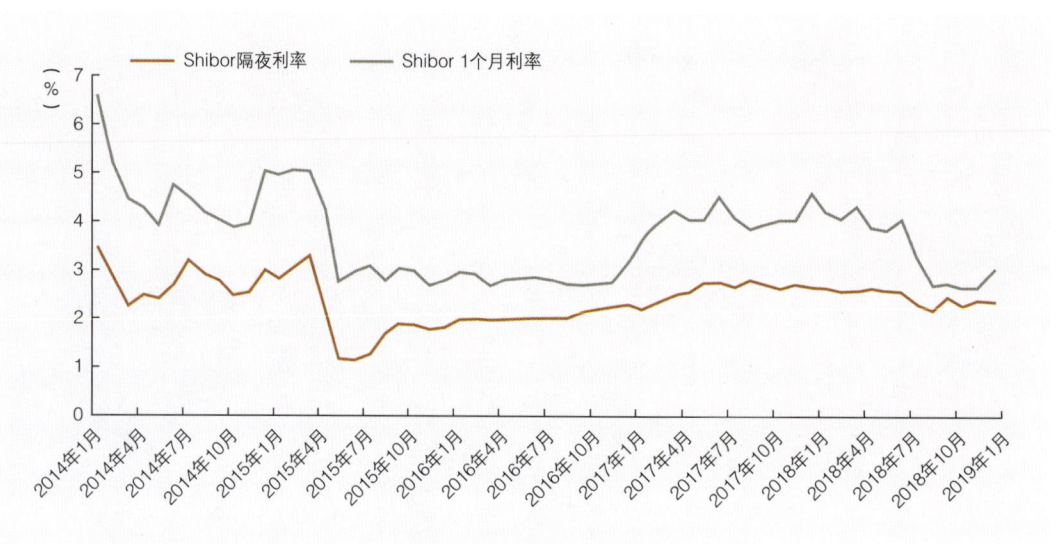

图 2-4　Shibor 走势

资料来源：Wind。

方，全年经回购和拆借净融出资金 301.5 万亿元，同比增长 26.4%。二是证券业和保险业机构下半年融入资金明显增加，第三、四季度分别净融入 29.7 万亿元和 27.8 万亿元，分别占全年净融入金额的 30.7% 和 28.7%。三是其他金融机构及产品净融入资金保持高速增长，全年净融入 137.3 万亿元，同比增长 49.3%。同业存单和大额存单业务有序发展。2018 年，银行间市场发行同业存单 27306 只，发行总量为 21.1 万亿元，同业存单发行交易全部参照 Shibor 定价。2018 年，3 个月期同业存单发行加权平均利率为 4.06%，比 3 个月 Shibor 高 32 个基点。金融机构发行大额存单共 39961 期，发行总量为 9.23 万亿元，同比增加 2.99 万亿元。大额存单发行的有序推进，进一步扩大了金融机构负债产品市场化定价范围，有利于培养金融机构的自主定价能力，健全市场化利率形成和传导机制。

利率互换交易增长较快。2018 年，人民币利率互换市场达成交易 18.85 万笔，同比增长 36.2%；名义本金总额为 21.49 万亿元，同比增长 49.2%。从期限结构来看，1 年及 1 年期以下交易最为活跃，名义本金总额达 15.18 万亿元，占总量的 70.6%。从参考利率来看，人民币利率互换交易的浮动端参考利率主要包括 7 天回购定盘利率和 Shibor，与之挂钩的利率互换交易名义本金占比为 79.4% 和 19.1%。

（四）利率走势

贷款保持较快增长，金融支持实体经济的力度较为扎实。2018 年末，金融机构本外币贷款余额为141.8万亿元，同比增长12.9%，比年初增加16.2万亿元，同比多增2.6万亿元。人民币贷款余额为136.3万亿元，同比增长13.5%，比年初增加16.2万亿元，同比多增2.6万亿元，多增量是上年的3倍，表内贷款的大幅增加一定程度上弥补了表外融资的显著减少。这也反映了金融监管强化下银行业机构表外业务转表内的趋势。

信贷结构继续优化，小微企业贷款增长较快。2018年以来，中国人民银行引导金融机构加大对普惠口径小微企业的贷款支持力度，效果逐步显现。2018年末单户授信1000万元以下的普惠小微贷款全年新增1.23万亿元，是上年的2.3倍，年末余额增速为15.2%，同比提高8.2个百分点，尤其是2018年第三、四季度增长较为显著。

贷款利率下行，企业贷款和小微企业贷款利率分别连续4个月和5个月下降。12月，非金融企业及其他部门贷款加权平均利率为5.63%，同比下降0.11个百分点，比9月下降0.31个百分点。总体看，包括银行贷款、债券、表外融资等在内的全社会综合融资成本较上年末有所下降。

（五）对财务公司的影响与财务公司的应对

财务公司的资金来源主要有企业存款、发行财务公司债券、通过回购市场和同业拆借市场操作等。企业存款往往难以完全满足集团公司内部调剂余缺的需要，而通过其他途径都需要考虑货币市场的相关情况。2018年上半年，由于流动性偏紧、利率相对偏高，财务公司面临外部资金筹集的可得性和成本问题，服务集团的资金压力较为显著。特别是财务公司在同业拆借市场拆入资金最长期限为7天，同业拆借到期后不得展期，也不得以其他方式变相展期，极大地考验了财务公司期限和流动性管理的能力。

2018年上半年，货币市场利率整体处于上涨趋势，财务公司积极应对，保持流动性相对合理，财务公司整体保持稳健，财务公司行业整体没有出现显著的流动性风险事件。但是，融资相对困难、流动性管理压力增大叠加企业集团基本面的困境，使得个别财务公司面临巨大的经营压力。2018年7月，宁夏宝塔石化财务有限公司部分票据无法如期兑付并随后形成违约。这是财务公司行业多年来少有的违约事件。

2018年下半年在金融去杠杆逐步向金融稳杠杆的转换中，货币政策和监管政策出现了结构性的调整，货币市场流动性相对紧张、利率整体较高态势得到了缓解，这为财务公司缓释了外部融资的市场压力。财务公司在货币市场新形势下根据未来货币市场及其利率走势判断，进一步强化资金融通结构、流动性管理、利率定价以及资产负债等的管理。

2019年1月4日，中国人民银行宣布下调金融机构存款准备金率1个百分点，分两次实施，已于1月25日调整到位。在基准档次的基础上，中国人民银行对金融机构还实施了普惠金融定向降准政策和新增存款一定比例用于当地贷款的相关考核政策。在金融稳杠杆的基础上，货币流动性得到了适当的宽松，兼之准备金率下调，财务公司2019年度业务开展的货币金融环境将有所改善。但是，市场利率仍有上行的压力，金融监管保持相对强势，财务公司也应注重风险管理，尤其需要防范个别财务公司的流动性风险及其对金融体系的影响。

二 资本市场环境

2018年，货币市场、债券市场整体运行平稳，股市波动相对较大。货币市场利率下行，交易量较快增长；债券发行利率回落，发行规模同比多增，国债收益率曲线总体下移并呈陡峭化趋势，现券交易活跃；股票市场指数下跌，成交量和筹资额同比减少；保险业资产增速有所放缓。

（一）债券市场

1. 债券市场运行状况

债券市场发行利率明显回落，国债收益率曲线总体下移并呈陡峭化趋势。2018年，国债各期限品种收益率整体下行。年末，1年期、3年期、5年期、7年期和10年期收益率分别为2.60%、2.87%、2.97%、3.16%和3.23%，较年初分别下行119个、91个、88个、74个和65个基点；1年期和10年期国债利差为63个基点，较年初扩大54个基点。债券市场债券指数小幅上行。2018年末，中债综合净价指数为101.92，比上年末上涨4.03%；中债综合全价指数为118.80，上涨4.79%。交易所上证国债指数为169.88，上涨5.61%。

债券发行利率明显回落。12月发行的10年期国债发行利率为3.25%，比上年同期发行的同期限国债利率低57个基点；国开行发行的7年期金融债利率为3.60%，比上年同期发行同期限金融债利率下降134个基点；主体评级AAA的企业发行的一年期短期融资券（债券评级A-1）平均利率为4.02%，比上年同期低149个基点；5年期中期票据平均发行利率为5.11%，比上年同期低112个基点。Shibor对债券产品定价继续发挥重要的基准作用。2018年，发行以Shibor为基准定价的浮动利率债券及同业存单 34 只，总量为 115.5 亿元；发行固定利率企业债 286 只，总量为 2418.38 亿元，全部参照 Shibor 定价；发行参照 Shibor 定价的固定利率短期融资券 3561.1 亿元，占固定利率短期融资券发行总量的 74.5%。

2. 债券市场违约率陡增

受中美贸易摩擦升级，国内金融去杠杆、金融监管强化、政府债务规范化管理持续推进，企业融资难度上升等因素的影响，2018 年度债券违约情况急剧恶化，新增违约发行人数量与所涉及的债券金额均远超往年水平。除了违约事件数量大幅增加之外，2018 年单次违约事件所涉及的债券规模也创新高。2014 年作为中国债券市场的"违约元年"，仅有 6 只债券违约，涉及 5 家企业；2015 年有 22 只债券违约，涉及 20 家企业；2016 年，债券违约增加到 79 只，违约规模达 398.94 亿元；2017 年债券违约现象有所缓释，共有 21 家企业的 52 只债券违约。但是，2018 年债券市场违约爆发，共 52 家企业的 174 只债券违约，规模合计 1596.34 亿元（见图 2-5）。

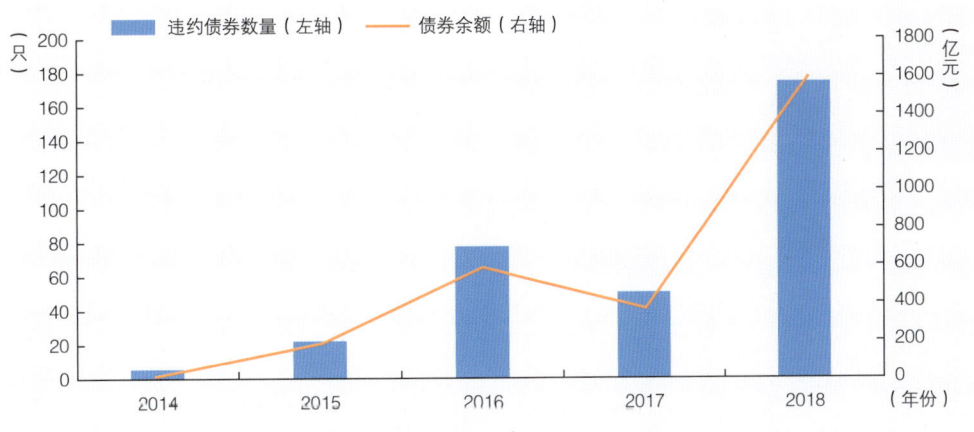

图 2-5　中国债券市场违约债券数量与余额

资料来源：Wind。

债券违约急剧恶化有多方面的原因。首先，从国际金融形势来看，贸易保护主义抬头造成了中国出口面临较大压力，使得依托出口贸易的企业生存更加困难。其次，从监管环境来看，受上年金融严监管、金融去杠杆的持续影响，特别是 4 月份资管新规出台后，对非标融资的限制进一步加大，融资环境整体仍偏紧，民营企业融资困难明显上升，因此而导致债券发行人违约的情况也较为普遍。再次，从市场环境来看，受 5 月份以来违约事件集中爆发影响，债券市场投资人偏好明显下降，不同资信水平的发行人融资状况加剧分化，进一步加大了信用风险的暴露。最后，从发行人自身状况来看，外部环境的变化暴露了中低评级发行人在竞争能力、战略规划与公司治理等方面的诸多问题，尤其是公司经营的基本面基础呈现弱化趋势。市场竞争能力较弱、战略规划较为激进、股权结构与实际控制关系复杂、存在较大规模关联方资金占用的发行人面临着更高的违约风险。

总的来讲，2018年的违约事件未体现出集中的行业分布和区域分布，没有区域性或系统性的风险冲击。从行业分布来看，2018年首次违约发行人共涉及行业22个，分布较为分散。具体来看，综合、房地产、公用事业行业相对较多，分别为7家、4家、4家。从区域分布来看，2018年首次违约发行人所在区域较为分散，涉及18个省份。其中，北京市和广东省相对较多，分别为9家和4家；其次为山东省、安徽省和上海市，各为3家。

3. 对财务公司的影响与财务公司的应对

财务公司是债券市场的重要参与者，受债券市场影响较为显著。一是财务公司通过债券市场进行资产负债管理；二是财务公司通过债券市场进行债券融资；三是财务公司可以承销成员单位的企业债券、试点在银行间交易商协会承销企业集团成员单位债券或者作为债券承销财务顾问开展相关业务。这三个方面业务都受到债券市场发展状况的影响，特别是债券收益率的变化对于财务公司的资产收益具有直接的影响。

在监管强化过程中，2018年债券市场出现较为显著的调整，资管新规的出台大大限制了通道业务和表外业务的发展，内生风险得到一定程度的降低，但是，对财务公司的融资、投资和流动性管理等带来更大的难度。值得注意的是，这种负面冲击相对有限。首先，由于财务公司配置债券市场的资产规模仍然十分有限，债券市场的变化对于财务公司整体的影响仍然有限。其次，财务公司通过债券市场的投资规模相对较小，对财务公司整体投资收益的直接影响相对有限，对于其他投资渠道收益的间接影响个体差异化较大，但是，财务公司融资后主要投向公司内部，风险仍然可控。最后，财务公司良好的风险管理体系，尤其是企业集团作为流动性问题最后责任人的制度安排，使得财务公司流动性风险受债市冲击相对较小。

随着2018年底债券市场收益率降低，财务公司通过债券融资的成本降低，但是由于财务公司通过债券融资的资金占比相对较小，财务公司更多需要考虑收益率变化导致的价格变化及其对资产端的影响。2019年收益率是否能够进一步下降存在较大的不确定性，这使得债券价格可能难以显著上升。另外，债券市场流动性的变化以及收益率降低给财务公司的资产负债管理带来了更多的不确定性，特别是财务公司在银行间市场拆入资金的期限不能超过 7 天，债券市场变化对于财务公司的影响更为显著，短期流动性管理难度加大。最后，需要警惕债券信用风险对财务公司产生影响，当财务公司购买的债券违约时，将对其造成直接的损失。财务公司在投资债券的时候需要重点评估其信用风险，同时做好一定的风险预案，防止日益显著的债券违约对财务公司债券资产的冲击。

（二）股票市场

1. 股票市场运行状况

受种种因素的影响，2018 年度中国股票市场波动较大、下跌较多，是全球大型经济体股票市场表现较差的。全球主要股票市场除以巴西、印度为代表的部分新兴经济体股票市场表现尚可外，都有了不同程度的下跌。美国三大股指道琼斯工业指数、标普 500 和纳斯达克指数分别下跌了 5.6%、6.2% 和 3.9%，相较而言仍是全球较为稳健的股票市场。2018 年香港恒生股市下跌 13.6%，而中国大陆的上证综指、深圳成指更是收于 2494 点和 7240 点，暴跌 24.6% 和 34.4%（见图 2-6）。

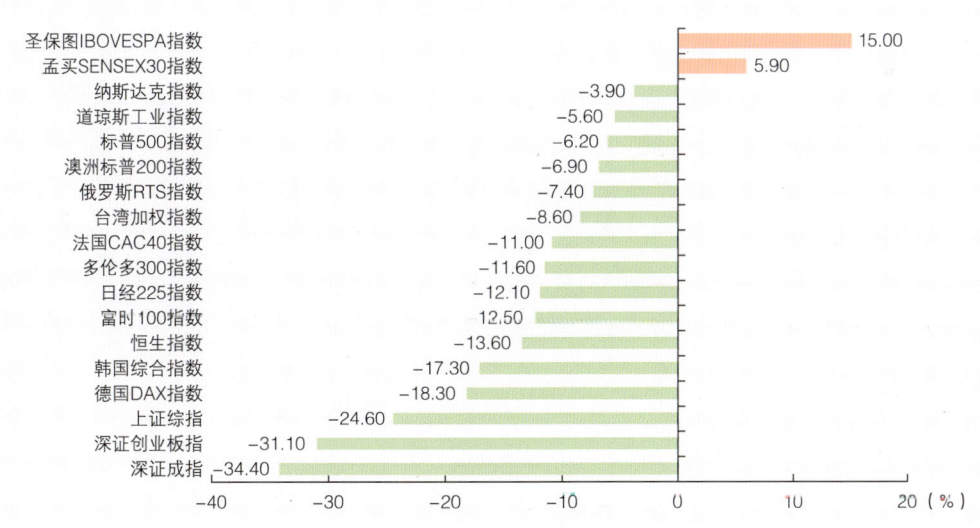

图 2-6　2018 年全球重要股指涨跌幅

资料来源：Wind。

同时，股票市场成交量下降。2018 年，沪、深股市累计成交 90.2 万亿元，日均成交 3711 亿元，同比减少 19.5%；创业板累计成交 15.9 万亿元，同比下降 4%。年末沪、深股市流通市值为 35.4 万亿元，同比减少 21.3%；创业板流通市值为 2.5 万亿元，同比减少 19.5%。股票市场筹资额也同比减少，2018 年境内各类企业和金融机构在境内外股票市场上通过发行、增发、配股、权证行权等方式累计筹资 6827 亿元，同比下降 41.9%；其中 A 股筹资 5530 亿元，同比下降 44.9%。

2. A 股市场估值结构调整

A 股市场的估值结构随着股指的大跌发生了重大变化。2018 年末，沪市 A 股加权平均市盈率从上年的 18.2 倍降至 12.5 倍，深市 A 股加权平均市盈率从上年末的 36.5 倍降至 20.2 倍，成为全球大型经济体中估值较低的市场。这主要由钢铁、建筑材料、机械设备商业贸易等行业的市盈率大幅缩水，非银金融、食品饮料、通信、计算机等行业市盈率也有所降低所导致（见图 2-7）；估值结构的变化实际上反映了投资风格和风险偏好的相对变化，同时也反映了经济结构的相对变化。

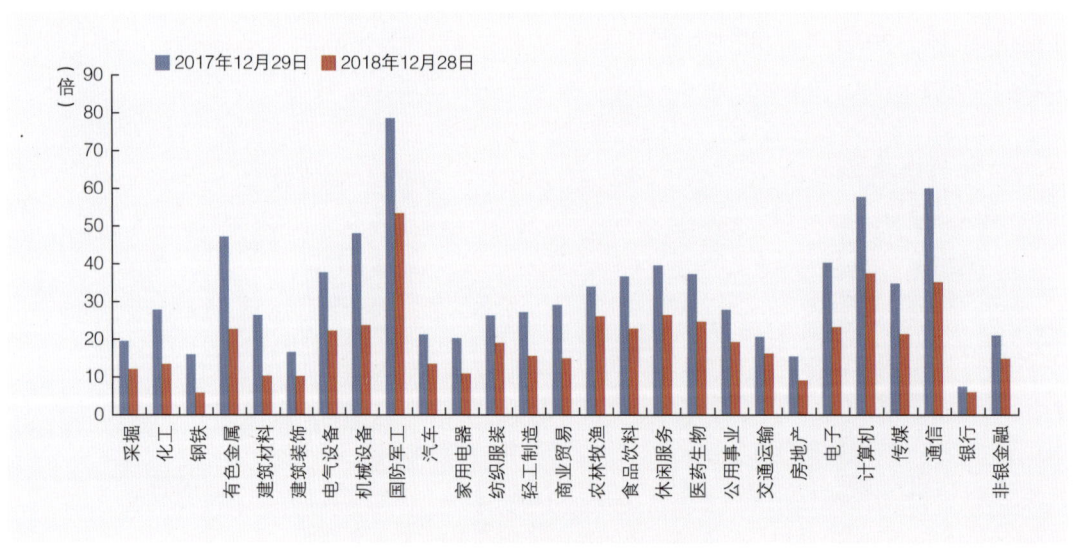

图 2-7 A 股行业市盈率变化状况

2018 年，股票市场公开发行数量大幅缩水，仅有 96 家，与 2017 年相比，同比减少了约 3/4，市场融资规模大幅下滑。考虑到市场的不景气，进一步股市扩容会影响投资者信心，导致股票继续下跌，IPO 核发速度相对较慢，需要进一步调节市场结构，尤其是完善退市制度。

3. 对财务公司的影响与财务公司的应对

作为机构投资者，股票市场波动会对财务公司的股权投资形成直接影响。作为财务公司资产配置的一个重要方向，股票市场涨跌幅对于财务公司的效益提升和风险管理具有重要的意义。

2019 年第一季度股票市场呈现较好的上升态势，为财务公司权益投资及其资产增值提供了市场基础。但是，2019 年全年的市场是否能够延续涨势有待进一步观察，市场的结构性分化可能会日益显著，需要重点关注宏观经济、外部冲击以及股票市场微观结果的变化，还需要考虑科创板的综合影响。在外溢效应上，美国股票市场屡创新高，但在增长动能放缓的情形下，美股调整压力可能较为显著，会外溢至包括 A 股在内的全球股票市场。

理论上，由于风险相对于债券市场更高，股票市场对于财务公司效益的边际影响较为显著。从国内财务公司的实践看，财务公司在股票市场的投资整体规模较小、投资风格稳健、收益相对稳定。

三　外汇市场环境

2018 年，随着国际政治、经济形势的变化，全球外汇市场出现较大的结构变化。当前美元兑人民币汇率稳定性受中美两国货币政策分化程度加剧的影响日益显著。2018 年以来，美联储 2018 年全年共加息四次，每次 25 个基点，共计加息 100 个基点。全球外汇市场其他主要国家货币兑美元汇率整体呈现贬值趋势。其中，主要发达国家货币兑美元出现小幅分化，新兴市场国家货币兑美元均呈现"一边倒"的贬值趋势。截至 2018 年末，加元、英镑、欧元兑美元汇率分别下降 8%、7%、6%，日元兑美元则出现小幅升值 0.3%。而印度卢比、俄罗斯卢布、巴西雷亚尔兑美元汇率分别大幅下降 10%、18%、18%。美元指数上涨 5.17%，与美元兑人民币中间价变动幅度基本一致。同时，在此期间，美元指数与美元兑人民币中间价的相关系数高达 0.88（参见图 2-8）。

2018 年以来人民币对美元持续贬值，贬值幅度和速度与 2015 年汇改时情况相似（详见图 2-9）。2018 年 1～11 月，银行净售汇累计 489 亿美元，平均每月净售汇 44 亿美元，最高单月净售汇 179 亿美元，银行净售汇量的规模一定程度上反映了市场对人民币汇率的预期，净售汇规模越高，对人民币贬值的预期越强烈。尽管 2018 年以来人民币贬值幅度较大，但是人民币汇率双向波动的态势较为显著，人民币汇率预期整体保持稳定状态。

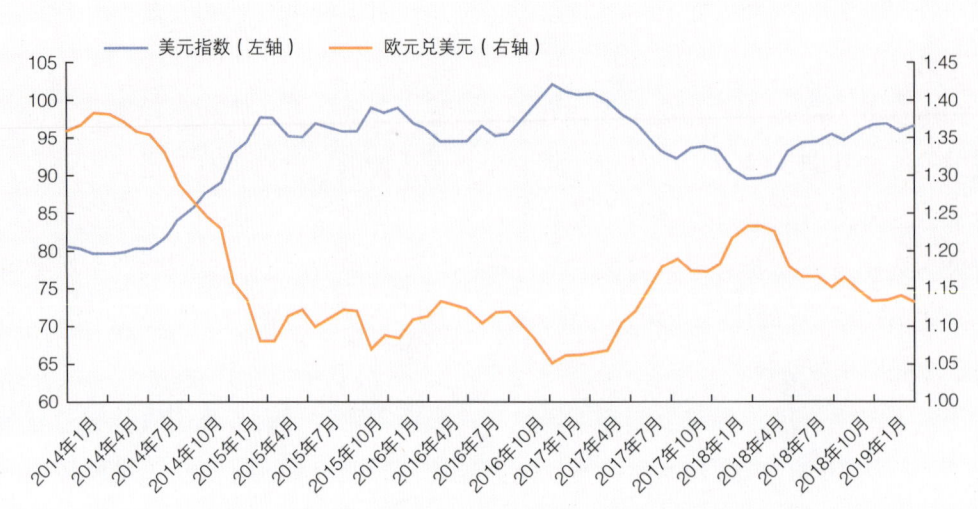

图 2-8　美元指数及欧元兑美元汇率走势

资料来源：Wind。

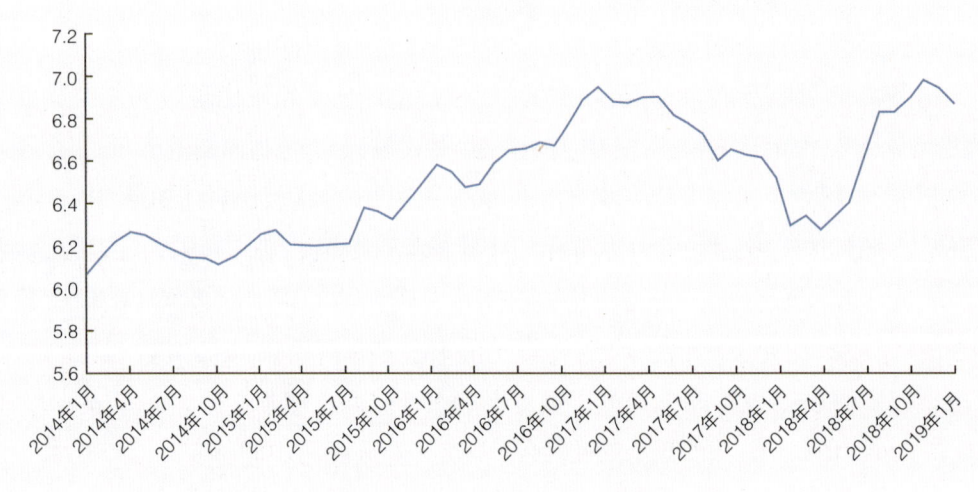

图 2-9　人民币兑美元汇率走势

资料来源：Wind。

2018 年，人民币外汇即期成交 7.6 万亿美元，同比增长 19.3%；人民币外汇掉期交易累计成交金额折合 16.4 万亿美元，同比增长 22.7%，其中隔夜美元掉期成交 9.2 万亿美元，占掉期总成交额的 56.1%。

2018 年以来，中国外汇市场整体发展态势良好，开放度持续提高，交易机制不断创新，交易效率不断提升，人民币的国际影响力不断提高，外汇市场交易主体进一步扩展。截至 2018 年末，共有即期市场会员 678 家，远期、外汇掉期、货币掉期和期权市场会员各212家、207家、175家和124家，即期市场做市商32家，远掉期市场做市商27家。

初步统计，2018年，我国经常账户顺差491亿美元；非储备性质的金融账户顺差602亿美元。2018年末，外汇储备余额为30727亿美元。外债规模继续保持小规模增长。2018年9月末，全口径（含本外币）外债余额为19132亿美元，较6月末增加427亿美元。其中，短期外债余额为12073亿美元，占外债余额的63%。

2015年以来，财务公司积极拓展外汇市场相关业务，外汇业务逐步成为财务公司的一个重要业务品种。外汇市场的波动将影响财务公司的跨境资金管理业务和结售汇业务，同时影响集团公司的贸易往来，对于进出口占比较大的财务公司有一定的影响。财务公司需要关注外汇市场最新走势尤其研判美国税改、美联储加息及缩表的政策影响，尤其是美联储加息和缩表的节奏放慢之后，美元指数是否会趋势性走强需要重点关注。财务公司既要规避本机构的汇兑风险，获取汇兑收益，又要为集团公司规避汇兑风险、获取汇兑收益提供咨询建议。

第三章
政策环境

2018年，面对复杂多变的国内外形势，中国政府强化宏观经济政策的逆周期调节，适时预调、微调政策走向，积极引导货币政策、财政政策、监管政策以及国有资产管理政策协同发力，在共同维护金融系统安全、经济运行稳定的同时，也为财务公司高效、健康运营创造了良好的外部环境，财务公司行业发展日趋规范、完善。

一 宏观经济政策环境

（一）2018年宏观经济政策

2018年，中国经济发展保持韧性，经济运行始终维持在合理区间。但从第二季度开始，"严监管"催生的调整阵痛，以及中美贸易战带来的外部冲击，加剧了国内经济下行压力。面对经济运行"稳中有变、变中有忧"，宏观经济政策适时调整，前期作为政策主线的"去杠杆"边际放缓，而"稳增长"政策目标的重要性边际提升，并逐渐成为2018年经济工作的中心任务。第二季度开始召开的各大会议已经清晰地勾画出为应对经济下行压力而做出的政策调整脉络（见图3-1）。

第一篇 环境篇

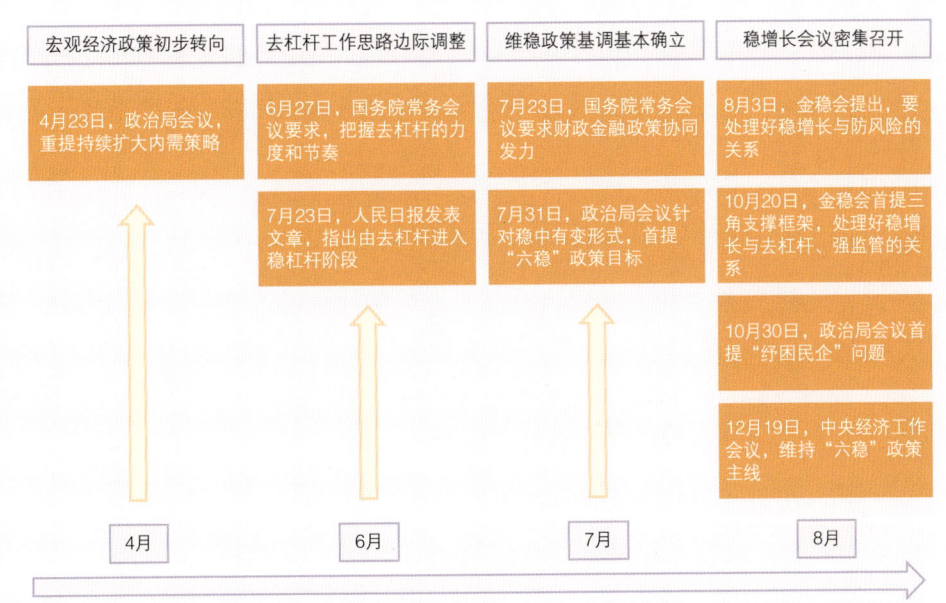

图 3-1 宏观经济政策调整脉络

外部冲击和内生需求使得宏观经济政策不断进行预调微调。4月23日，中共中央政治局会议召开，对全年经济形势判断转为谨慎，并重提"持续扩大内需"策略，宏观经济政策结构性调整初露端倪。随后便出现如"定向降准""扩大MLF抵押品范围"等流动性加码的政策调整铺垫。

"去杠杆"工作思路出现结构性调整，要求把控去杠杆的力度与节奏，金融去杠杆逐步转变为结构性去杠杆，整体表现为稳杠杆，重在统筹好稳增长与去杠杆、强监管的关系。由于宏观杠杆率趋于稳定，叠加金融监管触发的调整阵痛显现，6月27日召开的央行二季度货币政策委员会例会以及随后召开的国务院常务会议，均强调要"把握好去杠杆工作的力度和节奏"。7月23日，人民日报发表头版评论员文章《结构性去杠杆稳步推进（经济形势年中看）》，明确指出"去杠杆初见成效，我国进入稳杠杆阶段"。因此，在11月9日发布的第三季度货币政策执行报告中，删除了"去杠杆"的相关表述，不再过多强调去杠杆，仅保留了"处理好稳增长与去杠杆、强监管的关系"的描述，这既是对当前经济形势下"稳增长"诉求提升的体现，也是宏观政策的及时调整与优化。

在外部冲击进一步加大中，稳增长的政策要求有所加大，"稳增长"政策基调基本确立。面对外部环境压力叠加内部调整阵痛，第三季度成为宏观经济政策预调微调的关键节点。7月23日，国务院常务会议要求财政金融政策要协同发力，积极的财政

37

政策要更加积极,稳健的货币政策要松紧适度,保障合理融资需求,避免"一刀切"。7月31日,中央政治局会议针对"稳中有变"的新经济形势,首次提出"六稳"政策目标,即稳就业、稳金融、稳外贸、稳外资、稳投资、稳预期,从而确立了下半年"稳"字当头的宏观政策基调。

强化金融服务实体经济的功能,重点支持中小微企业和民营企业的融资难、融资贵问题。8月开始,着力于缓解"紧信用"、推进"稳增长"的会议密集召开。8月3日,面对实体经济融资难、融资贵的问题,国务院金融稳定发展委员会(简称"金稳会")第二次会议明确指出要进一步打通货币政策传导机制,提高服务实体经济的能力和水平,处理好"稳增长"与"防风险"的关系。10月20日,金稳会召开防范化解金融风险第十次专题会议,会议首次提出"三角形支撑框架"(实施稳健中性货币政策、增强微观主体活力和发挥好资本市场功能),并要求"处理好稳增长与去杠杆、强监管的关系",该政策思路在三季度货币政策报告中得以沿袭。10月30日,"纾困民企"问题首次在政治局会议中被提及。会议要求"坚持两个毫不动摇,促进多种所有制经济共同发展,研究解决民营企业、中小企业发展中遇到的困难",并再提"六稳"工作目标。

12月19日,中央经济工作会议对经济形势最新判断转变为"稳中有变、变中有忧","稳增长"的政策需求愈发突出,"六稳"依旧是理解宏观政策推进的主线,"稳中求进、以进促稳"将成为经济社会的发展方向和主要着力点。

综上所述,面对经济下行压力加大,为缓解外部负面冲击与"去杠杆"压力共振可能引发的经济明显减速与风险过快暴露,宏观经济政策明显向"稳增长"方向偏移,不仅在宏观导向上淡化"去杠杆"、提出"六稳"目标,关注重点也变成了支持基建、保持资本市场稳定、纾困民企等领域。但这些政策调整是在"当前经济运行稳中有变,外部环境发生明显变化"前提下的结构性调整,并不意味着去杠杆与防风险的相关工作就此停止。金融风险防控仍是金融工作的永恒主题。2018年政策环境经历了数次调整,详见图3-2。

(二)对财务公司的影响

面对经济下行压力,"稳增长"的政策需求愈发突出。在此背景下,以"纾困民企"为重点的稳定之策成为财务公司发展的有效助推力。一方面,"纾困民企"政策导向进一步强化了财务公司拓展延伸产业链金融业务的主动性与积极性。2018年,已有54家财务公司开展一头在外票据贴现业务,有27家财务公司开展一头在外保理业务,

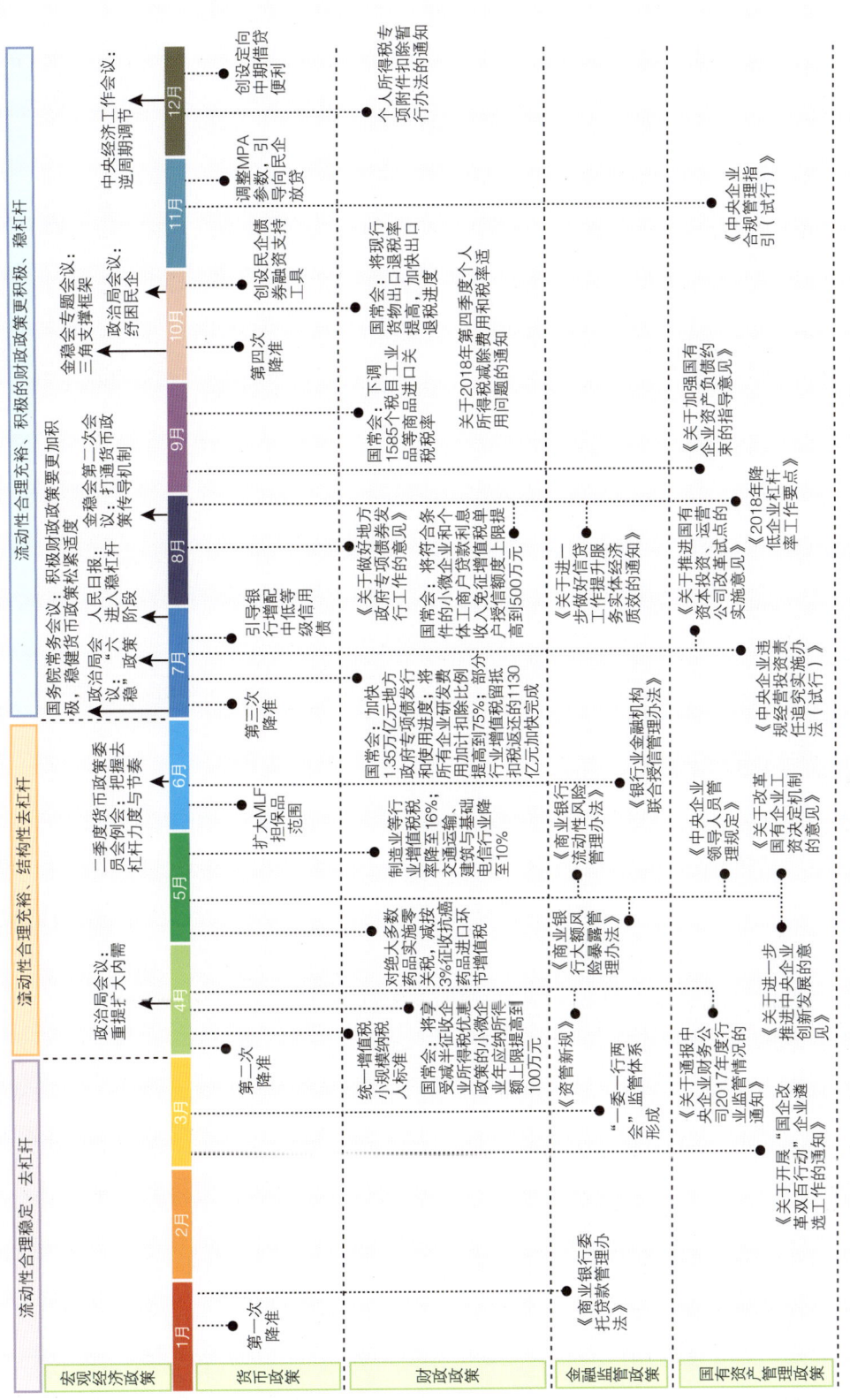

图 3-2 政策环境演变

有效缓解了产业链上小微企业或民营企业融资难、融资贵的问题。另一方面，得益于央行提高了支持民企的再贴现额度，部分财务公司获得再贴现资金的支持力度有所增加，为助力成员企业及产业链客户提质增效奠定了有利条件。此外，财政部和税务总局规定，自2018年9月1日至2020年12月31日，向小微企业发放小额贷款取得的利息收入可免征增值税，客观上也将降低财务公司的经营成本，引导财务公司加大对小微企业的信贷投放力度。

二 货币政策环境

（一）2018年货币政策

2018年，央行紧紧围绕"服务实体经济""防控金融风险""深化金融改革"三项任务，综合平衡"稳增长""调结构""防风险"等目标，在坚持稳健中性这一货币政策主线的基础上，根据形势变化及时动态预调微调，不断提高政策的前瞻性、灵活性以及针对性，为供给侧结构性改革和高质量发展营造了适宜的货币金融环境。

1. 货币政策适时调整

2018年中国人民银行货币政策更加注重适应实体经济平稳发展的内生需要，更加注重适应外部风险冲击的逆向调控。纵观全年，为有效应对"紧信用"冲击，缓解经济下行压力，2018年央行货币政策整体呈现出"由紧货币向宽货币过渡"的发展脉络，政策基调也紧跟经济发展动向实施合理微调（见图3-3）。例如，将"实施稳健中性的货币政策"调整为"实施稳健的货币政策"，"管住货币供给总闸门"先调整为"把好货币供给总闸门"再到删除相关表述，"维护流动性合理稳定"调整为"维护流动性合理充裕"，新增"松紧适度""疏通货币传导机制""形成三角支撑框架""强化逆周期调节"等内容。这些变化都凸显了中央银行逆周期调控和预调微调的政策弹性。

2. 多措并举疏通货币政策传导机制

伴随货币政策预调微调和货币政策传导机制顺畅化，货币市场利率中枢持续下移，银行体系流动性保持合理充裕。2018年初，金融强监管持续发力，"紧信用"态势明显，货币政策传导有所受阻，实体经济流动性仍较为紧张，这加剧了实体企业融

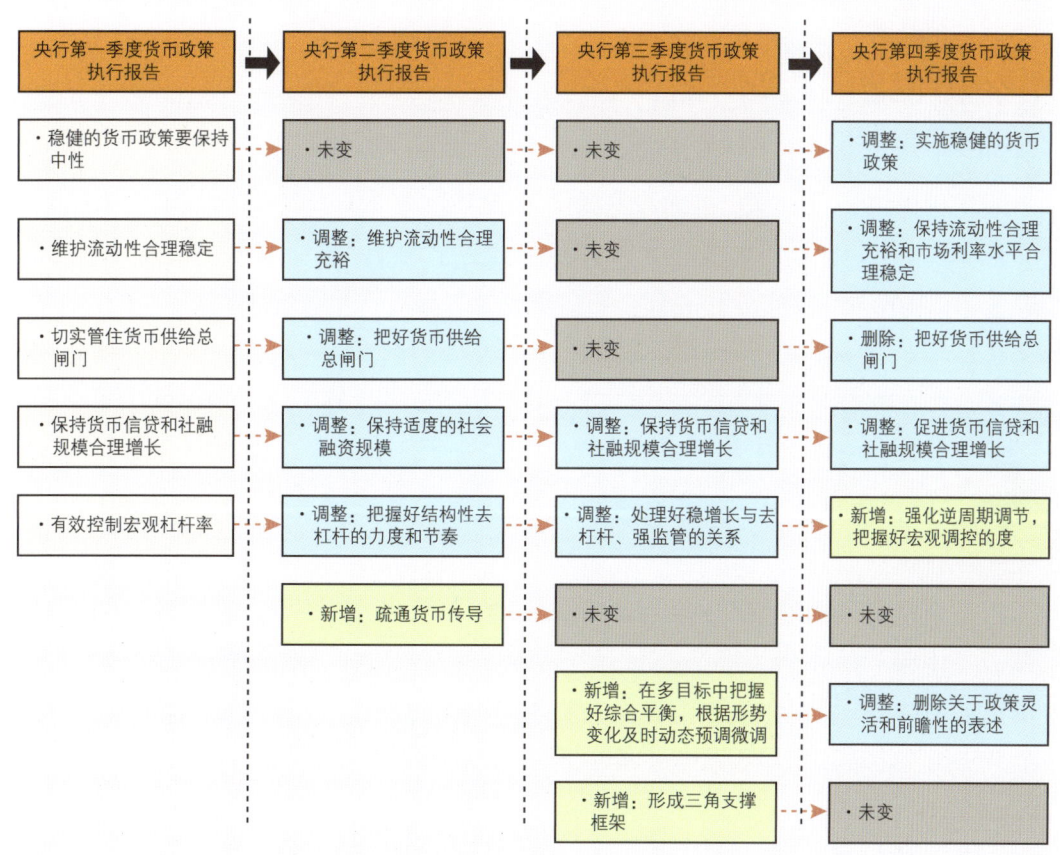

图 3-3 货币政策基调调整脉络

资压力,导致信用违约事件频发。2018 年下半年召开的国务院常务会议及金稳会会议均明确指出要打通货币政策传导机制、疏通传导渠道。面对复杂的内外部形势,央行实施稳健货币政策,并根据形势变化,前瞻性地采取了一系列预调微调和逆周期调节措施,积极疏通货币政策传导,持续加大对实体经济尤其是小微企业和民营企业的支持力度,促进了经济金融良性循环。主要措施包括以下几个方面。

一是实施定向降准。2018 年,央行四次下调金融机构存款准备金率,累计释放资金 3.65 万亿元(其中,置换 MLF1.35 万亿元、释放增量资金 2.30 万亿元),以此缓解小微企业、民营企业的融资压力,支持市场化法治化"债转股"项目,推动实体经济健康发展。

二是适当扩大 MLF 担保品范围。将不低于 AA 级的小微、绿色和"三农"金融债,AA+、AA 级公司信用类债券,以及优质的小微企业贷款、民营企业贷款和绿色贷款、主体评级不低于 AA 级的银行永续债纳入央行合格担保品范围。

三是引导银行增配中低等级信用债。央行窗口指导银行增配"AA+"以下信用债，将向一级交易商额外提供 MLF 资金，用于支持贷款投放和信用债投资，对 AA+ 及以上评级按 1∶1 比例给予 MLF，AA+ 以下评级按 1∶2 比例给予 MLF 资金，要求必须为产业类。

四是积极运用再贷款、再贴现和抵押补充贷款等工具。2018 年，中国人民银行增加支农支小再贷款和再贴现额度共 4000 亿元，下调支小再贷款利率 0.50 个百分点，引导金融机构增加小微企业和民营企业信贷投放，降低企业融资成本。

五是推动实施民营企业债券融资支持工具。人民银行运用再贷款提供部分初始资金，由专业机构进行市场化运作，通过出售信用风险缓释工具、担保增信等多种方式，重点支持暂时遇到困难，但有市场、有前景、技术有竞争力的民营企业债券融资。该工具的出台为市场提供了合理的风险分散工具，有助于以市场化方式支持民营企业债券融资。

六是创设定向中期借贷便利（TMLF）。2018 年 12 月 19 日，央行决定创设定向中期借贷便利（TMLF），操作利率比中期借贷便利（MLF）利率优惠 15 个基点，期限可延长为三年。因其具有期限灵活、利率优惠等特点，将有助于降低商业银行长期负债的成本，提振金融机构对民营企业进行长期信贷的积极性。

3. 保持人民币汇率弹性

2018 年，央行持续深化汇率市场改革，完善以市场供求为基础、参考一篮子货币进行调节、有管理的浮动汇率制度，增强人民币汇率双向浮动弹性，并在必要时加强宏观审慎管理，保持人民币汇率在合理均衡水平上的基本稳定。

2018 年下半年，受制于美国政策调整和中美贸易战，人民币贬值压力加大，给货币政策独立性和货币政策弹性带来了显著压力。二季度货币政策执行报告中曾指出："在贸易摩擦加剧、主要经济体货币政策收紧等背景下，也需要注意本外币政策的协调。"随后，央行通过提高外汇风险准备金、重启逆周期因子把控汇率中间价定价权、离岸市场发行央票等措施对汇率进行调控，货币政策保持了较好的独立性，人民币汇率形成机制呈现了较好的弹性。

一是上调远期售汇业务的外汇风险准备金率。为保持外汇市场稳定，央行决定自 8 月 6 日起，将远期售汇业务的外汇风险准备金率从 0 调整为 20%，旨在对人民币汇率进行逆周期调节。

二是重启逆周期因子。2018 年 8 月 24 日，央行宣布在人民币对美元汇率中间价报价模型中重启逆周期因子，以对冲外汇市场顺周期行为。

三是发行离岸央票。11月7日,央行决定,通过香港金融管理局债务工具中央结算系统(CMU)债券投标平台,以利率招标方式发行2018年第一期和第二期央行票据(共200亿元)。这意味着在离岸人民币流动性管理方面,央行有了更多的调控手段和更强的调控能力。

(二)对财务公司的影响

货币政策从稳健中性微调为松紧适度,对财务公司的负债端以及资产端均产生了一定的影响。

从负债端来看,受益于流动性充裕,市场资金价格出现明显下行。截至2018年末,银行间加权回购利率隔夜品种、7天品种、14天品种、21天品种、1个月品种分别为2.53%、3.14%、3.61%、4.10%、3.52%;分别较上年末降低了1.06个、2.28个、3.05个、0.83个、2.86个百分点,这为财务公司实现低成本融资创造了有利条件,流动性风险大大降低。

从资产端来看,伴随市场资金下行,带动了投资标的收益率趋势性下滑。以中期票据为例,截至2018年末,1年期、3年期、5年期、7年期、10年期高等级中期票据收益率分别为3.50%、3.77%、3.97%、4.15%、4.22%,分别较上年末降低了1.71个、1.48个、1.33个、1.15个、1.11个百分点。优质型、高收益的投资资产越来越稀缺,给财务公司投资业务带来一定压力。

三 财政政策环境

(一)2018年积极财政政策

为应对国内经济下行压力,"积极财政要更加积极"成为2018年财政政策的主基调。尤其是从第二季度开始,着力于稳增长、减税、降费、减负等多项财政政策密集出台,发挥了财政政策的逆周期调节功能,有效缓解了经济下行风险。整体而言,积极的财政政策主要体现在两个方面,一是加大对企业的减税降费力度,二是加大对基建投资融资支持。

1. 减税降费

通过减税降费来扭转微观主体的市场预期、缓解微观主体的实际负担、提高微观主体的投资意愿成为更加积极财政政策的基本政策逻辑。2018年，我国积极部署一系列减税降费政策，全年减税降费规模约1.3万亿元，对激发市场活力、降低企业负担发挥了重要作用。主要措施如下。

一是深化增值税改革，降低部分行业增值税税率、统一增值税小规模纳税人标准、对部分行业实行期末留抵退税。例如，制造业等行业增值税税率从17%降至16%，交通运输、建筑、基础电信服务等行业及农产品等货物的增值税税率从11%降至10%。

二是实施个人所得税改革，建立综合与分类相结合的个人所得税制度，实施5000元/月的基本减除费用标准和新的税率表，发布个税专项附加扣除政策。

三是出台一系列支持小微企业发展的优惠政策。如将减半征收企业所得税的小型微利企业年应纳税所得额上限由50万元提高到100万元；将小微企业和个体工商户贷款利息收入免征增值税单户授信额度上限提高至1000万元。

四是支持科技研发创新。如将科技型中小企业亏损结转年限由5年延长至10年等；将企业研发费用加计扣除比例提高到75%的政策由科技型中小企业扩大到所有企业；将创业投资企业、天使投资个人有关税收优惠政策试点范围推广至全国。

五是提高部分产品出口退税率，降低关税总水平，对进口包括抗癌药在内的绝大多数药品实施零关税，减按3%征收抗癌药品进口环节增值税等，我国关税总水平由2017年的9.8%降至7.5%。

六是清理行政事业性收费和政府性基金，以及社会保险费、工程建设领域保证金、经营服务性收费等。

2. 基建投资融资支持

基础设施投资是政府提供公共服务的基本范畴，亦是经济平稳增长的重要保障。以市场化纪律作为硬约束，"开前门"扩大地方政府融资以支持基础设施建设，是更加积极财政政策的又一个支撑。2018年通过扩大地方专项债券规模来支持基础设施建设成为政策的重点。

5月3日，财政部发布《关于加强地方预算执行管理、加快支出进度的通知》，督促地方政府在收到上级转移支付后，抓紧分解下达到本级有关部门或下级财政；最后一期的下达时间不得迟于预算执行当年的9月30日。

7月23日，国务院常务会议提出，加快今年1.35万亿元地方政府专项债券发行和使用进度，在推动在建基础设施项目上早见成效。

8月14日，财政部公布《关于做好地方政府专项债券发行工作的意见》，要求各地到9月底累计完成新增专项债券发行比例，在原则上不得低于80%，剩余的发行额度应当主要放在当年度10月发行。同日，财政部印发《地方政府债券弹性招标发行业务规定》，发行人可以根据事先设定的规则，依据发行情况自主调整发行规模。

在一系列政策护航下，2018年地方债较大规模发行，特别是专项债发行明显提速，为地方基础设施融资和经济可持续发展提供了资金活水。重要的是，通过市场化融资这一透明化方式为地方政府提供资金，有效地遏制了地方政府融资乱象。截至2018年末，全国地方政府债务余额18.39万亿元，其中，一般债务10.99万亿元，专项债务7.39万亿元。

（二）对财务公司的影响

财政政策作为国家制定指导财政收支活动和处理各种财政分配关系的基本准则，将对企业集团的生产运营环境产生重大影响，而财务公司作为深耕于企业集团内部的金融服务机构，势必也会受到财政政策间接传导效应的影响。因此，当财务公司所属集团的主营行业为财政限制型行业时，财务公司资金运作压力以及成长空间相对有限，而作为财政支持型行业时，财务公司资金运作以及成长空间将迎来重要窗口期。

2018年，受益于基建补短板、减税降费、扩大内需的政策导向，属于基建、消费行业的企业集团业务空间进一步提升，并在拓展融资渠道、降低经营成本、减轻企业负担等方面获得较大支持。而对财务公司而言，除受企业集团经营状况好转的传导影响外，国家相应的降税减费政策也进一步降低其经营成本，激发了企业活力。例如，开展延伸产业链金融业务的财务公司，可享受到"向小微企业发放贷款的利息收入免征增值税""与小型企业、微型企业签订的借款合同免征印花税"等优惠。

四 金融监管政策环境

（一）2018年监管政策

2018年金融监管从风险事件处置阶段向风险机制建设阶段演进，从机构监管向功能监管迈进。2018年金融监管基本是2017年监管政策的延续，更是对党的十九大会议精神的践行。在"防范化解重大风险"被列为三大攻坚战之首的背景下,守住不发生系统性金融风险的底线成为金融监管的首要任务。2018年,各监管部门相继出台了一系列监管政策,严监管成为常态。不同于2017年遏制乱象高发的监管"阻击战",2018年的金融监管更多针对乱象根源进行针对性监管和改革,注重建章立制,注重机制改革,注重政策协调,为功能监管"持久战"做好保障。

1."一委一行两会"监管体系正式形成

近年来,中国金融市场迅猛发展,金融创新加快提速,金融机构综合经营已成普遍现象。综合经营模式与分业监管体制的匹配性问题和监管有效性问题日益突出。综合经营模式对原有"一行三会"为主导的分业监管体系提出新挑战,金融监管体制改革势在必行。

为有效健全金融监管体系,增强监管协调性与匹配性,2018年"两会"期间,国务院机构改革方案对金融监管机构做出重大调整,即将中国银行业监督管理委员会与中国保险监督管理委员会合并,组建中国银行保险监督管理委员会(简称"银保监会"),并与央行、中国证券监督管理委员会组成"一行两会",共同接受金稳会的监管协调,"一委一行两会"统一监管体系正式形成(见图3-4)。此次机构调整,不仅有效整合银行业和保险业的监管资源,促使监管权力更加集中、监管范围明显扩大,同时也有利于强化央行宏观审慎监管职能。

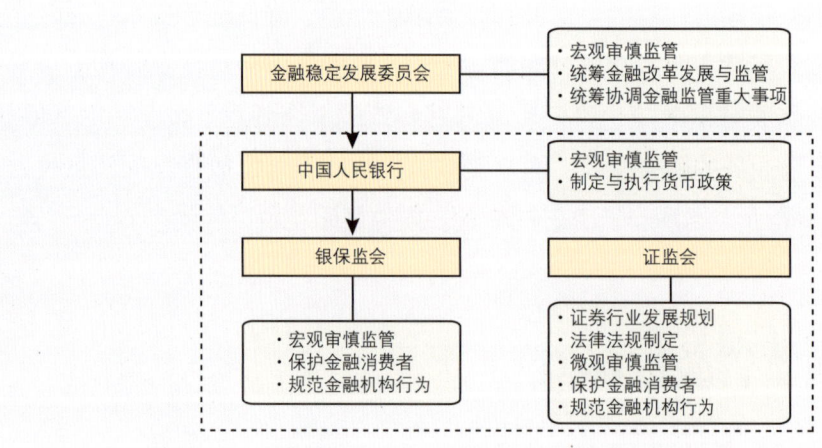

图3-4 "一委一行两会"金融监管体系

2. 金融监管政策密集出台

2018年，以资管新规为代表的金融监管政策密集出台，"去非标""去通道""破刚兑"等成为监管新常态。尽管下半年经济下行压力导致金融监管政策出现结构性微调，但整体而言，"严监管"仍是2018年金融监管的主旋律。其中，涉及面较广、影响较大、决定金融监管走势的监管政策主要如下。

（1）资管新规及其实施细则

4月27日，央行、银保监会、证监会、外管局联合发布《关于规范金融机构资产管理业务的指导意见》，目的在于规范金融机构资产管理业务、统一同类资管产品监管标准、有效防范控制金融风险，这标志着我国资管行业正式迎来统一监管规制下的新时代。

7月20日，央行发布《关于进一步明确规范金融机构资产管理业务指导意见有关事项的通知》，进一步明确过渡期内的具体操作性问题，向社会传达了支持实体经济融资的积极信号。同时，银行理财、银行理财子公司、证券私募资管等配套细则相继发布，进一步明确了各行业资管业务监管要求，推动资管业务回归本源。

随着"资管新规"纲领性文件发布及相关配套政策相继落地，我国"大资管"领域的监管框架已基本搭建完成（见图3-5）。该监管框架强调了"打破刚性兑付、消除嵌套"等核心原则，统一了不同金融机构参与资管业务的监管标准，同时，又充分考虑当前市场发展情况和实体经济合理的融资需求，在非标投资、压缩节奏、计价方式等方面预留了一定缓冲空间，有利于金融机构平稳过渡，稳定市场预期。

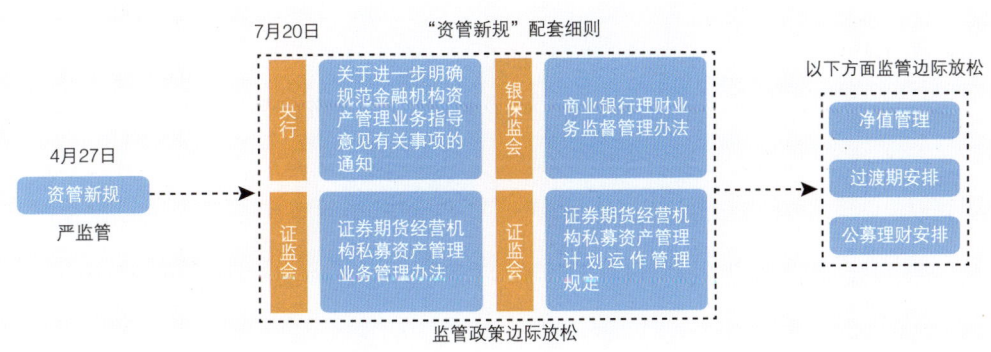

图3-5 "大资管"监管框架

（2）深化整治银行业市场乱象

1月13日，银保监会发布《进一步深化整治银行业市场乱象的意见》和《2018

年整治银行业市场乱象工作要点》，明确 2018 年将重点整治公司治理不健全、违反宏观调控、影子银行和交叉金融产品风险、侵害金融消费者权益、利益输送、违法违规展业、案件与操作风险、行业廉洁风险等领域，基本涵盖了银行业市场乱象和存在问题的主要类别，为 2018 年银行业的金融监管工作划定提纲。

（3）《商业银行委托贷款管理办法》

1 月 5 日，银监会发布《商业银行委托贷款管理办法》，旨在规范商业银行委托贷款业务，加强风险防范。该办法从明确委托贷款的业务定位和各方当事人职责、规范委托贷款的资金来源、规范委托贷款的资金用途、要求商业银行加强委托贷款风险管理以及加强委托贷款业务监管等五个方面对委托贷款业务提出了更为系统性的监管要求，填补了委托贷款监管制度空白。

（4）《商业银行大额风险暴露管理办法》

5 月 4 日，为推动商业银行强化大额风险暴露管理，有效防控集中度风险，银保监会发布《商业银行大额风险暴露管理办法》。该办法提高了单家银行对单个同业客户风险暴露的监管要求，明确单家银行对单个企业或集团客户的授信总量上限，具有明显的治理同业乱象、规范同业业务、引导银行资金"脱虚向实"的政策导向性。

（5）《商业银行流动性风险管理办法》

5 月 25 日，为适应当前商业银行流动性风险管理需要，推动银行夯实流动性风险管理基础，银保监会发布《商业银行流动性风险管理办法》，该办法在"流动性比例"与"流动性覆盖率"两项指标基础上，新引入"流动性匹配率"、"优质流动性资产充足率"与"净稳定资金比例"三项量化指标，并根据商业银行不同规模设定了不同监管标准，建立了更全面、细致的流动性风险管理监管框架。

（6）《银行业金融机构联合授信管理办法》

6 月 1 日，银保监会发布《银行业金融机构联合授信管理办法（试行）》，要求对 3 家以上银行业金融机构有融资余额且融资余额合计在 50 亿元以上的企业，银行业金融机构应建立联合授信机制。该机制弥补了银行业对企业多头融资、过度授信、过度融资行为缺乏事前控制和事中监测的监管制度缺陷，有助于银行业金融机构准确掌握企业实际融资状况。

（二）对财务公司的影响

由于经济下行承压、信用违约事件频发，有关监管政策出现边际放松，但"严监管"大方向没有改变。尤其是 7 月末召开的中央政治局会议明确要求，要把防范化解金融风险和服务实体经济相结合，对于深耕于企业集团内部业务的财务公司而言，既要将风险系数降到最低，又要保障服务集团功能充分发挥，这对财务公司信贷、资金集中、投资和国际等业务开展提出了更高的要求。

五 国有资产管理政策环境

（一）2018年国有资产管理政策

2018年，各级国资监管机构认真贯彻落实党中央、国务院关于深化国有企业改革的决策部署，加快推进从管企业向管资本转变，通过出台一系列政策条例，不断推动国有资本做优、做大、做强，为实现国有资产保值增值、防止国有资产流失发挥了重要作用。

1. 降杠杆方面

8月8日，国资委等五部门联合印发《2018年降低企业杠杆率工作要点》的通知，从建立健全企业债务风险防控机制、深入推进市场化法治化债转股、加快推动"僵尸企业"债务处置、协调推动兼并重组等其他降杠杆措施、完善降杠杆配套政策、做好降杠杆工作的组织协调和服务监督等六方面提出27条工作要点，部署加快推进降低企业杠杆率各项工作，打好防范化解重大风险攻坚战。

9月13日，中共中央办公厅、国务院办公厅印发《关于加强国有企业资产负债约束的指导意见》。意见提出：加强国有企业资产负债约束是打好防范化解重大风险攻坚战的重要举措。通过建立和完善国有企业资产负债约束机制，强化监督管理，促使高负债国有企业资产负债率尽快回归合理水平，推动国有企业平均资产负债率到2020年末比2017年末降低2个百分点左右，之后国有企业资产负债率基本保持在同行业同规模企业的平均水平。

2. 考核分配方面

5月11日，中共中央办公厅、国务院办公厅印发《中央企业领导人员管理规定》，从职位设置、任职条件、选拔任用、考核评价、薪酬与激励、管理监督、培养锻炼、退出等方面，明确了中央企业领导人员管理的基本原则、基本要求和主要内容，覆盖了中央企业领导人员管理的全过程和各环节。对提高中央企业领导人员管理工作质量，打造高素质专业化中央企业领导人员队伍，具有十分重要的意义。

5月25日，国务院印发《关于改革国有企业工资决定机制的意见》，释放国企收入分配改革的强烈信号，国有企业员工待遇的市场化程度、分配秩序等情况有望得到改善。

7月30日，为贯彻落实党中央国务院关于以管资本为主加强国有资产监管、有效防止国有资产流失的要求，国资委印发《中央企业违规经营投资责任追究实施办法（试行）》，明确了中央企业违规经营投资责任追究的范围、标准、责任认定、追究处理、职责和工作程序等，进一步加强和规范中央企业责任追究工作。

3. 合规管理方面

根据国资委关于中央企业发展金融的指导意见，2018年国资委严控非主业投资规模和投向，引导中央企业进一步聚焦实业、突出主业。国资委要求建立金融业务投资企业负面清单，推动中央企业金融业务优化重组，要求中央企业金融业务必须紧紧围绕实业、服务主业有序开展，严防"脱实向虚"倾向，严禁脱离主业单位做大金融业务，未来对于中央企业发展与主业无关的金融业务将受到限制。

11月2日，为着力打造法治央企，保障企业持续健康发展，国资委印发《中央企业合规管理指引（试行）》，明确了合规管理职责、合规管理重点、合规管理运行机制、合规管理保障等四方面的准则要求，为国资企业进行合规管理、规避合规风险提供基本准则，有效推动中央企业全面加强合规管理，加快提升依法合规经营管理水平。

4. 国企改革方面

3月14日，国资委发布《关于开展"国企改革双百行动"企业遴选工作的通知》，决定选取百家中央企业子企业和百家地方国有骨干企业（简称"双百企业"）。8月17日，国务院国企改革领导小组办公室召开国企改革"双百行动"动员部署视频会，国企改革"双百行动"正式启动。以"1+N"政策体系为指导，全面拓展和应用改革政策和试点经验，形成从"1+N"顶层设计到"十项改革试点"再到"双百行动"梯次展开、纵深推进、全面落地的国企改革新局面。

5月28日，国资委、科技部制定《关于进一步推进中央企业创新发展的意见》，通过明确鼓励和支持中央企业参与国家重大科技项目、中央企业增加研发投入、支持中央企业发挥创新主体作用等九大任务，加快中央企业科技成果在两地转化落地，加快推动中央企业创新发展。

7月9日，《中共中央、国务院关于完善国有金融资本管理的指导意见》发布，要求建立健全国有金融资本管理的"四梁八柱",优化国有金融资本战略布局,理顺国有金融资本管理体制,增强国有金融机构活力与控制力,促进国有金融资本保值增值,更好地实现服务实体经济、防控金融风险、深化金融改革三大基本任务。

7月30日,国务院印发《关于推进国有资本投资、运营公司改革试点的实施意见》,通过改组组建国有资本投资、运营公司,构建国有资本投资、运营主体,改革国有资本授权经营体制,完善国有资产管理体制,实现国有资本所有权与企业经营权分离,实行国有资本市场化运作。发挥国有资本投资、运营公司平台作用,促进国有资本合理流动,优化国有资本投向,向重点行业、关键领域和优势企业集中,推动国有经济布局优化和结构调整,提高国有资本配置和运营效率,更好服务国家战略需要。

(二)国资委对央企财务公司的要求

4月4日,国资委印发《关于通报中央企业财务公司2017年度行业监管情况的通知》,着重从资金集中管理、业务规范、风险防控、组织治理等方面,对央企财务公司提出新的要求。

一是继续强化资金集中度的管理要求。在资金集中管理方面,国资委要求"各有关中央企业要牢牢把握财务公司服务集团资金集中管理的基本定位,充分发挥财务公司资金集中平台的作用……力争将全口径资金集中度提升至80%以上,有条件的企业要力争达到90%"。这为央企财务公司提高资金集中度提供了有力的政策依据,有利于引导财务公司深入推进内部资金集中管理,扩大资金集中范围。

二是严格要求央企财务公司依法合规开展业务。在业务规范方面,要求央企财务公司严格遵守法律法规和行业监管的有关要求,在核准的业务范围内依法合规开展业务,不得以任何形式变相突破业务范围,向非成员单位提供贷款,进行非金融企业股权投资。

三是重点加强央企财务公司信用风险与流动性风险管控。在风险管控方面,要求央企财务公司密切关注宏观经济形势、金融市场形势和成员企业经营财务状况变化,强化监测分析,提前预研预判,及时采取有效措施,切实加强信用风险和流动性风险管控。

四是不断完善央企财务公司法人治理结构。组织架构方面,要求各央企财务公司要不断完善公司法人治理结构,合理设置职责权限,规范履行决策程序;注重加强内部控制体系建设,梳理完善管理制度体系,持续优化业务管控流程,强化贷款、投资等关键业务的管控;加强内部控制日常监督检查,发挥好内部审计机构作用,确保内部控制不断完善并得到有效执行。

第四章
行业自律环境

截至 2018 年末，中国财务公司行业法人机构数量 253 家，全行业表内外资产总额 9.50 万亿元，已经成为中国金融体系重要的组成部分，也是中国金融风险防控的重要对象。在人民银行、银保监会、国资委等监管部门有效监管的同时，行业自律也是财务公司行业合法合规、稳健经营的基础保障。

2018 年，财务公司行业寄托中国财务公司协会这一自律组织，不断完善行业自律规章，重新修订《中国财务公司协会章程》，重点加强党对自律组织的领导，强化自律组织的政治功能和自律合规功能。同时，严谨开展行业评级工作，深入推进行业社会责任建设，重点引导行业科学稳健发展，为财务公司行业的平稳、健康和可持续发展提供支持，为财务公司的合法、合规和稳健经营提供保障。

一 积极完善行业自律规章

2018 年，根据民政部《关于在社会组织章程增加党的建设和社会主义核心价值观有关内容的通知》的要求，中国财协重新修订《中国财务公司协会章程》，增加党的建设和社会主义核心价值观等有关内容，加强党对中国财协的领导，强化社会组织的政治功能；根据行业发展形势、制度环境和现实需求等情况，研究相关法律法规，对现有的行业自律管理体系进行梳理，提出修改思路和建议，为补充完善行业自律管理体系打好基础；严格遵守议事决策机制，定期召开会员大会、理事会、常务理事会和监事会会议，讨论研究中国财协工作和行业发展中的重大问题，完善协会治理机制；根据章程规定做好新会员入会和理事、监事变更工作。

二 严谨开展行业评级工作

2018年，中国财协组织完成"2017年度行业评级"工作。根据银保监会调整财务公司资金集中度计算公式的通知要求，在评级专家委员会的指导下，根据行业发展变化情况，调整行业评级资金集中度指标计算公式，保持与监管指标的一致性；加强评级基础数据的收集、审核和校对，优化指标评分标准，确保行业评级程序合规、结果准确、发布及时。评级结果显示，247家财务公司中A类财务公司128家，占比51.82%；B类财务公司103家，占比41.70%；C类财务公司16家，占比6.48%。

三 继续推进行业社会责任建设

2018年，中国财协组织编写《中国企业集团财务公司行业社会责任报告（2016-2017）》，以"融汇贯通，产业筑梦"为主题，全面展示财务公司行业在服务企业集团需求、支持实体经济发展、做实风险管控等方面的价值和履行社会责任的总体情况；持续深化社会责任管理工作，开展社会责任优秀案例评选和社会责任议题问卷调查等活动，展现财务公司行业社会责任优秀实践，发挥典型示范引领作用，引导财务公司参与并践行社会责任，提升行业社会责任理念。

四 着力引领行业科学发展

中国财协持续加大研究力度，加强与外部智库社科院财经战略研究院的合作，继续编制并发布《中国企业集团财务公司行业发展报告（2018）》。依托行业研究人才库，加强课题管理体系建设，加强课题研究力度指导行业科学发展。

五 全面加强党对行业的领导

中国财协在银保监会党委的领导下，以党章为根本遵循，深入学习贯彻习近平新时代中国特色社会主义思想和党的十九大精神，切实把党的建设放在首位。2018 年组织全行业党建工作交流会，加强全行业党建交流，促进行业党建工作推进，全面加强党对自律组织和行业的领导。

第二篇　机构篇

2018年，财务公司机构数量继续增加，全行业法人机构数量253家，较2017年末增加6家。资产规模平稳增长，全行业表内外资产总额9.50万亿元，同比增长9.30%。资金集中再创新高，全行业平均资金集中度为49.48%，较上年提升1.57个百分点。经营效益保持稳定，全行业实现利润总额1036.46亿元，同比增长6.30%。行业风险整体可控，无不良资产财务公司214家，行业平均不良资产率0.46%。信贷支持力度加大，服务实体成效显著，全年累计发放贷款4.55万亿元，同比增长13.03%；立足服务集团主业，产业链金融快速发展，产业链下游业务发生额3666.01亿元，产业链上游业务发生额1318.00亿元。

2018年，财务公司行业更加重视信息化建设和管理工作，信息化水平不断提高，信息化管理制度持续完善。在信息系统应用方面，财务公司积极建设信息科技运营管理体系，推进网上金融服务平台建设，建立健全流动性管理系统，提升会计管理系统税费功能，逐步完善经营分析决策平台，强化应用系统运维体系建设。下一步，财务公司将健全系统渠道功能，支持集团共享服务，逐渐探索数据治理模式，提升数据资产价值，应用先进技术架构，构建应用系统平台。

2018年，财务公司行业人力资源管理逐步科学化、规范化，人才队伍持续保持高质量发展。全行业人才规模达13204人，增速基本与上年持平。人才选用在强化组织领导下跃上新台阶，人才素质在优化培训体系中得到新提升，人才成长在深化职业发展中迈出新步伐，人才价值在量化考核管理中发挥新作用，人才动力在活化薪酬分配中呈现新亮点。

Part 2   Finance Companies

In 2018, the number of finance companies continued to increase to 253 in total, with an increase of 6 companies from the end of 2017. The scale of assets grew steadily. The total assets on- and off-balance sheet were 9.50 trillion yuan, with a year-on-year increase of 9.30%. The concentration of funds reached a new high, and the average rate in the whole industry registered 49.48%, an increase of 1.57 percentage points over the previous year. The operating efficiency remained stable, and the net operating income of the whole industry was 141.3 billion yuan, a year-on-year increase of 15.79%. The overall risk of the industry was controllable, 214 companies did not have non-performing assets, and the industry's average non-performing assets rate was 0.46%. Credit support and services for member units have achieved remarkable results. The total amount of loans extended during the year was 4.55 trillion yuan, a year-on-year increase of 13.03%. Finance companies paid much emphasis on serving the main business of the groups, and the industrial chain finance developed rapidly, with the downstream business amounted to 366.601 billion yuan, and the upstream business registered 131.80 billion yuan.

In 2018, the industry attached more importance on IT construction and management, with the IT application capabilities and management continued to improve. In terms of system applications, finance companies positively established IT business management systems, online financial service platforms, and liquidity management systems. They also improved taxation functions of the accounting management systems, gradually improved the business analysis and decision-making platforms, and strengthened the operation and maintenance of the application systems. In the next step, finance companies will improve the channel processing, support the groups' shared services, gradually explore the data governance model, and improve the value of data assets. Besides, they will employ advanced technologies to build an application system platform.

In 2018, the industry's human resources management gradually became scientific and standardized, and the practitioners continued to maintain high quality development. The number of professionals in the whole industry reached 13,204, and the growth rate was basically the same as that of the previous year. The assigning of talents was more reasonable, and people's expertise has been enhanced due to career training improvement. Human value was highly emphasized in the quantitative work assessments, and rational remuneration system brought more vitality to practitioners.

第五章 机构概览

一 总体情况

2018年是全面贯彻党的十九大精神的开局之年，是改革开放40周年，供给侧结构性改革继续深化，实体经济活力不断释放。财务公司行业继续坚持立足集团主业发展，服务集团成员企业的基本定位，不断提升服务能力，努力实现由高速增长向高质量发展的转变，行业整体运行平稳，展现出良好的发展态势。

（一）机构数量继续增加，增加速度有所放缓

2018年，行业机构数量继续增加，但受财务公司新设机构减少及机构重组合并的因素影响，结束了过去连续九年新设机构以两位数增加的趋势，增速有所放缓。截至2018年末，全行业法人机构数量253家，较2017年末增加6家，其中，新设财务公司8家，重组合并减少财务公司2家。2018年重组合并的财务公司分别是三峡财务公司吸收合并湖北能源财务公司、中海财务公司和中远财务公司重组为中远海运集团财务有限公司。

（二）资产规模平稳增长，资产占比持续提升

2018年，在银行业金融机构资产增速整体呈逐渐放缓的趋势下，财务公司资产规模保持平稳增长。截至2018年末，全行业表内外资产总额9.50万亿元，同比增长9.30%。其中，表内资产总额6.33万亿元，较年初增加6105.74亿元，同比增长10.68%，高于同期银行业增速4.41个百分点。

2018 年末，全行业资产总额占银行业资产总额的比重为 2.36%，较 2017 年上升 0.09 个百分点，自 2012 年以来连续第六年占银行业的比重提升。

（三）资金集中再创新高，资金管控能力加强

2018 年，财务公司坚持服务集团资金集中管理的基本定位，进一步加强资金归集能力，充分发挥集团资金管控功能。截至 2018 年末，行业各项存款余额为 5.12 万亿元，同比增长 10.14%，年末全行业平均资金集中度达到 49.48%，较 2017 年上升 1.57 个百分点。2018 年，行业结算业务规模 433.17 万亿元，同比增长 23.22%。

（四）经营效益保持稳定，利润增速同比放缓

2018 年，全行业实现利润总额 1036.46 亿元，同比增长 6.30%，实现净利润 790.34 亿元，同比增长 4.92%，高于同期商业银行净利润增速 0.2 个百分点，但较 2017 年增速下降 16.59 个百分点，这主要是受个别财务公司亏损的影响。剔除两家风险暴露机构影响后，行业净利润增速为 13.71%，同比依然有所放缓。

2018 年，全行业总资产收益率 1.31%，净资产收益率 9.31%，分别较 2017 年降低 0.13 个和 0.94 个百分点；全行业平均净息差和净利差分别为 2.13% 和 1.94%，分别较 2017 年上升 0.05 个和 0.04 个百分点。

（五）风险监控指标良好，行业风险整体可控

2018 年末，财务公司行业不良资产余额 316.00 亿元，无不良资产财务公司达 214 家，占全行业的比例达到 85.60%。行业平均不良资产率 0.46%，不良贷款率 0.96%，主要受个别财务公司风险事件影响，较 2017 年末分别上升 0.43 个和 0.90 个百分点。行业平均资本充足率 20.48%，核心一级资本充足率 19.49%，拨备覆盖率 292.85%，平均流动性比例 62.34%，均处于较好水平。

（六）信贷支持力度加大，服务实体成效显著

2018 年，财务公司紧扣集团需求，加大对集团和成员单位的信贷支持力度，支持实体产业发展成效显著。全年累计发放贷款 4.55 万亿元，同比增长 13.03%，年末各项

贷款余额 2.91 万亿元，较上年增加 3918.65 亿元，同比增长 15.56%。

强化金融服务实体经济，须增加中小金融机构数量和业务比重，改进民营企业和小微企业的金融服务。对于财务公司行业来说，财务公司对集团和成员单位的信贷支持，是对民营经济、小微企业最直接有效的金融服务。2018 年，民营企业集团财务公司各项贷款余额 3504.32 亿元，同比增长 28.71%，高于全行业平均贷款增速 11.33 个百分点。2018 年末，财务公司行业小微企业贷款余额 3021.71 亿元，同比增长 19.15%，分别高于大型企业和中型企业贷款增速 1.24 个和 7.92 个百分点。

（七）立足服务集团主业，产业链金融快速发展

2018 年，有 37 家财务公司向产业链下游开展消费信贷、买方信贷和集团产品融资租赁业务，全年累计发生额 3666.01 亿元，涉及中小微企业 4756 家；有 54 家财务公司向产业链上游开展延伸产业链业务，全年累计发生额 1318.00 亿元，累计发生 83954 笔，涉及中小微企业 5287 家。产业链金融业务为财务公司更好地服务集团主业、改善产业链上下游企业融资难融资贵的现状、促进产业链整体健康发展发挥了重要的作用。

二 分布情况

（一）地区分布

截至 2018 年末，全国共有企业集团财务公司 253 家，除西藏外，其他省份均设立财务公司。其中，北京、广东（含深圳市）、上海三个省市的财务公司数量较多，分别为 73 家、23 家、22 家，机构数占行业比例依次为 28.85%、9.09%、8.70%，总计 46.64%，基本与上年持平，财务公司地区分布依然比较集中（见图 5-1）。

截至 2018 年末，全行业设立分支机构和境外附属机构的财务公司较 2017 年没有变化，有 9 家财务公司设有分支机构和境外附属机构，共 38 家。分支机构数量最多的是中国电力财务公司，有分支机构 12 家；全行业仅中油财务公司分别在香港、新加坡、迪拜三地拥有境外附属机构。

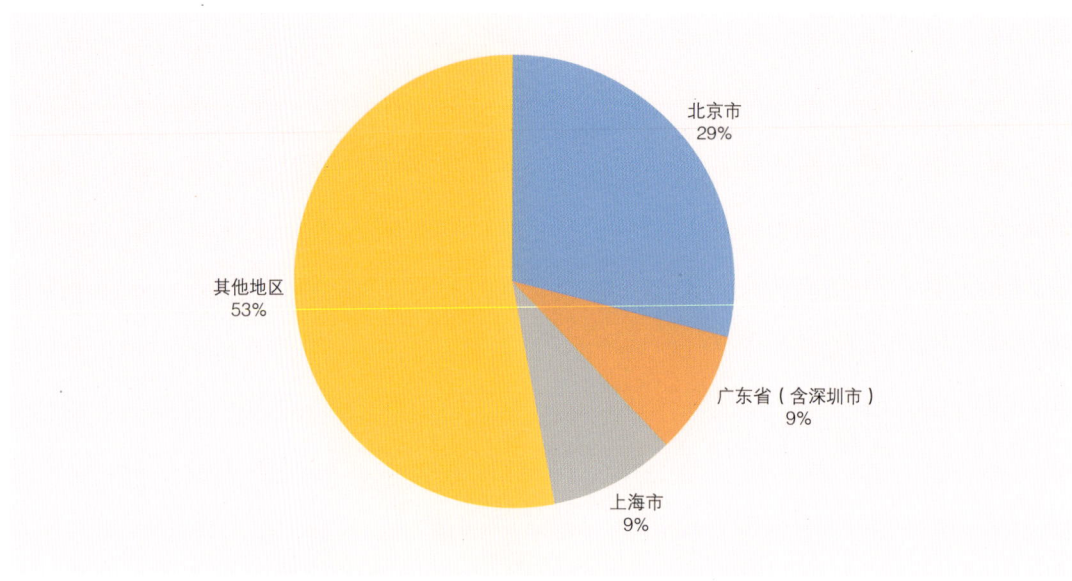

图 5-1　2018 年财务公司地区分布情况

（二）行业分布

截至 2018 年末，全国财务公司服务的成员单位涵盖电力、石油化工、钢铁、机械制造、民生消费等 17 个行业。机构数量排名前五位的行业依次是交通运输（25 家）、煤炭（21 家）、投资控股（21 家）、电力（19 家）和机械制造（19 家）（见图 5-2）。

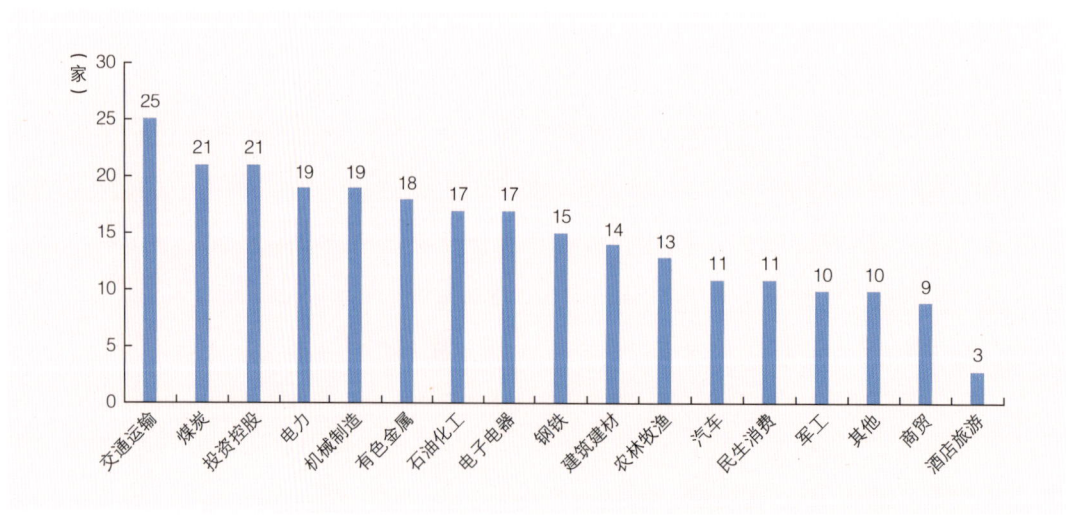

图 5-2　2018 年财务公司行业分布情况

从各行业机构数量变化看,机械制造、投资控股、军工、农林牧渔、其他行业2018年有机构增加,其中,机械制造新增3家机构,其余四个行业各增加1家机构。电力行业减少一家。

(三) 所有制分布

截至2018年末,全国共有中央国有企业财务公司76家,较2017年新增3家,占全部财务公司的30.04%;地方国有企业财务公司129家,与2017年持平,占全部财务公司的50.99%;集体民营企业财务公司45家,较2017年新增3家,占全部财务公司的17.79%;外资企业财务公司3家,与上年持平,占全部财务公司的1.19%(见图5-3)。

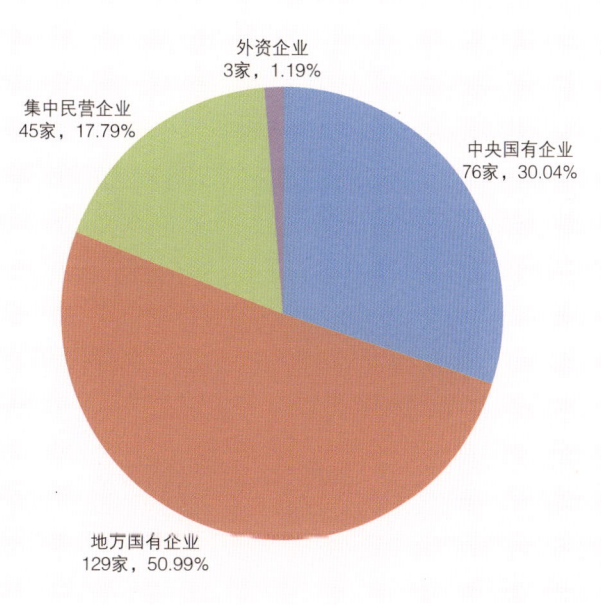

图 5-3　2018 年财务公司所有制分布情况

第六章 经营概况

一 财务状况

（一）资产状况

在银行业整体资产增速放缓的大环境下，2018年，财务公司的行业资产增速也相应放缓。2018年末，全行业表内外资产总额9.50万亿元，同比增加8082.30亿元，增速9.30%。表内资产总额6.33万亿元，同比增加6105.75亿元，增速10.68%。尽管比上年增速收窄了近10个百分点，但仍然高于银行业平均增速的4.41个百分点（见图6-1）。

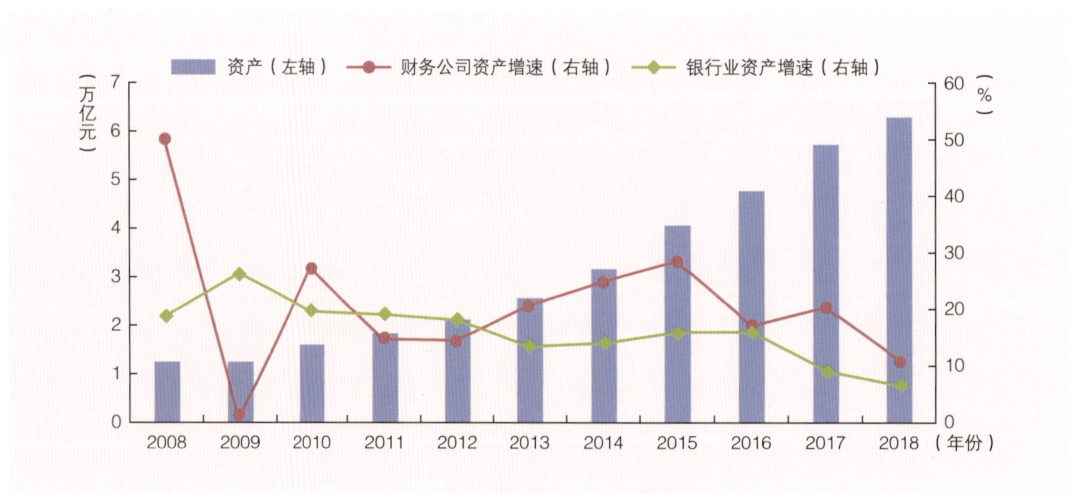

图 6-1 财务公司资产及增速情况

从资产结构看，2018年末，各项贷款占总资产的比重为45.97%，同比上升1.94个百分点；存放同业和存放央行的比重分别为38.84%和5.67%，同比分别下降0.60个和 0.46 个百分点；投资占比为 5.07%，同比下降 0.68 个百分点。资产结构的变化反映出财务公司坚持服务供给侧结构性改革，聚焦主业，回归本源，加大信贷供给力度，不断提升服务实体经济的能力。分行业看，钢铁、农林牧渔、电力、汽车和商贸行业贷款占比超过 50%，结构与 2017 年基本保持一致（见图 6-2）。

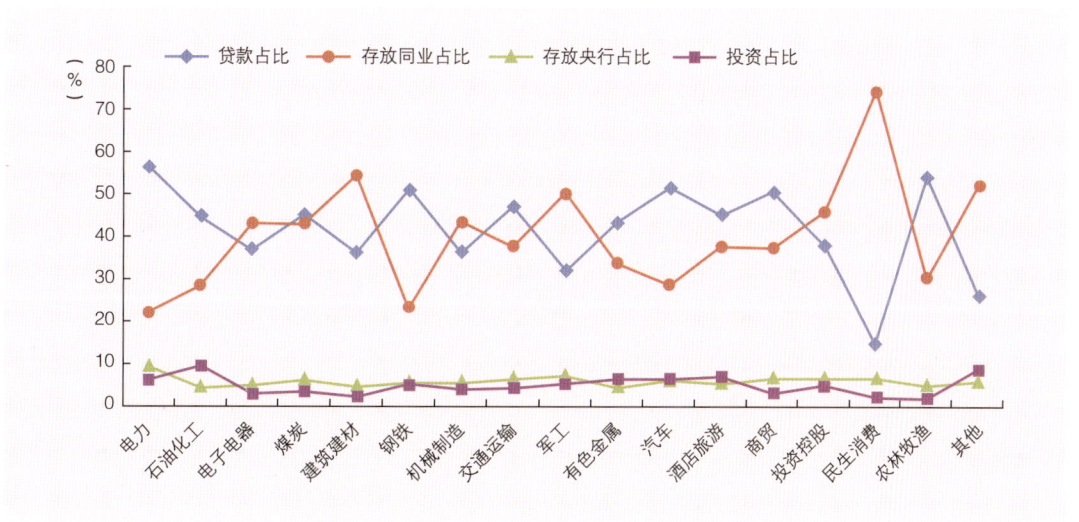

图 6-2　2018 年末各行业资产结构情况

2018 年末，资产规模超千亿的财务公司共 11 家，新增 4 家分别是贵州茅台财务公司、航天科技财务公司、中海石油财务公司和一汽财务公司。资产规模超千亿的财务公司资产总额占全行业的 28.67%。资产规模在 100 亿（含）至 500 亿元的财务公司数量及资产总额分别占比 47.60% 和 40.31%，依然占据行业主体地位（见表 6-1）。

表 6-1　财务公司资产规模分布

单位：家，%

资产规模	2017 年末			2018 年末		
	家数	家数占比	资产占比	家数	家数占比	资产占比
1000 亿（含）元以上	8	3.25	25.39	11	4.40	28.67
500 亿（含）至 1000 亿元	19	7.72	22.58	21	8.40	22.37
100 亿（含）至 500 亿元	112	45.53	41.94	119	47.60	40.31
50 亿（含）至 100 亿元	57	23.17	7.61	55	22.00	6.43
少于 50 亿元	50	20.33	2.48	44	17.60	2.23
总计	246	100	100	250	100	100

注：2018 年末的数据为 250 家财务公司统计数据，以下同。

分行业看，民生消费行业表内外资产增速33.93%，位居行业首位；机械制造、投资控股行业表内外资产增速超过20%；交通运输、电力、酒店旅游、石油化工、军工等行业资产增速低于行业平均水平，电子电器和有色金属行业为负增长（见图6-3）。

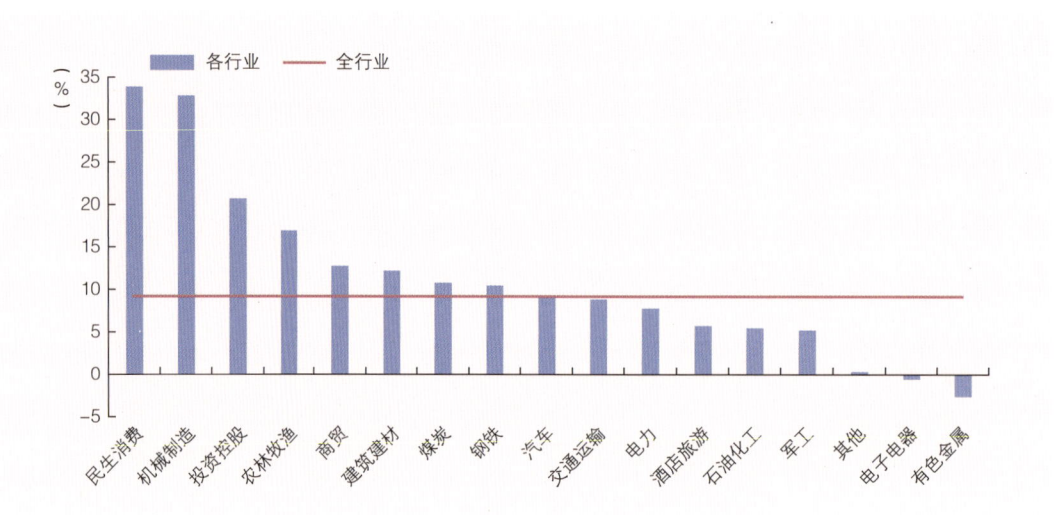

图6-3　2018年末各行业表内外资产增速

（二）负债状况

2018年末，财务公司全行业负债规模为5.43万亿元，较上年末增加5060.14亿元，增速10.28%，同比下降10.13个百分点。尽管财务公司行业负债增速有所放缓，但仍高于银行业平均增速4.39个百分点。财务公司负债规模占银行业的比重达到2.20%，较2017年上升0.09个百分点。

从负债结构看，存款是财务公司最主要的负债业务类型。2018年末，各项存款占负债的比重为94.26%，较2017年下降0.12个百分点；同业拆入和应付债券占比与上年持平，分别为2.23%和1.03%；卖出回购占比1.06%，较2017年上升0.14个百分点。

分行业看，建筑建材等11个行业存款占比均高于95%，仅农林牧渔和石油化工两个行业存款占比低于90%，分别为87.40%和78.42%（见图6-4）。

从所有制角度看，外资企业财务公司各项存款占负债的比例最高，达到99.49%，集体民营企业财务公司存款占比最低，为84.81%（见图6-5）。

从行业看，投资控股和民生消费行业负债增速较高，分别达到39.98%和32.92%，钢铁、酒店旅游、汽车、军工、农林牧渔、有色金属、石油化工行业负债增速低于10%，电子电器等行业负债增速为负（见图6-6）。

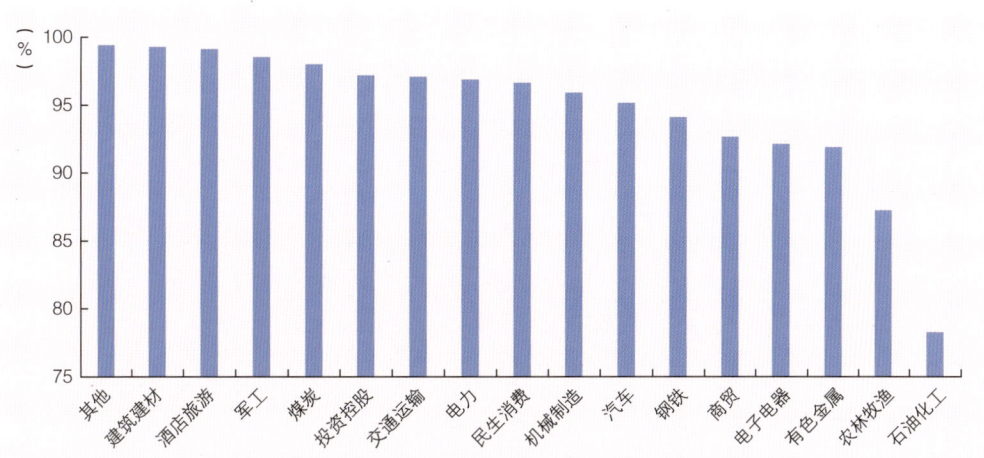

图 6-4　2018 年末各行业存款占各行业负债的比重

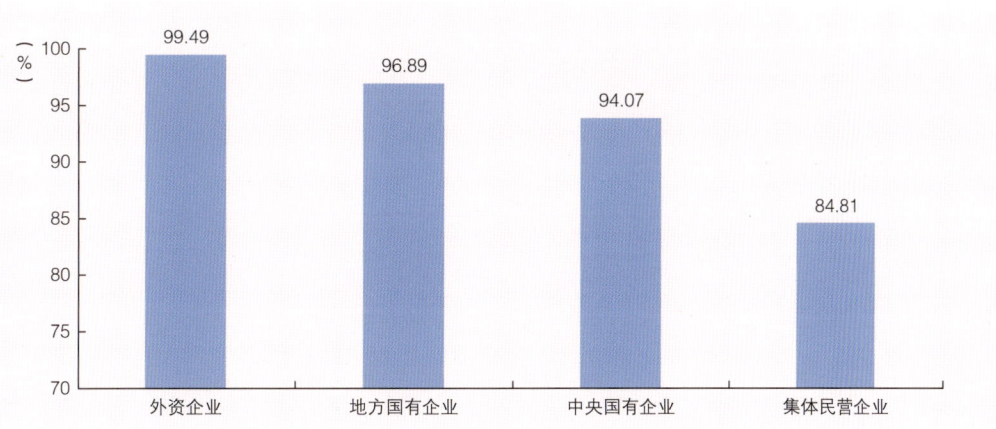

图 6-5　2018 年末各所有制存款占各所有制负债的比重

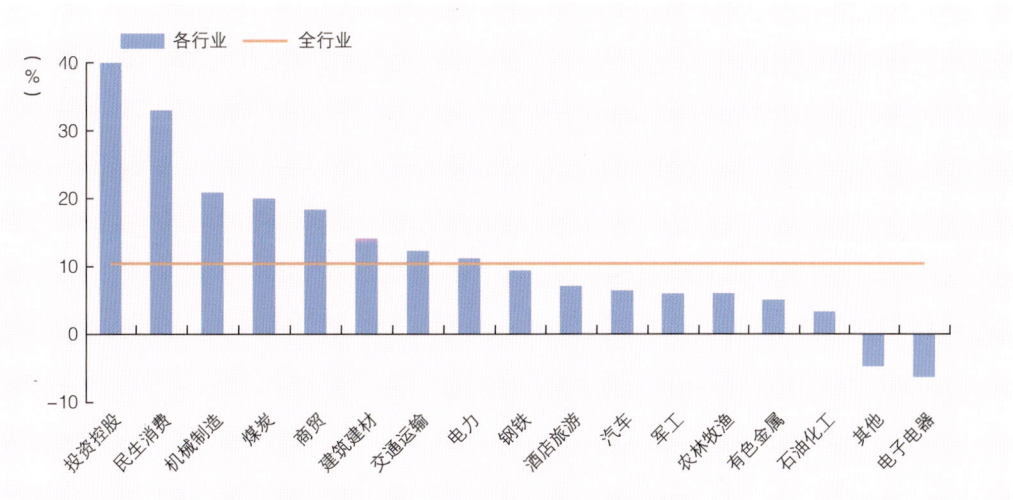

图 6-6　2018 年末各行业负债增速

（三）权益状况

2018 年末，全行业净资产总额 9013.46 亿元，较上年末增加 1045.60 万元，同比增长 13.12%。实收资本 5656.12 亿元，较上年末增加 511.32 亿元，同比增长 9.94%。2018 年，有 31 家财务公司增资，增资金额合计 440.32 亿元。

从实收资本规模分布看，2018 年末，有 32 家财务公司实收资本超过 50 亿（含）元，较 2017 年增加 4 家；163 家财务公司实收资本为 10 亿（含）至 50 亿元，占总家数的 65.20%（见表 6-2）。

表 6-2　财务公司实收资本规模分布

单位：家，%

实收资本	2017 年		2018 年	
	家数	家数占比	家数	家数占比
100 亿（含）元以上	6	2.44	6	2.40
50 亿（含）至 100 亿元	22	8.94	26	10.40
20 亿（含）至 50 亿元	67	27.24	74	29.60
10 亿（含）至 20 亿元	92	37.40	89	35.60
少于 10 亿元	59	23.98	55	22.00
总计	246	100	250	100

二　经营成果

（一）收入支出情况

2018 年，全行业实现营业净收入 1413.00 亿元，同比增加 192.65 亿元，增速为 15.79%，较 2017 年下降 10.77 个百分点，增速有所放缓。其中，利息净收入 1248.48 亿元，同比增加 189.52 亿元，增速为 17.90%，占营业净收入的比重为 88.36%，较 2017 年上升 1.58 个百分点；投资收益 120.78 亿元，同比减少 9.8 亿元，降幅为 7.48%，占营业净收入的比重为 8.55%，较 2017 年下降 2.15 个百分点（见图 6-7）。

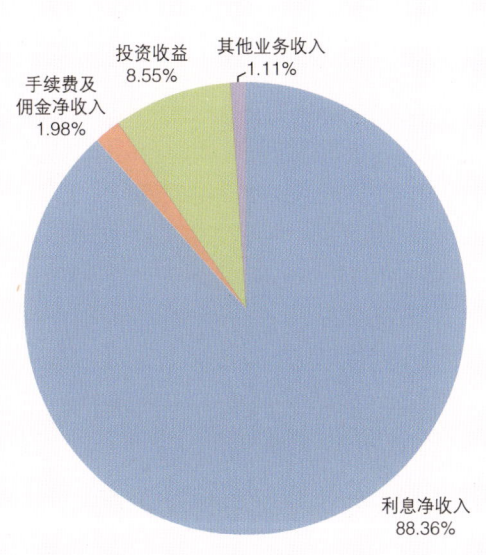

图 6-7　2018 年财务公司营业净收入结构

2018 年，全行业营业支出 122.04 亿元，同比增加 9.82 亿元，增速 8.75%。其中，业务及管理费 110.06 亿元，同比增加 8.92 亿元，增速 8.82%；营业税金及附加 11.05 亿元，同比增加 0.93 亿元，增速 9.15%。

（二）盈利情况

2018 年，全行业实现净利润 790.34 亿元，同比增加 37.09 亿元，增速为 4.92%，较上年同期下降 16.59 个百分点（见图 6-8）。行业盈利增长明显放缓的原因主要是行业内两家机构发生较大风险事件，出现较大亏损，剔除这两家机构数据之后，行业净利润增速为 13.71%。

分行业看，2018 年钢铁、汽车等行业净利润增速高于 30%，且钢铁和汽车行业净利润增速较 2017 年上升超过 20 个百分点，体现出较强的盈利能力；电力、建筑建材、交通运输、军工、有色金属、商贸行业净利润增速低于 10%；机械制造和石油化工行业净利润为负增长。其中，石油化工行业主要是受两家风险暴露机构出现较大亏损影响，剔除两家机构数据后，石油化工行业净利润增速为 6.24%，较 2017 年有所提升（见图 6-9）。

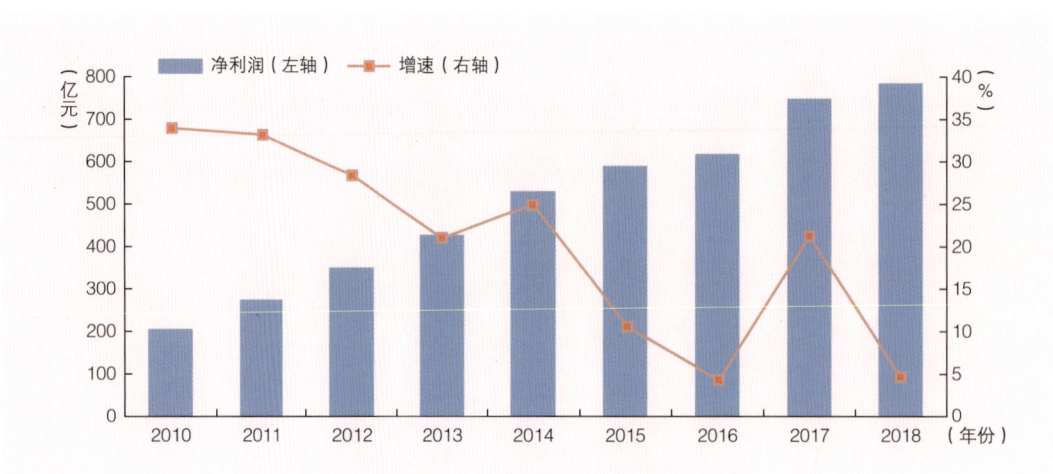

图 6-8　行业净利润及增速情况

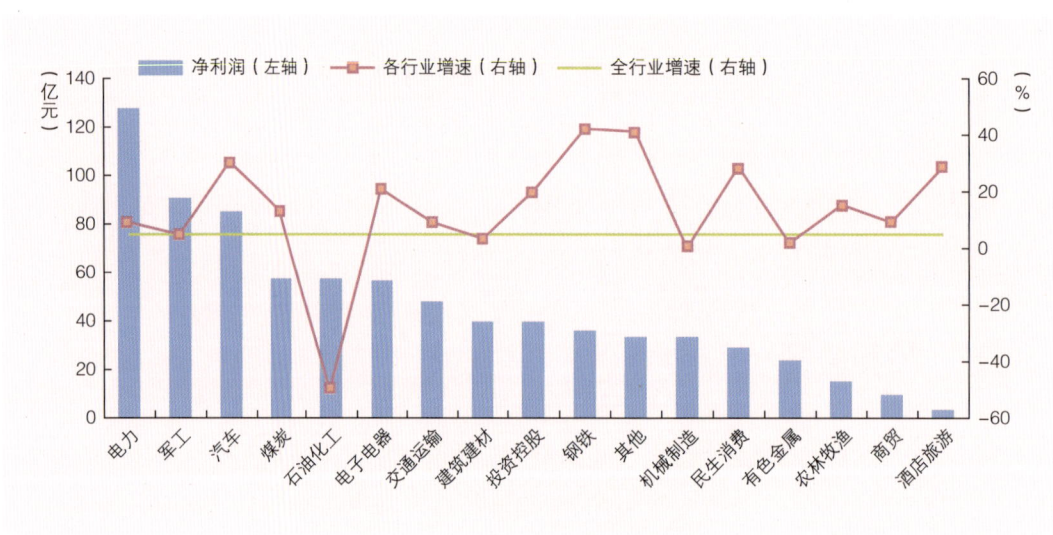

图 6-9　2018 年分行业净利润情况

分所有制看，国有企业财务公司净利润保持增长，集体民营和外资企业财务公司净利润同比下降。集体民营企业财务公司净利润减少较多主要是受两家风险暴露机构出现较大亏损影响，剔除两家机构数据后，集体民营企业财务公司净利润增速为 11.82%。中央国有企业和地方国有企业财务公司净利润占全行业的比重分别为 63.80% 和 34.17%（见表 6-3）。

表 6-3 分所有制净利润增长情况

单位：亿元，%

所有制	2017 年			2018 年		
	净利润	占比	增速	净利润	占比	增速
中央国有企业	445.87	59.19	14.37	504.27	63.80	13.10
地方国有企业	232.36	30.85	31.50	270.05	34.17	16.22
集体民营企业	67.24	8.93	38.47	8.98	1.14	−86.64
外资企业	7.79	1.03	61.62	7.04	0.89	−9.59
合计	753.25	100		790.34	100	

2018 年，行业平均净息差和净利差分别为 2.13% 和 1.94%，同比分别上升 0.05 个和 0.04 个百分点；分行业看，汽车、电力、农林牧渔、民生消费、电子电器、煤炭等六个行业净息差与净利差值高于行业均值（见图 6-10）。

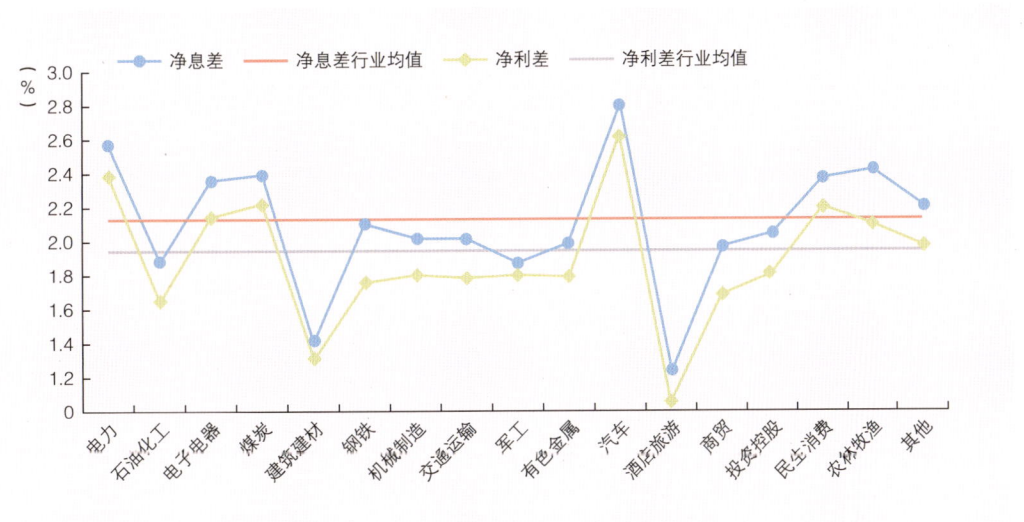

图 6-10 2018 年分行业净息差与净利差分布

2018 年，行业盈利能力有所下降。行业资产收益率 1.31%，净资产收益率 9.31%，较 2017 年分别下降 0.13 个和 0.94 个百分点（见图 6-11、图 6-12）。

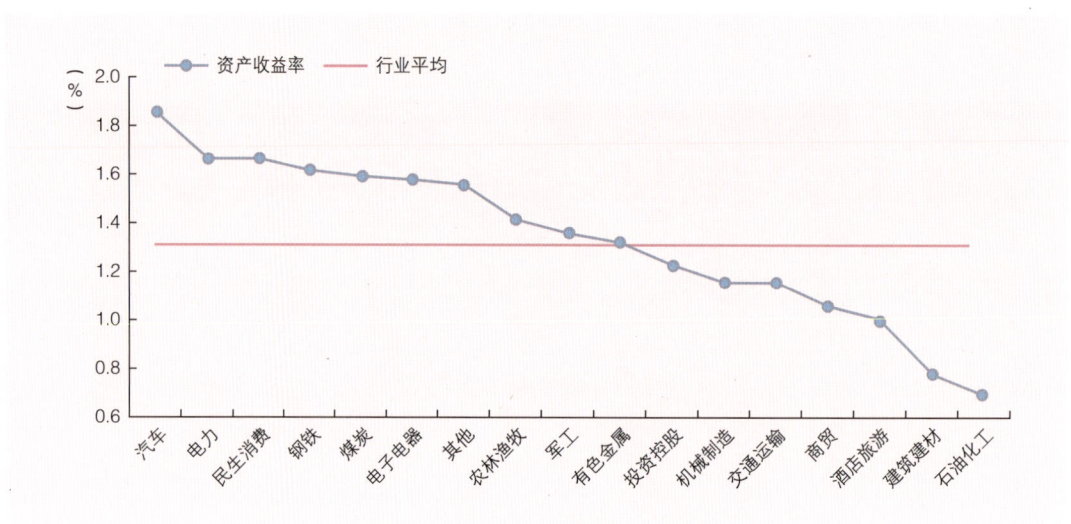

图 6-11　2018 年分行业资产收益率情况

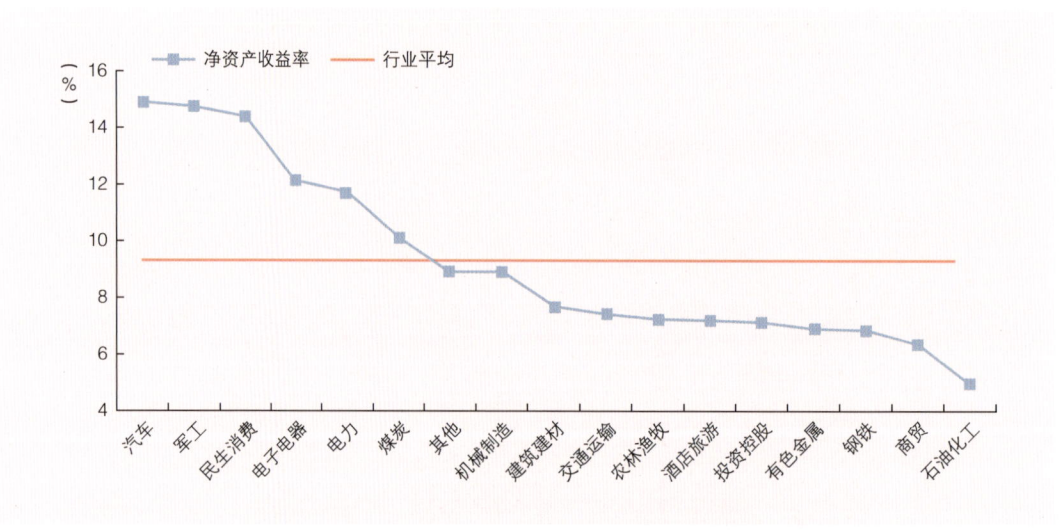

图 6-12　2018 年分行业净资产收益率情况

（三）资金集中情况

2018年财务公司行业平均资金集中度为49.48%，较2017年提升1.57个百分点，资金集中度逐年上升，表明财务公司协助企业集团强化资金集中管控能力进一步增强（见图6-13）。

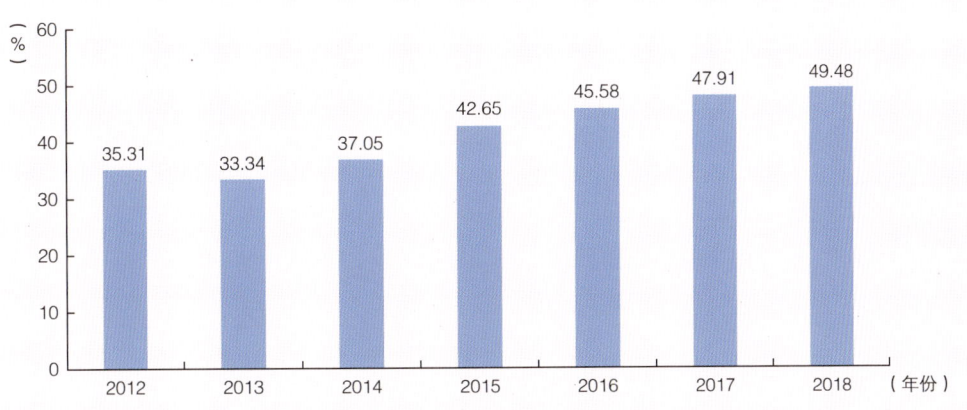

图 6-13 财务公司行业资金集中度

资金集中度超过 60% 的行业分别为电力、军工、民生消费、汽车，对应行业资金集中度依次为 82.50%、68.36%、66.03%、65.69%。

第七章
信息科技

一 信息科技基本概况

2018年，财务公司行业更加重视信息化建设和管理工作，信息化水平不断提高，信息化管理制度持续完善。

截至2018年末，财务公司行业共有154家财务公司设立了独立的信息技术部门，占比61.60%，同比增加12家。[①] 财务公司行业信息科技人员达到864人，占财务公司从业人员总数的6.54%，较上年增加53人，增幅达到6.54%。在信息系统投入方面，财务公司行业信息科技总投入达到13.34亿元，同比增加11.63%。财务公司普遍建立了专门的信息系统建设预算，2018年信息化建设投入在1000万元以上的有32家，占比12.80%，同比增加3家；1000万元（含）以下、500万元以上的有43家，占比17.20%，同比增加6家；500万元（含）以下、100万元以上的有123家，占比49.20%，与上年持平；100万元（含）以下的有52家，占比20.80%，同比减少3家（见图7-1）。[②] 在信息科技投入分配方面，信息系统建设投入依然占比很大；随着财务公司对信息科技规划和运维工作越来越重视，使得在信息科技咨询方面以及系统运维方面的投入占比逐渐提升。

二 信息系统应用情况

随着我国互联网金融的高速发展，方兴未艾的金融科技公司对传统金融机构产生了颠覆性的影响。传统金融机构为了应对巨大挑战，纷纷加大对信息科技的投入力

---

① 资料来源：中国财协2018年度调查问卷。
② 资料来源：中国财协2018年度调查问卷。

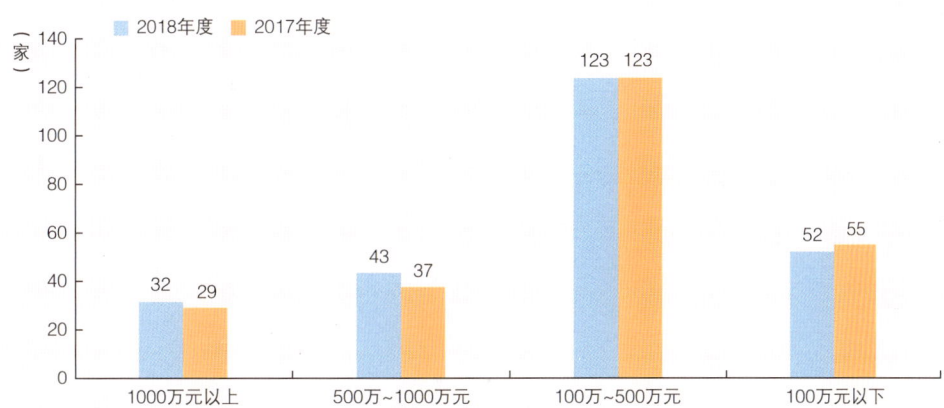

图 7-1　财务公司行业信息科技投资规模同比

度,将大数据、区块链、云平台、云计算、智能机器人等技术不断融入日常业务及管理工作中,在拓展渠道、严控流程、精准授信、优化产品等方面不断创新。为了支持企业集团主业发展,快速提高对成员单位及产业链客户的金融服务能力,应对互联网金融的挑战,财务公司行业对信息系统的要求越来越高,从满足传统信贷、结算、财会方面的业务操作需求,上升为满足集团资金集中管理平台、新业务拓展以及精细化管理的要求。其中,部分财务公司依托企业集团金融板块整体优势,一方面积极应用金融科技功能的底层技术,通过采用大数据、云计算、移动技术、人工智能以及虚拟化等先进信息技术,协力打造企业集团大金融的技术平台;另一方面与银行、保险公司、第三方支付公司等内外部金融机构合作,为客户提供统一的金融服务,共同联合打造金融服务生态圈,增加客户黏性,为企业集团创造新的利润增长点和创新价值,形成集团业务协同效应。同时,财务公司探索发展"互联网+"经济,显著扩大业务规模,创新金融产品和服务模式、改善客户体验、降低交易成本、提高服务效率,有效地防范和把控金融风险。

财务公司作为企业集团资金集中管理平台,信息化建设日趋重要。一般情况下,各财务公司的信息化建设最初都是一个核心系统,在不断增长的业务推动下,逐渐建立起各类业务管理系统和渠道系统,逐渐形成"核心+大外围"的系统架构。其中,核心部分往往是处理具体交易及记载各类业务台账的系统,而外围分为渠道类、管理类、报表分析类、辅助支持类等系统,具体如图 7-2 所示。

财务公司行业在信息化水平上与商业银行相比,虽然交易类信息系统的功能基本与商业银行相差不多,但管理类信息系统方面还存在不小差距,而在渠道类和报表分

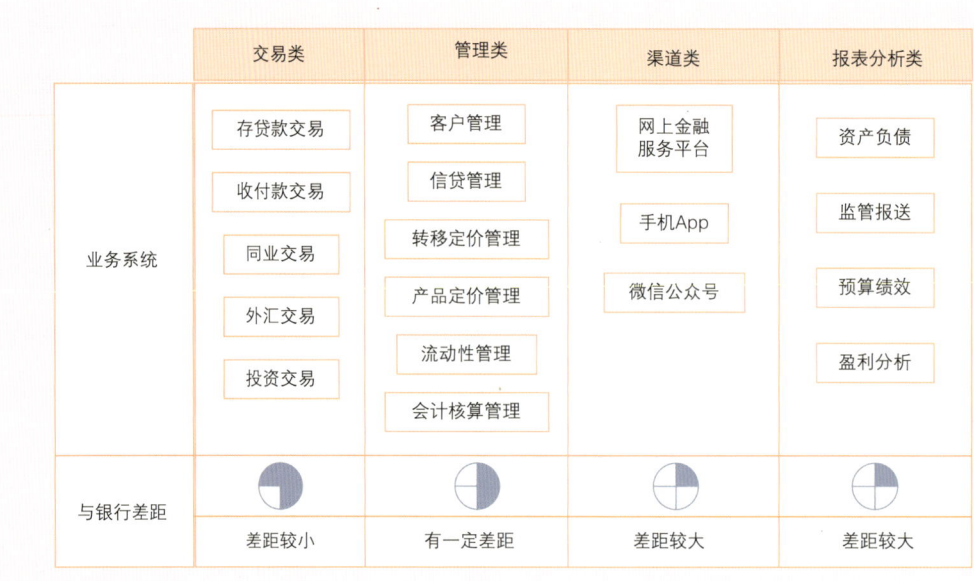

图 7-2　财务公司行业信息系统分类

析类的信息系统建设方面差距更大。因此，财务公司行业在今后的信息化道路上，需要对标杆、补短板，着重对渠道类及报表分析类信息系统加大投入。

（一）建设信息科技运营管理体系，奠定信息化创新发展基石

有很多财务公司成立时间超过了五年，即将或已经步入快速发展期，却发现信息化方面存在很多风险与问题，制约着公司业务发展。如：缺乏信息科技战略规划，信息科技管理体系不完善，信息系统功能不全面，导致信息系统不能满足业务快速发展的需要，亟待进行系统功能提升；信息科技管理制度不完整，且流于形式，缺乏必要的约束力；信息科技组织架构不健全，信息人员能力与数量不足以支撑公司信息化建设和运维工作，信息工作难以为继。

截至 2018 年末，财务公司行业有越来越多的单位重视信息科技的战略规划，纷纷制定了公司的信息科技发展战略，推进了信息科技运营管理体系建设，完善信息科技管理制度，着重打造信息科技人才队伍，为公司业务发展提供有力支撑。很多财务公司建立了三年或五年的信息化规划，其中，以"建设以客户服务为中心、风险管理为重点、业务流程为导向、涵盖全部业务的信息系统平台"是大多数财务公司信息化战略的主要内容。在制度体系方面，有些财务公司推进信息科技治理体系建设，建立了适应公司发展目标的信息科技组织架构与决策、监督机制，形成了正式运行的运营

管理体系，取得了很好的效果。

案例 7-1　中铁建财务公司构建信息科技运营管理体系

2018年，中铁建财务公司为适应公司业务规模快速扩张，新业务需求高速增长，通过建立高效的运营管理体系，从组织架构、制度规范、应急保障等多个方面进行统筹规划，逐步构建了更加安全、高效、智能的运营监控平台，在满足对IT资源进行统一管理、降低运行成本、提高突发事件应对能力、提高服务质量和效率的基础上，更加保障了业务系统的稳健高效运行，实现了从"被动运维"向"主动运营"的跨越式发展，发挥了信息科技运营管理的内在价值。

中铁建财务公司在公司信息化管理过程中逐渐发现：信息系统架构复杂，系统间的关联度较高，信息系统软硬件环境涉及的技术平台较为复杂；整体可用性难以保障，基础设施、数据库、网络环境、中间件、应用系统等任何一个环节的不稳定，最终都可能对整体可用性造成影响；系统运维管理复杂，信息系统问题的诊断、解决过程复杂，不同厂商产品升级与补丁流程不同，客观上增加了运维管理的难度。

如何开展潜在运行问题的分析和规避、实现问题快速定位和解决，如何计算系统容量的储备并做好规划，积极做好业务风险的检测和防范等工作，都是对信息系统运维保障水平的极大考验。业务需求已由单纯的"技术实现和支撑"，转变为"灵活支持业务发展"，如何应对业务需求的及时响应和信息系统的落地实现，是对信息部门的严峻挑战。网络设备、应用服务器、存储设备等硬件设施数量急剧增加，每台设备的配置参数信息越来越难以人工管理，给中心机房各项硬件设备的安全运行带来巨大挑战。

中铁建财务公司从组织架构、制度体系、应急保障、运行监控等方面入手，积极应对信息化管理工作中的各项挑战。一是构建"一部三中心"的管理架构，该公司信息科技建设按照科技管理、软件开发、系统运营等职能设立相互独立的中心（岗位），形成分工合理、职责明确、相互制衡、报告关系清晰的组织结构。二是完善运营制度规范体系，该公司信息科技运营制度体系按照权责清晰、分工明确、规制适度、流程顺畅原则编制制度规范，同时根据管理的层级和范围的不同，分别对生产运行在规章制度、运维管理流程和操作规范手册等方面进行规范管理。三是打造"三快"应急保障体系，为有效应对信息系统突发事件，按照"优先恢复系统对外服务"的原则，构建以"快速响应、快速定位、快速处置"为核心的"三快"应急体系。四是搭建统一运营监控平台，优化运营管理流程，创建灵活的运维模式，利用先进的运维工具，从多角度、多维度提升运维效率，有效利用现有 IT 资源，建立标准化、规范化、一体化的信息系统监控管理体系，实现信息系统监控管理的可控、可管。

（二）推进网上金融服务平台建设，打造高效灵活的运营平台

随着我国互联网金融的不断发展，互联网金融公司借助其在互联网服务领域的技术优势，不断地推出与传统金融机构业务类似的金融服务，由于这些金融服务是基于互联网，具有天然的便利性，它们的出现直接影响了传统金融机构的客户行为，对传统金融机构的持续发展带来了严峻的挑战。在互联网金融蓬勃发展的背景下，在企业集团产业链业务快速发展的驱动下，财务公司的网上金融服务平台的建设需求迫在眉睫。

截至 2018 年末，财务公司行业已有 203 家建立了网上金融服务平台，占比 81.2%。[①] 其中，有 39 家财务公司为产业链客户提供了基于互联网的金融服务功能。

财务公司网上金融服务平台功能（见图 7-3）一般借鉴商业银行网银系统相关功能，结合自身业务范围及发展需要，提供覆盖资金结算、评级授信、贷款申请、票据开立等业务品种，涵盖电子回单、在线对账、查询统计、待办及还款提醒等各类自助金融服务。网上金融服务平台可以为成员单位和产业链客户提供金融业务办理和查询的综合服务平台，客户可通过互联网等渠道登录平台办理各项业务申请，查询业务办理状态和进行账单打印。

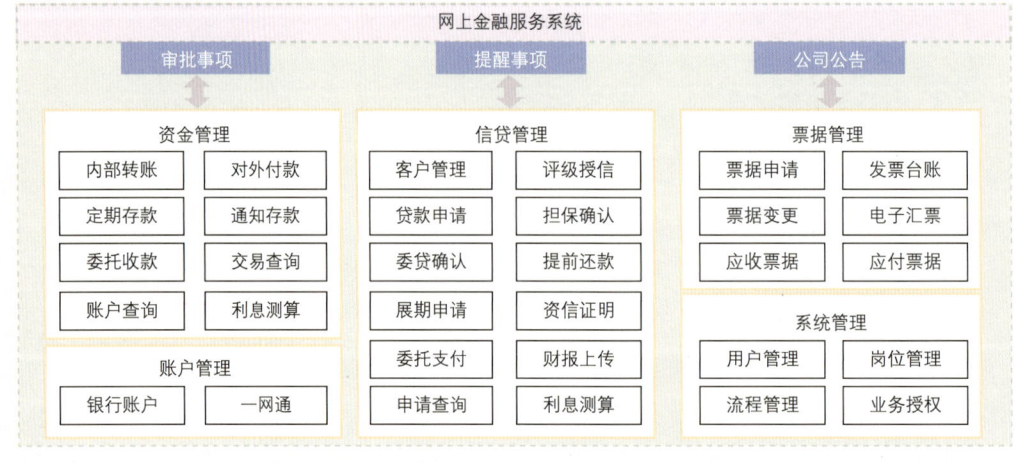

图 7-3 网上金融服务平台功能架构

① 资料来源：中国财协 2018 年度调查问卷。

案例

案例 7-2　航天科工财务公司网上金融服务平台助力业务发展

近年来，航天科工财务公司以提高客户服务水平为宗旨，以加强集团资金管理为基础，打造全新的网上金融服务系统，助力集团成员单位更便捷地开展各类资金业务。

航天科工财务公司的网上金融服务系统功能覆盖结算、信贷、票据、账单打印等各个业务方面，在结算业务方面，成员单位可提交内部转账、对外付款、定期存款、通知存款、委托收款等各类资金指令，并实时查询指令处理状态。在信贷业务方面，系统提供了信贷业务申请的全线上管理，成员单位可在线提交评级授信、贷款等各类申请，在线打印信贷申请报告，在线上传财务报表，在线监控业务办理状态。在票据业务方面，成员单位可办理各类电票业务，提交财务公司票据承兑、票据贴现、票据变更等业务申请。在账单打印方面，系统提供电子回单、对账单、存款证实书等打印功能，并可完成在线余额对账。

网上金融服务系统提供了灵活便捷的工作流配置功能，成员单位可自行配置各项业务的审批流程。系统提供了信贷资料上传分类自定义设置，可灵活对各类信贷业务申请的上传资料内容进行维护，并设置上传规则。

网上金融服务系统在设计之初就将业务自动化作为重点设计原则，充分考虑成员单位业务开展的便捷性。目前内部转账、委托收款、定期存款、通知存款已完全实现业务提交后核心系统的自动化处理，商承电票开立后可自动完成提示承兑、承兑应答、提示收款等业务环节，大大提高了成员单位的业务处理效率。

网上金融服务系统在首页内置了审批事项、提醒事项、公司公告等功能，可对待办业务、到期业务、异常业务、财务公司通知等进行提醒，成员单位可直接通过提醒链接进入相应的业务办理页面，实现业务快捷审批。

网上金融服务系统始终将系统安全放在首位，通过各种技术手段防范系统风险。系统访问采用 VPN+ 安全证书 + 用户口令三重防护机制，用户口令采用密码复杂度校验、输入错误次数锁定、定期修改密码等安全策略，系统内置登录验证码、密码软键盘、安全教育专区等安全功能，并通过手机短信对用户异常操作行为进行提醒。

网上金融服务系统上线后，提供了"功能齐全、全程在线"的金融服务平台，极大提高了成员单位业务处理的便捷性，提升了业务处理效率；使成员单位的业务操作更加规范，同时也减轻了财务公司为成员单位办理业务的工作量，提高了服务效率。

同时，系统内置多种资金管理和资金分析功能，为集团和成员单位加强资金管控提供了便利。

 案例

案例 7-3 海尔财务公司全线上化业务流程再造，赋能生态圈客户

海尔财务公司在 2018 年初率先在行业内启动全线上化项目，先后并联人民银行、银保监局、法院、CFCA 等监管、司法、电子证书机构、金融科技公司等外部资源，以及内部各职能部门，共同推进业务全线上化流程再造，以客户为中心，为公司业务发展赋能。

全线上化业务的实现不是简单地把线下的流程搬到线上，而是进行流程的再造，通过流程再造为公司业务赋能。在项目的创新实践中，确认了对公业务电子签章的合法合规性，对业务传统的线下流程进行了线上流程再造，打造出了行业首个全线上化操作系统。2018 年上半年，全线上化项目进行试点，第一个通过全线上化流程进行授信的海尔供应商客户，只用了不到五天就完成了资料上传、授信、放款。而此后经过多轮迭代升级后，线上授信放款最快在 12 分钟内就可以完成。

在项目运作过程中，海尔财务公司建立全线上化样板复制构架平台，实现客户生态管理，以保理业务为样板，复制到票据贴现业务以及其他业务，在支持客户业务发展的过程中，不断通过科技赋能、流程再造，实现操作、信用、合规、法律风险全流程监控，实现行业引领。

（三）建立健全流动性管理系统，掌握信息化风险防控手段

财务公司作为依托集团、服务集团的资金管控平台，在管理自身流动性的同时，需要协助集团做好资金管理、为集团提供流动性支持，这是财务公司的重要责任。从当前经营管理的环境看，财务公司与企业集团都会面对经济环境和金融行业不断变化带来的流动性压力。从监管层面看，2018 年 7 月 1 日起施行的《商业银行流动性风险管理办法》，对流动性风险的计量和管理提出新的要求，流动性的监管日益趋紧，财

务公司需要适应新的监管要求。同时流动性管理一直是财务公司的工作重点，如何保证日常支付，同时提高公司效益和满足监管，是每家公司遇到的金融机构日常经营与管理的重点。

一直以来，财务公司主要以成员单位资金计划为切入点，通过计划报送的方式获取成员单位存款收付款、贷款及还款计划，以此为基础对自身流动性情况进行分析和预测，存在头寸备付较高、流动性监控指标单一等问题。为了解决上述问题，部分财务公司已经采用信息化手段进行了流动性监控。截至2018年末，财务公司行业中有108家财务公司通过信息系统实现了流动性指标监测功能，占比43.2%。[①] 其中，一些财务公司建立了较为全面的流动性管理系统，通过对资产负债、资金计划精细化的管理，增强了流动性专业化管理能力，建立起流动性风险的预测、识别、计量、报告和控制的全流程管理体系，完善了流动性管理架构和管制制度，满足了内部经营决策需要及外部监管要求，保障了公司的盈利能力，提高了资金配置能力，提升了财务公司服务集团各成员单位能力，实现了平衡财务公司流动性与收益性等管理目标。

财务公司的全面流动性管理系统作为流动性管理体系中的核心部分，其主要目标是实现流动性风险管理的电子化、准确化、统一化，引导财务公司流动性风险管理体制的变化、业务流程和规则的优化，实现流动性风险管理工作的高效率开展。其主要管理内容包括日常流动性管理和结构性流动性管理。日常流动性管理的目标是合理地安排、调配、运用资金，在保证流动性的前提下，使资金实现最大效益化，实现资金流动性和效益性的协调统一。结构性流动性管理的目标是优化流动性结构，对投融资进行合理布局，减少由于期限错配对银行流动性造成的影响。

日常流动性管理的主要功能包括建立现金流模型，对现金流进行定期监测分析；提供自动计算流动性风险预警指标，设定流动性风险限额指标体系，实现对流动性风险的计量、监测和报告；提供流动性风险管理的情景模拟和压力测试，提高抵御流动性风险的能力。结构性流动性管理的主要功能包括从法人和集团两个层面反映流动性风险状况；从资产负债表和表内外两个范围识别、计量、监测和控制流动性风险、经济价值变动模拟分析等。

全面流动性管理系统一般由三部分组成，包括数据整合层、计算引擎层和报表展示分析层，如图7-4所示。数据整合层是通过ETL从各业务系统中抽取的源数据，加工、处理后数据；计算引擎层是系统核心部分，包括现金流计算、缺口分析、市场价值分析、敏感性分析等功能；报表展示层主要是对产生计算结果的报表进行综合分析。

---

① 资料来源：中国财协2018年度调查问卷。

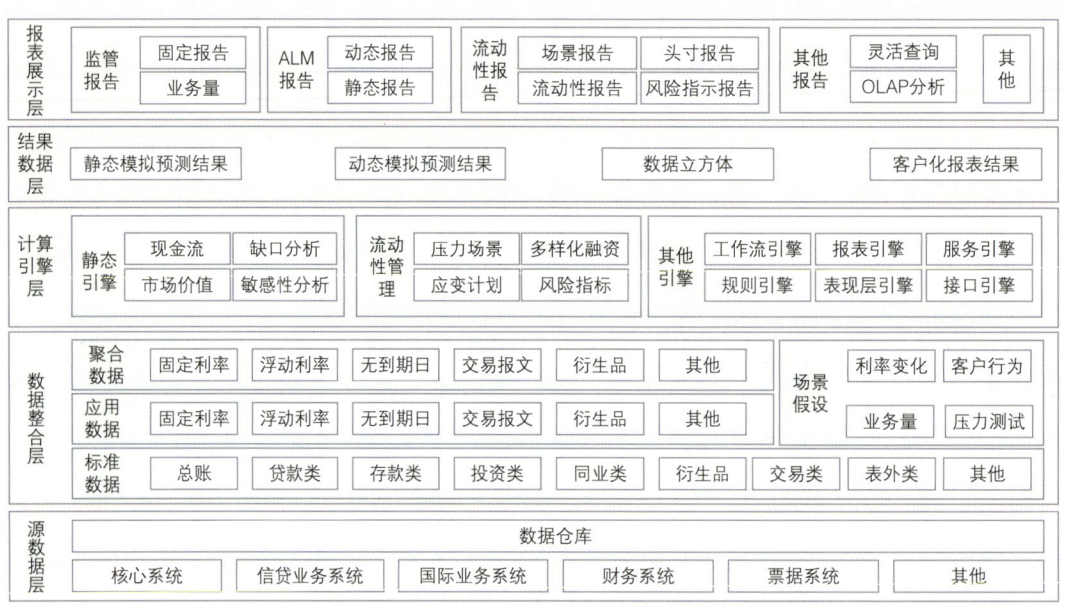

图 7-4　流动性管理系统功能架构

（四）提升会计管理系统税费功能，积极应对新会计准则政策

近年来，随着税务相关法律法规的出台，财务公司行业积极应对，尤其是在增值税、新会计准则方面，逐步调整信息系统功能，完善自动化处理过程，提升财务会计管理信息化处理能力。

截至 2018 年末，财务公司行业已有 146 家单位完成"营改增"功能的信息化工作，占比 58.4%。[①] 其中，有 112 家单位采用在原有信息系统中提升功能的方式，有 34 家单位通过外挂专业信息系统实现"营改增"的信息化工作。

营业税改征增值税是国家推动经济结构调整、促进企业发展转型的一项重大改革。财务公司行业实现"营改增"信息化和自动化处理，并结合网上金融服务平台为客户提供电子发票自助打印功能，将有助于财务公司行业产业链业务快速发展，减少人工操作风险，提高财务处理效率。

由于营业税税制与增值税税制存在巨大差异，财务公司行业在实现"营改增"信息化工作中需要重新设计相关业务流程，全面梳理管理层级和各业务线的业务和流

---

① 资料来源：中国财协 2018 年度调查问卷。

程，并识别"营改增"中的各种风险。在分析销项税需求对信息系统的改造时，要详细分析销项税对核心业务系统的产品配置、交易处理及交易费用、计提处理的影响，并设计好相关外围业务管理系统的数据接口；在分析进项税需求对信息系统的改造时，要管理好供应商的税务资格信息及其所提供的发票类型和税率管理功能，实现采购用途/进项转出需求，并且信息系统要实现对采购订购单价、总价、总税额来源的自动核算功能；在设计发票开具功能时，要详细分析批量/合并开票、分拆开票的功能，同时要实现不同开票时点的管理（如预先开票、暂不开票），以及实物发票的信息化管理功能，要考虑好开具增值税发票过程中所需要的附加信息及字段（如所需发票种类、客户一般纳税人编号、纳税开户财务公司及其账号）的预留和使用。

根据财政部的相关要求，所有企业自 2021 年 1 月 1 日开始执行新会计准则。新会计准则对财务公司行业主要是对金融资产/负债资产采用以公允价值进行计量。因此，财务公司行业应对新会计准则要求而必将会导致信息系统的功能改造和优化，其中涉及信息系统的主数据管理（如：金融资产分类）、权益工具处置功能、债务工具减值计算、相关信息系统的接口等。

无论是"营改增"工作，还是适应新会计准则的需要和普惠金融工作的开展，均对财务公司会计业务信息化提出了更高的要求，原有记账式会计已经不能满足财务公司业务快速发展的需要，会计信息系统的提升或换代迫在眉睫。财务公司行业在建设新会计信息系统时要充分考虑今后业务发展，并配合其他业务系统相关功能，才能适应国家的政策以及财务公司业务的高速发展。

（五）逐步完善经营分析决策平台，提升金融发展的预测方法

在财务公司行业信息化过程中，财务公司面临着诸多问题和挑战。各部门对数据的需求十分迫切，但数据难以利用，数据价值难以体现。一是业务系统孤立造成数据孤岛；二是统计口径不一致；三是信息无法共享交换；四是对于每日实时产生的业务数据以及大量手工账数据，需要花费业务人员大量时间进行核查、统计、汇总、制表、汇报，及时性较差、效率不高。

为解决上述难题，让数据资产成为企业和组织的重要生产力，业务经营分析平台应运而生。截至 2018 年末，已有 112 家财务公司拥有了自己的业务经营分析平台，占比 44.8%。[①]

经营分析决策平台是对数据的搜集、管理和分析的系统，为各业务条线建立业务

---

① 资料来源：中国财协 2018 年度调查问卷。

分析模块，通过对业务数据的挖掘和可视化分析使财务公司各级决策者获得知识并提高洞察力，做出对企业更有利的决策。

经营分析决策平台主要包括数据源（数据预处理）、文件交换区（数据仓库）、BI数据集市（数据挖掘）和应用分析区（数据展示）四个主要阶段，如图7-5所示。数据预处理是整合企业各业务系统原始数据的第一步，是建立数据仓库的前提，包括数据的抽取、转换和装载三个过程；数据仓库是一种新型的数据组织及存储方式，将企业的业务数据以一种多维形式进行重新组织，形成适合于决策分析的数据存储格式，为企业管理者和决策者提供所需要的面向决策分析的数据；数据挖掘重点是对业务发展进行预测分析及挖掘利用，是数据仓库走向成熟的一种应用；数据展示是要将数据仓库中的数据以更为灵活、直观、可视化的方式展示，使用户快速、准确、方便地得到数据背后的知识，目前经营分析决策平台的展示方式有PC端管理驾驶舱、移动端展示、微信集成展示和实时大屏展示。

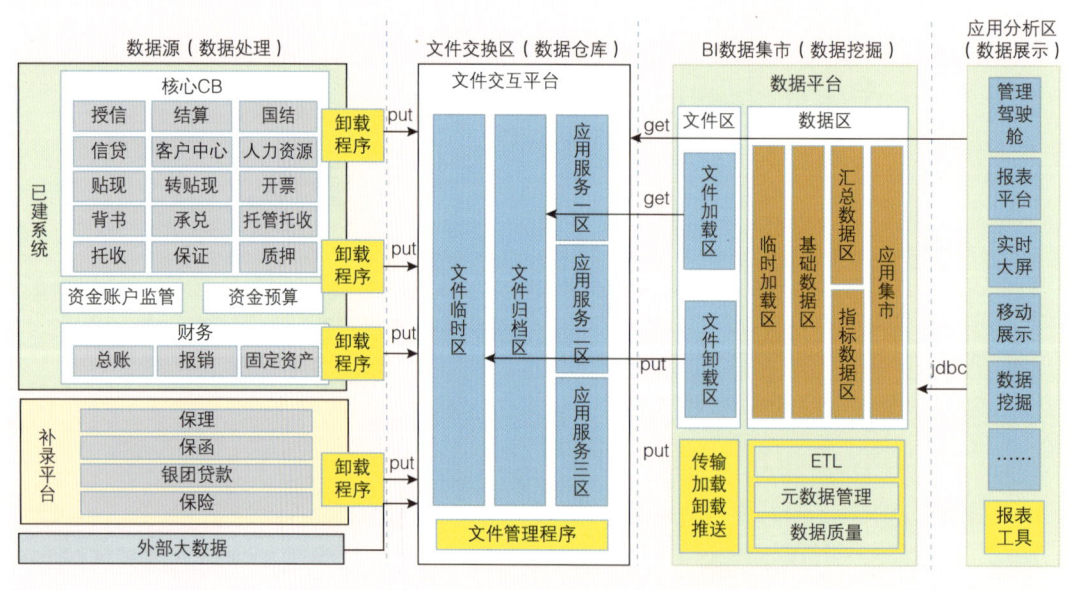

图7-5　经营分析决策平台系统技术架构

经营分析决策平台包含领导驾驶舱、业务分析模块、日常经营报表、实时大屏展示、移动报表展示等。领导驾驶舱为决策者提供，通过可视化技术将公司基本信息、财务信息、经营信息、KPI信息等按主次、实时性进行图形化展示，解决数据无法支撑决策的难题；业务分析模块主要针对各类业务进行指标建模和图形化展示，例如贷款分析模块，可以进行当前指标看板、贷款趋势分析、贷款还款预测、贷款逾期预警等分析,也可以通过钻取追溯到每一笔贷款;日常经营报表为业务人员提供 BI 自动统计、汇总、生成日常经营报表,既满足对历史数据进行统计汇总,且支持日常经营数据实时秒级统计、汇总和展示,极大地减少了业务人员繁重的报表统计制作工作,也增加了决策者获取决策信息的及时性;实时大屏展示因数据高实时性和炫酷的可视化效果近年来成为银行和大型财务公司信息化建设的目标;移动报表展示主要通过手机 App、Pad 和微信完成随时随地对公司日常经营数据和报表的访问。

经营分析决策平台结合客户业务场景为客户定制经营分析指标、分析模型以及可视化方案,赋能企业负责人及各业务部门负责人实时把握业务整体运营情况、探究业务细节、诊断业务问题。

案例

案例 7-4　中冶财务公司大数据分析平台

中冶财务公司一直本着信息化与业务互相促进的信息化建设模式,形成一套业务和信息化共同发展的生态圈,公司于 2016 年提出了"智慧运营－数据驱动的运营建设方法",同时推出新一代"智惠金服信息系统",形成了基于"互联网思维""全云化"的资金运营、数据决策分析的架构,以满足集团资金管理实时性和数据开放性的要求,使得实时处理及数据开放成为企业未来发展主要的技术动力,通过大数据的分析为公司提供精细化运营管理能力,提高资金管理效率、降低资金运营风险,综合提高企业竞争力。

大数据分析平台整合了中冶财务公司各个业务系统。如核心业务系统、OA 办公系统等。根据业务系统数据存储方式和业务特点,按事先约定的数据标准,在数据集市中分类存储,并按照未来可用的形式对数据进行封装,便于未来数据分析时使用。

大数据分析平台采用 ETL 等手段实现最低层元数据的抽取,并对结构化和非结构化的数据进行分类存储,并利用数据服务标准化 API 和脚本等方式实现对不同系统提供数据服务,并与其他业务系统用服务方式进行深度集成。汇总数据加工后的结果数据,信息子层通过数据封装服务,对外提供统一的信息视图。

大数据分析平台结合监管机构监管指标和风险控制指标形成中冶财务风险管控平台,集中关键数据展示,动态跟踪,并引入红绿灯方式,通过设定的关键指标数据进行颜色显示,便于识别关键和重要的指标数据,主要跟踪指标有资本充足率、不良资产率、不良贷款率、流动性比率、资金备付率、资金计划实现比率等。

大数据分析平台引入专业报表产品,通过直接调用元数据服务形式生成可用的数据报表,并对数据进行集中的实时显示,已经实现了 1104 报表的数据展示、资金头寸动态的集中展示、资金计划的直接展示等。大数据分析平台直接展示关键性的指标，如，吸收存款、资金计划、信贷计划、资金头寸安排等实时情况，实现资金的头寸动态调整和管理，综合提高资金的使用效率。

大数据分析平台通过模型分析后形成的数据作为某些业务的前置条件，形成业务自动化控制，只有符合条件的业务才能进行申请，不符合条件的业务将无法进行线上操作，实现业务风险的源头控制。

利用大数据集中分析平台，结合业务审批流（包括审批过程和数据）汇聚到综合审计平台，可以实时按类别、按金额、按业务等进行在线的审计，并可以进行审计标注，从而实现中冶财务公司审计的实时化。

（六）强化应用系统运维体系建设，提高信息化安全保障能力

网络支撑着金融服务的高速发展，因而，网络应用的安全越来越重要。同时，国家越来越重视信息安全工作，加大推动信息安全保护的力度，《网络安全法》要求信息系统安全建设要满足安全等级保护的要求，对信息系统运维工作提出了严格的安全要求。如何标准化管理信息系统的运维工作、规范运维人员的运维操作、防止恶意人员的越权访问，成为财务公司行业信息科技管理工作的一个重要组成部分。

财务公司行业信息系统的运维工作，往往分为网络、服务器、应用等方面，越是大型的应用系统运维工作所需的人员数量就越多、分工越复杂，面对这样的状况，有效地将运维人员分类管理，制定运维人员的访问规则等管理细则，并通过堡垒机等技术手段监控运维人员的操作、记录运维人员的操作行为等，可以为安全运维管理、防止内部安全事件发生提供帮助。

1. 搭建虚拟桌面应用平台，节约终端设备维护成本

财务公司行业的部分单位已经意识到运维安全的重要性，不仅制定了相关的信息系统运维管理办法，并借助多种技术工具和手段来保证运维工作的长治久安。虚拟桌面作为云计算的一种方式，将原有电脑终端的软件应用都集成在服务器中，大幅降低终端设备的要求，不需要传统的台式机、笔记本电脑，终端设备的可选择性更广泛，可以满足不同的应用需求，为信息管理人员摆脱解决各类繁杂琐碎的计算机问题提供一种网络操作系统的解决方案。

截至 2018 年末，财务公司行业已有 34 家单位使用了虚拟桌面技术进行管理业务终端机，占比 13.6%。[①]

财务公司的日常业务用机采用虚拟桌面技术，可以实现集中管理、统一配置，增强安全防护能力。虚拟桌面技术主要是在服务器上安装标准化的应用组件，并根据需要和负载进行虚拟化桌面分配，所有虚拟桌面都由信息科技人员进行统一管理和配置，例如系统升级、应用安装、安全防护等，避免了传统由于终端分布造成的管理困难和成本高昂。虚拟桌面技术主要是通过网络进行图像的动态交互，所有的数据和应用都发生在数据中心的服务器上，机密数据和信息不需要通过网络传递，增加了安全性。服务器中的数据可以通过配置不允许下载到客户端，保证用户不会带走、传播机密信息。

虚拟桌面技术有快速、灵活部署的特点，可以按需申请、快速发放、无须搬运沉重的 PC 主机，统一接入、随时随地访问。同时可以提高设备资源的利用率，统一管理后台服务器资源，并统一进行调度管理，将资源的利用率最大化。虚拟桌面技术采用瘦终端登录，无须软件维护，虚拟桌面服务器的维护工作可按要求统一管理。

2. 推广应用系统监控平台，保障金融服务持续稳定

随着财务公司行业的业务功能不断增加以及信息系统的不断扩大，信息系统日志管理与安全审计的工作也变得越来越复杂。对于财务公司行业的信息系统，需要建设一个高度集中、统一管理的应用系统监控平台，能够高效地收集、管理各类设备、服务、应用的日志，并提供综合的日志管理、分析、展现等功能，让系统运维管理人员方便、直观地看到网络和系统目前的运行和安全状况。同时，通过基于日志智能分析，能够及时发现黑客攻击及其他异常行为，能够通过邮件、短信等方式进行报警，有效应对信息系统运行中的各种风险，辅助提高信息系统运行的连续性。

截至 2018 年末，已有 164 家财务公司在信息系统运维工作中采用了系统监控平台，占比 65.6%。[②] 其中，采用基础设施级别的有 115 家，占比 46%；采用服务级别的有 32 家，占比 12.8%；采用业务级别的有 17 家，占比 6.8%。

系统监控平台一般通过集中采集各类系统中的安全事件（如网络攻击、防病毒等）、用户访问记录、系统运行日志、系统运行状态、网络存取日志等各类信息，经过规范化、过滤、归并和报警分析等处理后，以统一格式的日志形式进行集中存储、管理。

系统监控平台一般分为五个层次，分别是日志产生层、日志收集层、分析处理

---

① 资料来源：中国财协 2018 年度调查问卷。
② 资料来源：中国财协 2018 年度调查问卷。

层、展现层、访问层。其中：日志产生层，主要包括日志产生的设备和系统（如网络设备、安全设备、主机、中间件、数据库、应用等），根据应用和合规的要求，日志信息包括设备和系统上用户管理、重要操作等信息；日志收集层，通过日志代理软件、SNMP、Syslog、日志文件、API、JDBC、ODBC等方式将日志产生层产生的日志集中收集，并转发到分析处理层进行集中存储和分析处理；分析处理层，将接收到的日志进行统一化，并集中存储，以备后期的检查、取证，并通过压缩、关联技术，辅以相关的安全策略，及时发现金融行业信息系统发生的安全攻击事件和安全风险，并将安全事件通过邮件和短信转发到网络、系统、应用和安全的管理人员；展现层，通过强大的报表工具，将用户的访问行为、操作内容、安全事件、安全风险等内容，按照合适的表现方式展现出来；访问层，利用审计系统基于角色的权限管理功能，将用户分为管理用户、操作用户、运维用户等，分配不同的权限，以Web的访问方式进行集中的访问控制。

信息系统监控平台不仅可以对网络访问日志进行监控，对主机运行进行监控，还可以对应用服务和业务日志进行监控，从而在网络、主机、服务、业务等层面进行全方位的监控管理，使得财务公司行业信息系统不仅达到安全风险控制、网络安全法、信息系统等级保护等方面要求，同时为财务公司信息系统安全、稳定运行起到了保驾护航的作用。

3. 用堡垒机进行访问控制，提升运维监控审计手段

在信息系统的日常运维工作中，堡垒机已经成为信息科技人员对信息系统运维的安全访问入口及操作平台，它实现了运维人员、信息技术资源、访问规则、日志记录的集中管理，提高运维水平，减少安全事件的发生。截至2018年末，财务公司行业中已经有151家财务公司使用了堡垒机，占比60.4%。[①]

堡垒机是基于身份标识，通过集中管控安全策略的账号管理、授权管理和审计，集单点登录、账号管理、身份认证、资源授权、访问控制和操作审计为一体的运维安全控制及审计平台，它能够对操作系统、网络设备、安全设备、数据库等操作过程进行有效的运维操作审计，使运维审计由事件审计提升为操作内容审计，通过系统平台的事前预防、事中控制和事后溯源来全面解决企业的运维安全问题，进而提高企业的信息系统运维管理水平。

堡垒机可以实现大规模应用系统环境安全运维的集中管理，实现大数量服务器／

---

① 资料来源：中国财协2018年度调查问卷。

网络设备环境运维的集中管理，实现多种单位、多种应用运维人员环境的集中管理，实现运维人员实名制管理以及强身份认证，实现运维操作的管控和审计，防止内部越权访问，实现等级保护合规建设。

运维人员使用主账号访问授权的服务器资源时，首先访问堡垒机；堡垒机负责判断此访问请求是否被允许并进行认证；认证通过后堡垒机将访问请求连接到相应的服务器/网络设备资源，堡垒机负责记录所有操作。

使用堡垒机可以实现信息系统运维工作的标准化、规范化、制度化，简化了运维管理工作，保障了信息系统运维工作的有序开展，实现了信息系统运维工作的集中管理、集中控制和集中审计，防止安全事件的发生，有条不紊开展运维工作。

三　信息科技发展趋势与展望

（一）健全系统渠道功能，支持集团共享服务

近年来，部分大型央企成立了财务共享服务公司，通过信息系统和网络将财务工作进行了集约化管理，提升了集团企业财务工作的整体效率，并大幅降低了运营成本。

财务公司与财务共享服务公司均是服务集团企业的，两者之间既有联系又有很大不同，两家企业协同配合，将会产生"1+1>2"的效果。

财务公司与财务共享服务公司均"立足集团、服务集团"，掌握大量的集团资金及财务信息资源，为助力集团公司转型发展、促进集团管理效率、深化内部管理体制机制改革提供有力支撑。二者同为服务于集团成员单位的专业化公司，既有区别又有联系。财务共享服务公司专注基础性财务工作，将集团内部成员企业共同性、事务性、重复性、标准化的财务业务分离整合，为集团提供统一、标准、高效的财务、人事、信息技术一体化共享服务和专业服务。财务公司属于非银行金融机构，旨在加强资金集中管理、提高企业集团资金使用效率，为成员单位提供金融服务，随着产业链业务开展，业务范围逐渐由集团内部拓展至集团外部。

财务共享服务的模式是在信息技术支持下的管理变革，建立良好的信息化平台是实现共享服务的基础技术和先决条件。通过电子影像、工作流以及费用管控平台完全解决了地域影响、信息文档的及时传递等问题。

财务公司发挥资金集中管理平台功能，为财务共享服务公司提供代理收付款等金

融服务，可以实现相辅相成、相得益彰的效果。对财务共享服务公司而言：一是提高安全性，由原有的银行网银支付改为财务公司代付，可控性增加，与此同时，透明度也会相应提高，有利于集团对资金监督和管控。二是提高工作效率，由企业的逐笔支付改为财务公司批量支付，可以大量减少重复性工作。对财务公司而言，一方面，企业通过财务公司付款，需提前备足资金，通过资金沉淀可以为财务公司实现收益，并且进一步提高集团公司的资金集中管理效率。另一方面，财务共享服务公司也为财务公司提供了财务数据资源，财务公司可以仔细筛选、深入分析数据资源，从中挖掘有价值的数据，为财务公司拓展产业链客户提供客户信息资源，为集团公司经营决策提供数据支持。财务公司和财务共享服务公司的有机结合，必将提升企业集团精益管理水平和综合竞争力。

（二）探索数据治理模式，提升数据资产价值

2018年，银保监会印发《银行业金融机构数据治理指引》，要求银行业金融机构将监管数据纳入数据治理，建立工作机制和流程，确保监管数据报送工作有效组织开展，监管数据质量持续提升。

财务公司作为企业集团的金融机构，开展数据治理是非常必要的。一是体现数据价值的需要。财务公司信息系统的各类数据要准确分类，数据拥有完整的业务明细才可能产生数据资产价值。进行数据治理工作将使得财务公司各类业务数据达到或接近这个价值目标。二是业务经营分析的需要。财务公司各类业务经营活动分析，需要对客户、产品、机构按照多维度进行统计，不同报表统计规则的差异，统计口径的不统一将对经营分析造成影响。三是监管报送一致性的需要。1104报表、金融统计分析报表、各项业务统计上报归口部门不统一，数据汇总规则由各归口部门制定，因此需要对上报数据进行统一治理，达到监管报送一致性的要求。

财务公司数据治理工作可通过建立金融数据管理体系，制定金融数据的标准化管理方案入手，将主数据进行管理，使得主数据达到统一编码、统一标准和统一使用的要求，避免金融数据的冗余、冲突，降低管理成本、提高管理效率。对于金融客户数据要实现内部企业客户、外部企业客户金融相关信息的统一管理，并要将金融相关业务数据统一管理，实现客户基本信息、账户信息、财务信息、结算信息、购销信息等金融相关信息的统一采集、清洗、分析和使用。建立金融数据管理体系和管理方案是数据治理工作成功的基础，实现各类数据的统一管理是数据治理的核心内容，建立金融数据模型是实现数据价值的手段。

财务公司行业只有通过数据治理才能实现数据价值，才能推动财务公司由高速增长向高质量发展转变，拓展新业务，挖掘新动能，提升服务能力，提高经营管理质效。

数据治理工作具有长期性和系统性，财务公司行业需要在日常工作中加强数据治理的管理工作，将数据就是财富、数据就是效益源泉的理念植入全体员工的意识中，在工作中按照数据管理要求严格管控数据录入的合规性、及时性和准确性，确保数据的真实可靠。在信息化建设和运维工作中，财务公司信息管理部门要重视数据的时效性，要结合业务部门根据业务发展带来的数据要求，及时更新数据标准和规范，优化信息系统功能，才能体现出数据的最大价值。

（三）应用先进技术架构，构建应用系统平台

金融行业的信息系统技术架构是否先进往往影响着金融机构能不能快速推出金融产品、能不能及时获得各类数据进行统计分析、能不能适应大数据量的瞬时迸发。近年来，大型金融机构在信息化道路上已经大规模应用云平台、分布式、微服务、区块链、人工智能等热门技术。在财务公司行业中，一些信息化能力强的财务公司也开始接触和应用了云平台等技术。

截至2018年末，财务公司行业已有63家单位对基础设施进行"云"化处理，占比25.2%。[1] 有5家财务公司在信息系统建设中运用了区块链技术，运用人工智能技术和物联网技术的财务公司各有8家。

新技术推动着财务公司业务发展。部分汽车行业的财务公司将物联网、统一支付等技术应用到金融服务中，使得信贷业务得到高速发展；采用基础设施云技术，使得财务公司远离了设备故障风险，为业务连续性提供了有力支持；人工智能技术使得业务处理更高效，避免了业务人员操作风险。有的财务公司与科技公司合作，采用区块链技术开展应收账款保理业务，真正实现产融结合和普惠金融。

---

[1] 资料来源：中国财协2018年度调查问卷。

案例

案例 7-5 一汽财务公司的"一汽红旗支付平台"

伴随着科技革命和支付行业的深度融合,支付领域内"得移动者得天下"格局业已形成,"支付+"改变金融科技生态,客户所需要的支付方式要求灵活简单,支付渠道力求便捷迅速,支付行为追求随心和随机。为满足客户对多元化、移动化支付方式的需求,一汽财务公司 2018 年开展聚合支付模式设计工作,完成聚合支付功能载体——"一汽红旗支付平台"的开发,于 2018 年 9 月 27 日正式上线。

"一汽红旗支付平台"是一汽集团旗下一汽财务公司推出的互联网领域支付新平台。以提升客户体验,重塑场景服务能力为出发点,"一汽红旗支付平台"运用互联网技术与服务集成能力,借助各家银行、第三方支付平台和渠道支付商,整合现有的网络支付、移动支付全系列产品,形成多种支付及收款方式汇总的聚合平台。

"一汽红旗支付平台"引入银行系聚合支付技术,打造六大支付服务场景:个人购车及还款、理财、保费缴纳、移动出行、金融生态圈、智能网联。中长期将全面服务一汽集团成员单位 2B 及 2C 类型的各类收、付款需求。

"一汽红旗支付平台",是一汽财务公司运用互联网思维、围绕客户体验推出的统一支付品牌,整合了四大主流支付渠道——微信、支付宝、银行卡、网关,通过汇集动态指令支付、动态扫码支付、静态扫码支付等丰富的支付方式,满足不同场景需求,为客户带来最佳支付体验。

"一汽红旗支付平台"拥有专业的技术及服务团队,为客户提供银行级别的安全管控及应用保障,以及"支付通道服务""集合对账服务""技术对接服务""差错处理服务""金融服务引导""会员账户服务""作业流程软件服务""运行维护服务""终端提供与维护"等一篮子服务内容。

"一汽红旗支付平台"进一步拓宽支付渠道,完善支付类型,助力打造互联网+支付模式,以支付端为切入点,优化百万量级客户群体的服务体验。一汽集团拥有庞大的客户基础、广泛的业务品种以及海量的数据信息,这是支付服务市场的主力和根基。通过大数据积累,为后续的互联网+衍生服务、大数据风控、大数据营销及金融生态建设积累信息及资源。

第八章
人力资源管理*

2018年，财务公司行业深入贯彻落实党的十九大关于人才建设的新精神和新要求，人力资源管理逐步科学化、规范化，人才队伍继续保持高质量发展，为行业健康稳定发展提供了高素质、专业化的金融人才保障。

一　人才队伍基本概况

截至2018年末，财务公司行业人才队伍规模达13204人，同比增长6.8%，增速基本与上年持平。从学历结构上看（见图8-1、图8-2），具有大学本科学历从业人员7992人，研究生学历从业人员4302人（博士108人，硕士4194人），大学专科及以下学历910人。大学本科及以上学历从业人员数量占比93.1%，同比提升1.01%；大学专科及以下学历从业人员数量略有下降。其中，硕士研究生学历从业人员增幅最大，为9.8%，大学本科学历从业人员增幅次之，为4.3%，行业人才队伍学历素质稳步提升，专业化能力逐步增强。从性别比例上看，行业从业人员男女比例为1:1.05，较为平衡。从年龄结构上看（见图8-3），行业人才队伍仍保持年轻化特点，40岁以下青年从业人员占比72%，约1/3为30岁以下的年轻人才，老中青年龄段分布较为科学合理，经验丰富的业务骨干和年轻朝气的新鲜血液组成了主要从业队伍，更好地起到"传帮带"效果。从从业时间上看，72%的从业人员具有3年以上从业经验，59%具有5年以上从业经验（见图8-4），行业人才队伍业务熟练和专业程度保持较高水平。

---

* 本章未注明来源的数据和信息，均来自中国财协采集报表、调查问卷和案例。

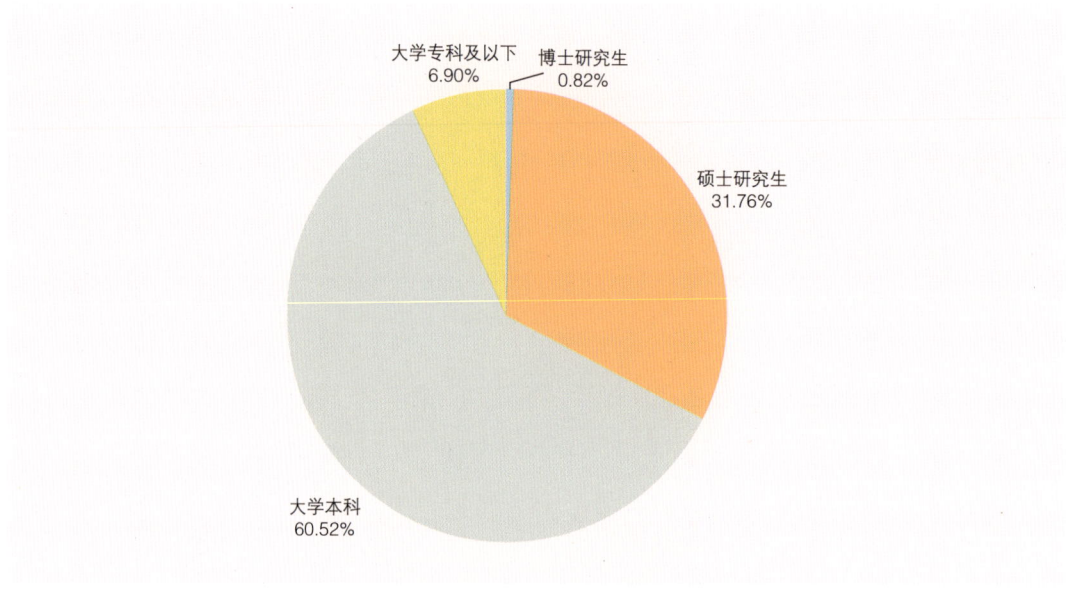

图 8-1　从业人员学历结构

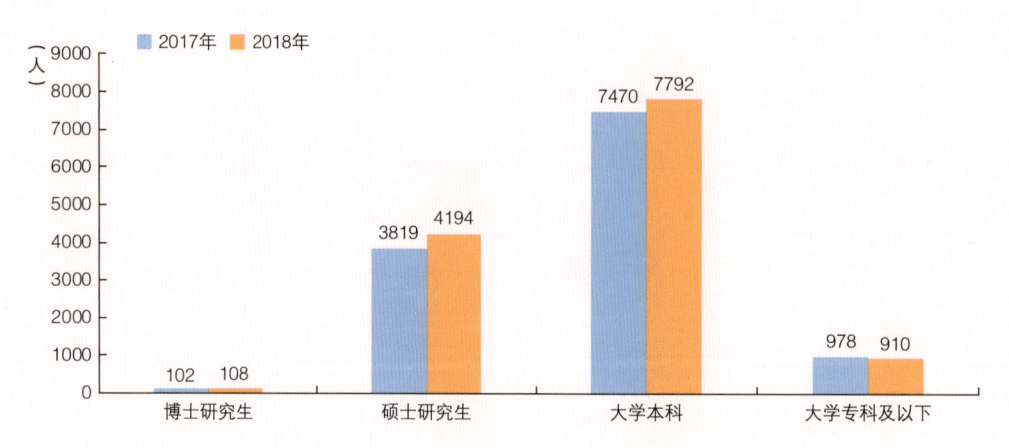

图 8-2　从业人员学历年份对比

二　人才选用在强化组织领导下跃上新台阶

2018年，行业内财务公司高度重视人才选用工作，将人才规划列入公司中长期发展规划，并结合管理实际，紧密结合公司发展战略和定位，制订人才引进和培养计划。优化人才配置，创新招聘方式方法，为行业源源不断引入新生力量。同时，加强党的领导，进一步强化党管干部、党管人才，为行业人才选、育、留、汰提供坚强政治和组织保证。

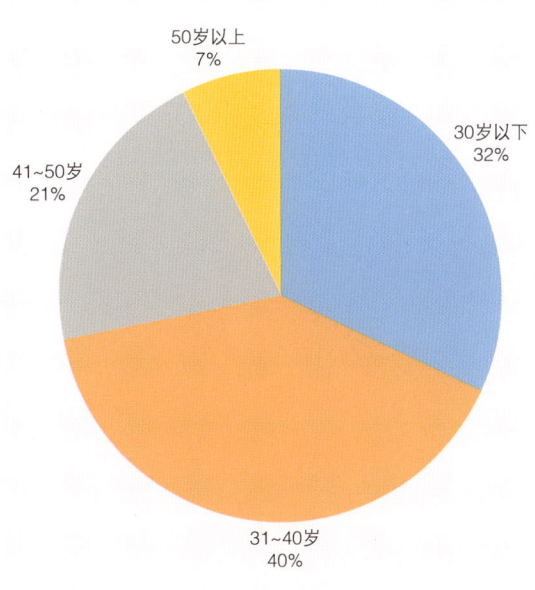

图 8-3 从业人员年龄结构

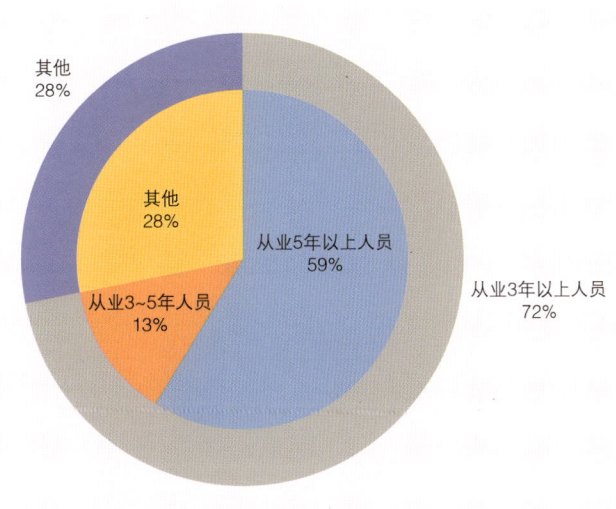

图 8-4 从业时间结构

（一）党管干部、党管人才作用进一步发挥

截至 2018 年底，行业内共有 215 家财务公司成立了党组织，其中公司本级党委建制的有 49 家，党总支建制的有 21 家，党支部建制的有 145 家。行业共有党员 6525

名，占全体从业人员的 49.4%。

选人用人方面，行业内九成左右的财务公司选人用人由党委会决策或经党组织事前审议研究，党管干部得到较好落实。对中层管理人员的选用方式逐步呈现多样化，竞聘、组织选拔等内部产生仍是最常见的选用方式，约 20% 的财务公司主要采用外部招聘的方式选拔中层管理人员，内外结合的多形式选拔已被行业内越来越多单位所认可，为行业核心骨干人才的科学化、专业化、市场化选择提供了多种思路和手段。

（二）人才引进更加科学化、专业化

2018 年，行业流入人才 1919 人，其中硕士研究生及以上学历 993 人，占比 52%；社会招聘 1438 人，占总招聘人员的 75%。行业人才招聘的高学历、专业化导向明显。

从招聘手段上看，行业内 85% 的单位通过多种渠道开展了招聘，逐步从依托集团统一招聘发展为自主招聘，人才招聘的针对性和灵活性更强，139 家建立了企业人才库为随时补充人才做资源储备。招聘方式方法逐步丰富，公开招聘、内部推荐、中介猎取等多手段有机结合，其中 79% 的单位多选择公开招聘，是行业内单位最主要的招聘方式，人才引进的市场化程度较高。134 家行业单位建立了企业招聘网址、线上网申等信息化的招聘模式。此外，投资、风控、信息化、供应链金融等部分紧缺岗位人才逐步通过猎头猎取的方式引进，进一步加强了不同层次、不同岗位人才引进的科学化水平。

从招聘成本上看，财务公司行业对人才引进工作重视程度进一步提高，对人才是企业第一资源的认识进一步加深，对人才引进投入力度进一步加大。2018 年有 144 家财务公司投入招聘成本共计 991.52 万元，平均 6.9 万元，其中 34 家招聘费用超过 10 万元。

（三）人才流失率低，行业从业队伍稳定

2018 年，全行业人才流出 1084 人，其中 49% 为集团整体发展需要造成的企业集团系统内流动，200 家行业单位实现人员净流入，99 家净流入超过 5 人。18 家行业单位人员出现净流出。行业人才流失率仅为 4.2%，同比上年增长 0.4 个百分点，但整体远低于市场其他金融机构平均水平，形成了一支素质高、能力强、稳定性好的专业金融人才队伍。

案例

案例 8-1　中电建财务公司注重人才培养，强化队伍建设

中电建财务公司成立初期，结合公司发展战略，制定了人才发展规划，坚持多措并举，打造高素质人才队伍。公司始终以培养造就一批结构合理、专业配套、素质优良、具有核心竞争力的人才队伍，为建设有中国电建特色的国内领先、国际一流的现代化财务公司提供人才保证和智力支持，致力于将财务公司打造成为集团公司金融人才的培养中心和储备中心。

公司现有员工 47 人，相比开业初增长近 52%。其中党员 26 人，占比 55%，全部具有大学本科及以上学历，其中博士 1 人，硕士 20 人。

公司通过公开招聘、集团内借调交流、实习生培养等多种方式开展人才引进工作。结合公司发展战略，自筹建开始，共组织三次大规模公开招聘，引进各类人才 27 人，其中具有金融领域工作背景和经验的 15 人，连续三次人才引进，公司人才队伍不断壮大，专业结构进一步优化，特别是一大批银行金融机构从业者的加入，使公司从业人员专业化水平逐步提升，为公司业务发展和拓展新业务提供了人才智力支持。

公司认真贯彻执行新时期党的干部路线方针政策，始终坚持正确的选人用人导向，建立了与公司发展相适应的人才选用和管理工作机制。每年年初在综合分析公司人才队伍现状的基础上，结合公司年度经营管理目标，编制选人用人年度工作计划，并经公司党委会审议通过，为年度的选人用人工作提供指导。在每次人才选用工作前，制定具体的工作实施方案，经过讨论研究后进入下一阶段工作。特别是每次公开招聘，公司均制定详细实施方案，保证招聘工作公正公开透明，经过初选、笔试、面试、背景调查、公示等程序确定录用人员。

三　人才素质在优化培训体系中得到新提升

2018 年，财务公司行业高度重视人才教育培训，优化完善培训体系，加大投入力度，通过多形式、多层次、多方位的培训，满足行业各单位战略和员工个人发展的需要，提升行业人才综合素质，为实现公司战略发展提供强大的人力资源支持。行业全

年累计开展各类培训 9327 次,同比增长 18.5%;累计参训 103395 人次,同比大幅增长 37.5%。

(一)加强培训管理,优化体系建设

行业内 95% 的财务公司建立了具有自身特色的教育培训体系,明确了教育培训目标和主要内容,并将员工职业教育培训与企业中长期发展战略和员工自身职业发展紧密结合,进一步提升了教育培训工作的系统性、计划性、规范性。

(二)扩大覆盖范围,强化管理人员培训

从参训人员范围上看,2018 年行业单位的企业内训基本覆盖企业全员,而外训参训人员多以新员工、部分岗位员工为主,30% 的行业单位全员有外训机会,参训人员比例稳步提升。同时,83% 的行业单位针对公司高管、中层管理人员组织了专业培训,进一步提升了中高级管理人员领导力、管理能力、业务能力等方面的综合素质。

(三)丰富形式内容,加大投入力度

从教育培训形式上看,除传统的企业内训、外部培训外,部分行业单位还开展了网络在线课堂、银行从业、CPA、CFA 持证、员工大讲堂、导师带徒、专业课题小组等教育实践活动,进一步激发了员工内生学习动力,提升自身业务本领。从教育培训内容上看,结合党和国家新形势新要求,针对党的建设、金融监管新规等专题培训内容显著提升,发展沿革、形势分析、信贷管理、资金管理、投资业务、产业链金融、风险合规、内部控制、人力资源、稽核审计、信息化建设、税务改革等经营管理范围基本全覆盖。从培训投入上看,财务公司行业年度培训费用共计 4572 万元,同比增长 3%。

 案例

案例 8-2 北汽财务公司创新培养方式,打造高素质金融人才队伍

为了培养专业知识扎实、掌握多领域实战技能的复合型金融人才,北汽财务公司创

新人才培养方式,将培训与实践培养相结合,多措并举提升人才综合素质。

在培训方面,采用线上线下相结合、内外部培训并行的方式,结合员工培训需求,推进公司领导干部和业务骨干上讲台、进课堂,定期举办各类专题培训,不断提升人才素质;建立丰富的外部讲师资源库,有计划地组织员工参加财务公司协会、人民银行、票交所等机构举办的各类专业培训项目;引入 e-Learning 在线学习平台,提供线上课程 2000 余门,满足员工多元化培训需求,适应碎片化学习模式;借助集团与高校合作平台,集中组织员工参加在职学习及学历学位教育报考,提升员工学历、学位层次,优化员工知识结构。

在实践培养方面,综合运用导师制培养、项目攻坚等实践培养方式提升人才实战技能。建立师带徒培养机制,由公司领导担任导师,发挥"传、帮、带"作用,开展一对一专项指导,通过制定学员年度培养方案,开展专业知识和课题辅导,对学员在本职工作中遇到的疑问和困惑给予解答;通过为学员布置课题,并针对学员表现给予考核,激励学员思想和能力提升,累计培养学员 20 余名,有效促进青年员工的技能提升。结合公司重点、难点项目需求,抽调关键岗位人员,先后成立新核心项目组、票据小组、汽车金融等多个专项小组,开展阶段研讨、系统培训,提升项目参与人员的综合能力素质,促进项目成果有效转化,助力公司核心业务开展。

 案例

案例 8-3 招金财务公司"三步走"打造专业化员工队伍

招金财务公司自 2015 年成立以来,始终将员工培养作为一项重要工作来抓,通过内部业务学习和严格的资格证考试制度,解决了初开业公司普遍面临的人员业务素质参差不齐、缺少财务公司业务专业人员等方面问题。

一、以任务驱动促能力提升,扫除员工专业盲区,打造专业人才队伍

在促进员工业务技能快速提升和专业知识迅速普及方面,公司采取以下几项措施。

一是明确学习任务。在员工入职前,即明确告知入职后三年内必须通过全部 6 门银行从业资格考试,且每年必须至少通过 2 门。正式入职时,签下承诺书,承诺考取资格的时间表。通过对学习任务的压力传导，不仅压实了责任，也激发了干部职工学习的主动性和自觉性，实现了压力向动力的正向转化。

二是严明考核奖惩。公司每年年初下发的员工学习培训规划均明确从业资格的考取要求，并纳入员工本人及其所在部门的绩效考核，并与评优、绩效、工资、劳动合同续签等挂钩。

为进一步鼓励员工金融知识提档升级，2018年又出台新的奖励政策，即对考取银行从业、证券从业、基金从业、黄金交易资格的，每门每月给予50元的补贴，激励员工全方位掌握金融、投资等知识，为未来业务发展奠定基础。

截至2018年末，公司员工累计通过195门从业考试，人均7门，其中25人有银行从业资格，23人有证券从业资格，13人有基金从业资格，7人有黄金交易资格。

二、以制度的学习和执行促进习惯养成，在制度执行中成长，引导员工成为专业人士

"打造一流财务公司"是公司确立的长期奋斗目标。凡事"制度先行"是公司开业之初即立下的规矩。通过对制度的学习和执行，培养员工的职业习惯。同时，通过对制度的不断补充完善，建立了覆盖全部业务种类的制度体系。四年来，公司在员工培养和制度体系建设上，经过了以下四段发展历程。

2015年，我教你。成立之初，公司将员工培养的重点放在"手把手地教"。将开业之初已成稿的100余项制度，组织员工逐项集体学习讨论，通过考试检验员工理解和掌握的程度。

2016年，你做给我看。集中全员在会议室现场观摩，业务主导部门对每一项业务的具体操作流程进行桌面推演，展现业务发生的情景、决策的要素、汇集的资料、传票的填制、审批的流程、各环节审核的要点、系统的操作、档案的整理等。推演后，通过与会人员的发问、解答和领导点评，解决现场操作出现的问题，让全员知晓业务原理和掌握操作流程。对于推演情况，以会议纪要的形式形成书面材料，对重要环节进行规范，方便全员后续学习掌握。

2017年，你写给我看。"做我所写、写我所做"，公司组织各部门编写业务操作手册，以实现三个目的：进一步夯实业务操作的规范性；通过编写、修改、讲解等多次知识灌输，增加全员对业务的理性认识；新上岗人员依据手册即可基本完成业务操作。通过不懈努力，当年编写160个操作手册、逾80多万字，涵盖公司日常工作的方方面面。

2018年，制度执行情况自我评估。要求各部门对每一项业务，围绕着业务管理制度、业务操作手册、风险点及控制要点手册、监督检查手册，每周对照工作中的执行情况进

行自我评估。评估制度执行是否到位。

通过四年的不断努力，目前公司已基本形成了一项业务，一个管理制度、一个业务操作手册、一个风险点及控制要点手册、一个监督检查手册的"四位一体"制度体系。2018年，公司对2017年以前形成的制度完成了梳理和汇编印刷，共11册，6000多页，220多万字，员工人手一册，作为业务操作指引。

三、以精准监督促规范管理，消除业务隐患，鞭策员工成为专业人士

一是建立事后监督制度，实现公司各项业务100%监督，包括会计传票审核、报表资料审查、档案延伸检查、每月查库、每日对账等制度，建立有问题随时发现、及时纠正的合规内控机制。

二是建立"上级监督下级、后手监督前手"的业务质量监督体系。鼓励员工人人成为合规员，随时随地发现问题、解决问题。为此，公司建立了"问题提报"平台，用于员工提报发现的业务差错和对公司发展的合理化建议，对能够发现问题、勇于提报问题和建议的员工给予一定的奖励，鼓励员工成为"爱操心"的人。

三是建立业务差错追究制度。对发现的每一个问题，均进行原因探究，包括从制度建设、流程设计、用工行为、职责履行、管理者履行等层面分析查找原因，进行有针对性的整改和责任追究。

四 人才成长在深化职业发展中迈出新步伐

2018年，财务公司行业重视人才培养，逐步建立完善具有行业和本单位特色的职业发展体系，明确岗位任职标准，不断深化人才职业发展通道，为行业人才提供畅通的成长空间。行业单位普遍建立多岗位轮换工作机制，为行业人才全面发展提供了平台。职业资格逐步多样化，进一步体现行业人才类别的不断丰富。

（一）畅通发展路径，关注人才成长

尽管财务公司行业人才队伍整体规模不大，但多数财务公司积极畅通人才职业发展通道，关心关注人才健康成长。66%的行业单位建立了员工职业发展体系，对不同岗位进行价值评估，明确岗位任职资格和评价标准，科学设计多通道、多维度、多层

级的职业发展路径,为全行业人才的职业通道建立了较为明确的"坐标轴",较好地起到了保留人才的积极作用。

(二)健全轮岗机制,全面锻炼人才

岗位轮换是培养锻炼人才的重要手段,通过不同岗位工作的历练,可以进一步丰富员工工作阅历,深入了解公司不同模块业务和管理模式,企业可以通过轮岗挖掘人才潜在能力,为选拔优秀管理和专业人员提供重要参考。目前,90%的行业单位建立了员工轮岗机制,其中73%的行业单位轮岗范围覆盖前、中、后台部门,部分单位考虑到业务连贯性和专业性,轮岗范围仅在前台部门或中后台部门。据不完全统计,近两年全行业人才轮岗达2429人次,进一步锻炼了行业人才的复合岗位从业经历及综合能力。

(三)职业资格呈现多样化发展

财务公司行业作为非银行金融机构,金融属性强,对人才职业资格的要求与银行业基本一致,多集中在银行从业、基金从业、会计从业等,对于专业技术资格多为经济系列,且不做硬性要求。随着行业内信息化、人力资源、党务工作、财务、稽核审计等从业人员逐步增加,获得工程系列、政工系列、审计系列、会计系列专业技术资格的从业人员比例稳中有升,呈现多样化发展趋势。2018年,财务公司行业具有高级专业技术资格的有1819人,具有中级专业技术资格的有3685人,具有初级专业技术资格的有1859人,不具有专业技术资格的有5811人。从数据中不难看出,行业近一半从业人员仍不具有专业技术资格,这和行业内多数单位不聘任专业技术职务的现状有一定因果关系,专业技术资格如何应用到行业人才职业发展体系,仍需要进一步探索。

 案例

案例8-4 国联财务公司构建创新特色人才培养机制

近年来,国联财务公司不断推进人力资源管理体制改革,努力实现"引得进、育得出、用得好、留得住"的人才工作格局。通过搭建适合专业技术人才发展的职业生涯晋升通道,畅通员工多元发展渠道;通过鼓励、支持员工开展学历、职称晋升,推动员工职业生涯规划与发展;通过轮岗与专岗互动、复合与专才相融、引进与培养结合,大力

提升全员金融专业水平和综合业务素养，构建创新特色人才培养机制。2018年7月，公司获中国财务协会颁发的2016～2017年度"最佳履行关爱员工责任奖"。

制定了《专业技术职务评聘管理办法》。2018年，公司积极鼓励员工通过专业技术职务晋升通道实现自身价值，于年初和年中组织召开两次专业技术职务评定委员会会议。公司注重遵循人才成长规律，推动人才分类管理，已基本建立起专业技术人才职务能上能下、待遇能高能低的管理机制。专业技术评聘工作的开展提高了专业技术人才对公司的认同感和忠诚度，真正让有能力、有贡献、忠诚于公司的专业技术人才与公司共同成长进步。目前公司共评聘专业技术职务高级经理2名、经理6名、助理7名。

制定了《职工技能及素质提升奖励办法》，大力促进员工报考学历提升、银行业职业资格及各类职称考试。2018年，共新增6名员工通过银行从业（初、中级）资格、2名员工取得相关中级职称，1名员工取得FRM二级。

案例

案例8-5　上汽财务公司"关键岗位见习培训项目"管理经验

"关键岗位见习培训项目"从公司层面搭建众创平台，为公司潜在的创新型人才提供脱颖而出的舞台。任何员工都可以提出创新项目（包括管理创新和业务创新），一旦通过公司专家委员会预审，公司将给予其实践机会，提供创新项目经费，配备资深创新带教导师支持，从人力、财力两方面扶持其成长；并与考核及晋升挂钩，给予创新人才快速晋升通道。

这种新型的人才选拔机制，一改"伯乐相马"的传统模式为让"千里马"主动跃出，旨在鼓励更多的员工投入公司创新工作，以期培养一批金融创新所需的骨干人才，涌现一批推动公司发展的创新产品。同时，通过这种机制发掘的"千里马"，既可以在创新项目实践中得到充分锻炼，又能得到更广泛层面员工的认可，从而为公司选拔业务和管理干部提供更为科学的依据。

2015年，公司出台了《关键岗位人才见习培训管理办法》及其实施细则，搭建了项目的整体框架，对见习培训的岗位确定、选拔标准、见习内容、具体实施与结果评价等都做了明确的规定。

2016～2017年，根据项目开展情况及遇到的问题，不断完善项目办法及方案，制定

《2016-2017年度管理实践见习培训工作方案》，拓宽见习管理岗位的范围，将更多的管理人员纳入项目；制定了《中层干部岗位见习培训工作方案》，将中层干部的见习培训，与经理、主管级的见习培训进行差异化管理。

2018年度则在见习项目深度上继续深挖，一方面通过增加针对性的专项培训课程，持续提高公司见习培训人员的综合管理能力；另一方面加强与见习培训人员沟通交流，组织见习培训人员、带教老师多层次、多场次的交流座谈会，加强组织关心，了解见习培训人员的各项情况，持续优化公司人才培养体系。

项目实施至今，已完成中层干部岗位见习培训15人，经理主管级岗位见习培训24人，其中8人通过公司党政领导、专家组和各相关部门的综合评定，以竞聘的方式正式走上了中层干部的领导岗位，形成了新的管理梯队，有效充实了公司管理人才的储备。部分管理见习培训人员在公司业务创新方面发挥了带头人作用，其所主持或参与的创新项目达到了国内领先水平，并且运用于实际业务中取得了较大的经济与社会效益；部分人员则投身于公司新业务的开拓和支持集团国际化经营之中，为公司的可持续性发展提供了有力的人才保障。

五 人才价值在量化考核管理中发挥新作用

2018年，财务公司行业持续建立优化、完善、符合自身特点的考核管理体系，通过科学规范、公平公正的考核体系，奖优惩劣，进一步保障行业较好的职业环境。

（一）考核指标进一步科学合理化

随着国家对金融工作的新要求以及金融监管政策的调整，行业内单位能够紧随强监管态势，积极调整优化绩效考核指标，由以往关注经济指标的数量，发展为关注企业平稳发展的质量，除经济效益指标外，逐步增加风险合规、业务创新、内部控制、团队建设、服务质量等指标比重，部分中央企业和地方国有企业还增加党的建设指标，使绩效考核管理体系建设更加科学合理，有效防范金融风险，进一步保障了行业合规经营。

(二)考核形式和过程进一步创新

2018年,行业内财务公司普遍建立了适合自身目标战略的考核体系模式,考核形式多为KPI(关键业绩指标考核)、GS(工作目标考核)、BSC(平衡计分卡)、MBO(目标管理)、全视角考核法等。部分财务公司结合实际创新开展全员述职360度综合测评,主要考核员工的工作能力和工作态度,占考核指标的一定权重,更加全面客观地反映员工的现实表现。为加强考核过程的管控,达到以考核促工作完成的实际效果,部分财务公司建立了与考核配套的重点任务督办体系,实现每月有进度、每季有小结的实时动态跟踪。

(三)考核结果应用进一步强化

除薪酬分配、岗位调整、培训开发、干部选拔、员工职业发展等绩效考核结果应用外,部分财务公司建立了中层干部任期考核,考核结果应用到干部续聘、任期激励等;部分财务公司将考核结果应用到员工劳动关系存续,真正实现了干部能上能下、人员能进能出的激励约束机制。

案例

案例8-6 中电科财务公司全员360度考核新模式

中电科财务公司建立了员工"职业发展、绩效考核、五元薪酬"三大人力资源管理体系,各体系之间相辅相成有效运行。以价值创造为导向的全员360度绩效考核体系,对公司员工起到了较好的激励约束效果,调动了员工的积极性,确保了公司战略目标的实现。

细化指标分解。除根据岗位职责设定的不同考核指标外,将党的建设指标、经营业绩指标、风险内控指标设定为通用指标,不同部门设定不同权重,倡导员工在关注个人绩效的同时关注公司整体经营情况,关注经营指标的同时更加注重党的建设和风险防控,形成了人人身上管经营、人人身上担风险、人人身上重党建的考核导向。

创新考核手段。打破员工考核在部门内的传统模式,建立360度互评方式。通过全员集中述职,使不同部门的员工彼此了解相互工作内容,倡导关注他人、学习先进。通过办公系统对年度重点任务进行实时督办,将年度重点任务分解到月,要求按时提交工作进度和成果,定期向公司领导汇报任务完成情况,保证重点工作的完成进度和质量。

强化结果运用。进一步细化考核结果兑现，同一考核等级内的不同得分对应不同兑现系数，鼓励员工向更高分数努力，进一步拉开兑现系数差异。建立中层干部"每年一小考、三年一大考"的任期考核模式，每三年对全体中层干部进行任期考核，考核结果直接影响干部续聘，真正实现干部能上能下。考核结果积分制，将年度考核结果转化为晋升积分和调薪积分，分别对应员工职业发展体系和薪酬体系，与员工职级晋升、薪酬调整紧密结合，在全公司形成重视绩效的良好氛围，有效避免了"大锅饭"现象。

六 人才动力在活化薪酬分配中呈现新亮点

2018年，行业内单位充分发挥薪酬激励导向作用，优化调整薪酬结构，完善薪酬福利制度，进一步实现企业经济效益与人才个人价值创造和薪酬待遇的正向联动。但从整体薪酬水平看，全行业薪酬的外部竞争力仍不足，对高端人才的吸引力不够。

（一）完善薪酬结构，合理优化分配方式

2018年，行业内较多财务公司积极改革薪酬管理体系，对标行业平均薪酬水平，设计公司市场化薪酬标准，调整完善薪酬结构，进一步提升薪酬激励作用。据不完全统计，全行业139家财务公司制定了有别于所在企业集团其他板块、反映财务公司特色的薪酬激励机制，全行业47%的人才实行市场化的薪酬激励。

从薪酬体系来看，全行业181家单位采用职级工资制，53家单位采用宽带薪酬制。[①] 从薪酬倾向来看，全行业140家单位对前台部门与中后台部门设定了不同的薪酬激励方式，对前台部门绩效占主导，对中后台部门岗位和能力占主导。从发放比例上看，财务公司行业普遍建立了延期支付制度，主要对公司高管和重要岗位人员执行不同的延期支付比例，为防范化解重大经营风险提供了一定的经济责任追究支撑。

（二）薪酬水平外部竞争力不足

财务公司行业受企业集团内部等因素限制，整体薪酬水平普遍未能体现其金融机

---

① 在宽带薪酬体系设计中，员工不是沿着公司中唯一的薪酬等级层次垂直往上走，薪酬既可以随着职级晋升纵向提升，也可以随着能力的提高，承担新的责任，在原有的岗位和职级上横向提升。

构特性，薪酬市场化程度较低，多数受工资总额管控，相对缺乏外部竞争力。据不完全统计，2018年，行业内财务公司薪酬水平处于所在企业集团高分位水平的仅64家，占比26%；处于所在企业集团中分位水平的有164家，占比67%；处于所在企业集团低分位水平的有17家，占比7%。与所在地区其他金融机构相比，仅有5家高于其所在地区其他金融机构的薪酬水平，超过一半的财务公司薪酬水平明显低于其所在地区其他金融机构的薪酬水平。

第三篇 业务篇

2018年，财务公司行业资产继续保持平稳增长态势，新成立财务公司资产占比下降。全行业表内外资产规模9.50万亿元，增幅9.30%，增幅远高于银行业金融机构，全行业资产占银行业金融机构比例略有增加。信贷资产占比明显提升，投资占比下降。信贷规模保持增长，财务公司内部融资作用得到发挥。有价证券投资平稳增长，债券投资增幅最大。

2018年，财务公司行业负债保持平稳增长态势，占银行业金融机构比例略有增加。各项存款是财务公司最重要的负债来源，占比保持稳定。各项存款余额51155.14亿元，存款规模保持较快增长，增速较上年有所下降。

2018年，财务公司行业同业业务总体保持稳定增长态势。存放同业业务余额24578.55亿元，继续保持增长态势。本外币拆放同业余额折合人民币为561.01亿元，本外币同业拆入余额折合人民币1208.57亿元。买入返售资产余额为899.89亿元，卖出回购资产余额为574.24亿元。信贷资产转让（含票据）发生额1067.57亿元，票据转贴现业务发生额961.79亿元。

2018年，财务公司持续加强集团资金集中管理力度，中间业务取得长足发展。结算业务发生额433.17万亿元，较上年增长23.22%。委托贷款余额19274.54亿元，较上年增长1.83%。

2018年，财务公司加强了国际财资服务，更好地服务于集团全球资金管理、金融风险管理、境外投融资管理等。外汇交易金额达14137.43亿元。外币资产余额3218.91亿元，外币负债余额2990.19亿元。持有人民币外汇即期、人民币外汇衍生品、外币对和外币拆借交易会员资格的财务公司分别为83家、16家、13家和65家。85家财务公司作为主办企业获得跨国公司外汇资金集中运营管理资质。86家财务公司作为主办企业获得跨境人民币资金集中运营业务资质。至少有41家财务公司的注册地址在自贸区管辖范围内。

Part 3　Business

In 2018, the assets of finance company industry maintained a steady growth, and the assets proportion of newly established companies decreased. The total in- and off-balance sheet assets was 9.50 trillion yuan, with an increase of 9.30%. The growth rate was much higher than that of the banking financial institutions. The assets of finance company industry represented a higher proportion among the whole banking financial institutions. The proportion of credit assets increased significantly, and the proportion of investments declined. The scale of credit has continued to grow and the internal financing role of finance companies has been brought into play. Portfolio investment grew steadily, with bond investment increasing the most.

In 2018, liabilities of finance companies kept a steady growth, with a slight increase in the proportion of banking financial institutions. Deposits were the most important source of liabilities, and the proportion remained stable. The balance of various deposits was 5.1155 trillion yuan, and the scale of deposits maintained a relatively fast growth, while the growth rate decreased compared with the previous year.

In 2018, the inter-bank business of the whole industry remained a steady growth. The inter-bank deposits balance was 2457.855 billion yuan and continued the growing trend. The balance of inter-bank lending was 56.101 billion yuan, and the balance of inter-bank borrowings was 120.857 billion yuan. The balance of reverse repurchase was 89.989 billion yuan, and the balance of repo was 57.424 billion yuan. The balance of credit assets transfer (including bills) was 106.757 billion yuan, and the balance of re-discount bills was 96.179 billion yuan.

In 2018, finance companies continued to centralize the group's funds, and the intermediary businesses achieved considerable development. The balance of the settlement business was 433.17 trillion yuan, with an increase of 23.22% over the previous year. The balance of entrusted loans was 1,927.454 billion yuan, with an increase of 1.83% over the previous year.

In 2018, finance companies enhanced the international treasury services to better serve companies' global fund management, financial risk management, and overseas investment and financing management. The amount of foreign exchange transactions reached 1413.743 billion yuan. The balance of foreign currency assets was 321.891 billion yuan, and the balance of foreign currency liabilities was 299.019 billion yuan. At the end of the year, finance companies with the qualifications of FX spot exchange, FX derivatives, foreign currency trading, and foreign currency financing were 83, 16, 13, 65 respectively. A total of 86 finance companies obtained the qualification of FX fund centralization for multinational companies. Till today, at least 41 finance companies were registered within the jurisdiction of the Free Trade Zone.

第九章
资产业务

一 总体情况

财务公司行业资产继续保持平稳增长态势，新成立财务公司资产占比下降。2018年末，财务公司行业表内外资产规模9.50万亿元，同比增加0.8万亿元，增幅9.30%。其中，表内资产规模6.33万亿元（见图9-1），同比增加0.61万亿元，增幅10.68%。2018年新成立的财务公司资产为235.29亿元，占全行业新增资产的3.85%。

财务公司行业资产占银行业金融机构比例略有增加，增幅远高于银行业金融机构。2018年末，财务公司行业表内资产总额占银行业金融机构资产总额[①]比例为2.36%，同比增加0.09个百分点。财务公司行业表内资产总额增幅10.68%，远高于银行业金融机构（6.27%）、股份制商业银行（4.58%）和大型商业银行（5.97%）的增幅。

信贷资产占比明显提升，投资占比下降（见图9-2）。2018年末，信贷资产占比46%，较2017年占比提升2个百分点，信贷资产占比最高，是财务公司行业的核心资产，说明财务公司行业在服务实体经济、助推集团产业发展方面发挥的作用日益显著。头寸资金占比39%，与2017年占比持平，低收益、低风险的头寸资金占比基本不变，低于信贷资产占比，说明财务公司行业资金配置在满足日常支付需求的同时，资金计划管理维持精细化管理水平，更多资金用于保障集团产业融资需求、服务实体经济等，财务公司行业功能作用得到显著发挥。投资占比5%，较2017年占比下降1个百分点，由于资本市场不容乐观、不确定性较大，财务公司行业投资偏好较为稳健审慎，为控制投资风险，减少资本市场投资规模。

[①] 2018年末，银行业金融机构资产总额268万亿元。以下如无特殊说明，财务公司行业数据均来自中国财务公司协会，银行业金融机构和商业银行数据均来源于中国银保监会网站。

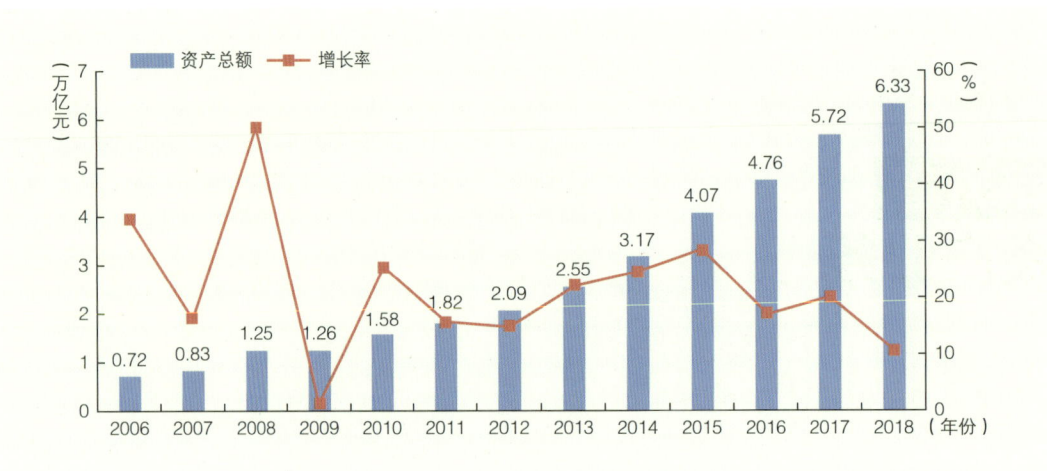

图 9-1 财务公司表内资产规模及增长率

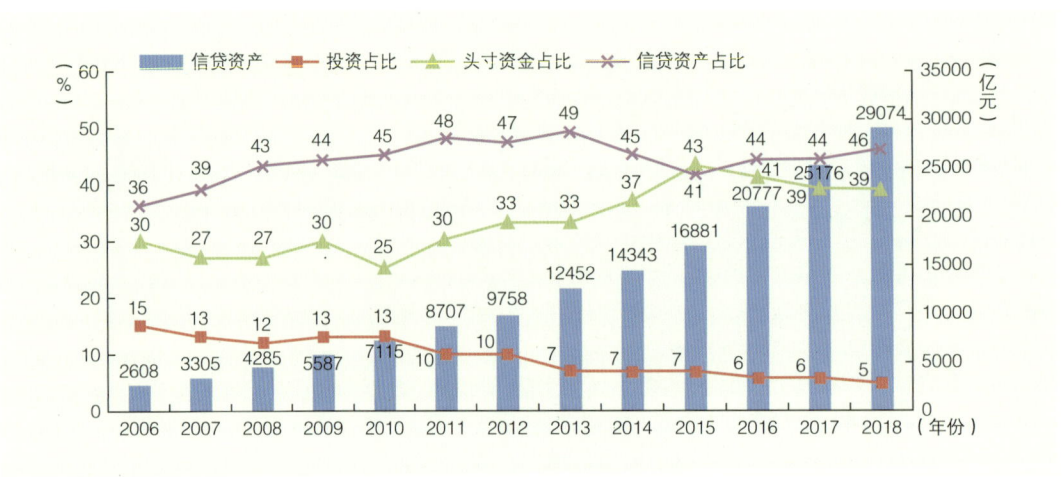

图 9-2 财务公司资产配置结构

二 贷款业务

信贷规模保持增长，财务公司内部融资作用得到发挥。2018 年末，财务公司行业信贷余额 29094.85 亿元，同比增加 3918.65 亿元，增幅 15.56%，说明财务公司对成员单位的产业融资服务力度不断加大，通过灵活运用贷款、票据贴现、买方信贷、消费信贷、集团产品融资租赁、延伸产业链金融等融资工具，财务公司满足企业集团产业发展资金需求、促进集团产业发展的力度加大。根据调查问卷统计，截至 2018 年末，半数以上的财务公司已经成为企业集团的内部融资机构，财务公司通过参与集团融资决策、拥有对成员单位融资的审批权等多种形式，参与集团统一融资管理，以集团整体价值最大化为导向,优化集团内外资金配置,实现集团整体资金流动性与效益性的均衡,降低集团整体资金成本,提升资金使用价值。

贷款利息收入平稳增长,贷款收益率略有下降。2018年,财务公司行业贷款利息收入1143.99亿元,同比增加156.03亿元,增幅15.79%;贷款收益率为4.40%,同比降低0.08个百分点,主要由于财务公司发挥服务属性,让利成员单位,提供更为优惠的贷款利率。综合来看,2018年贷款利息收入的平稳增长主要来源于贷款规模的增长,贷款月均规模同比增长17.74%。

信用贷款余额保持较快增长,占比进一步提升。2018年末,信用贷款余额22797.43亿元,同比增加3660.18亿元,增幅19.13%,占贷款总额的78.36%,占比较2017年增加2.29个百分点。担保贷款余额6297.42亿元,同比增加273.86亿元,增幅4.55%,占贷款总额的21.64%,占比较2017年下降2.29个百分点(见图9-3)。2018年,财务公司信用贷款发挥了服务成员单位的便利性与有效性作用,向成员单位投放信用贷款的力度进一步加大。

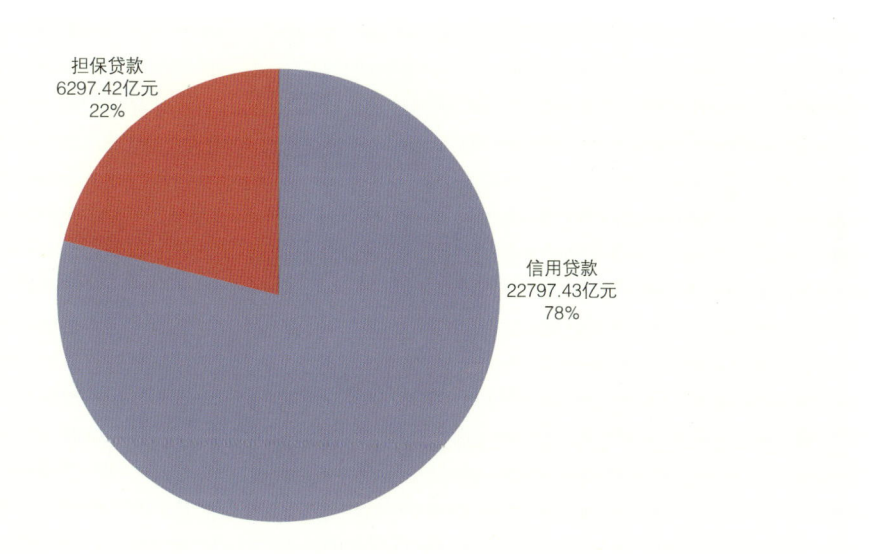

图9-3 财务公司贷款信用结构

贷款投放结构基本不变,母公司贷款增长较快。2018年末,集团母公司贷款余额3754.50亿元,同比增加1090.70亿元,增幅40.95%,占比12.91%,同比增加2.36个百分点。上市公司贷款余额6412.21亿元,同比增加688.91亿元,增幅12.04%,占比22.04%,同比下降0.71个百分点。其他成员单位贷款余额16298.31亿元,同比增加1398.71亿元,增幅9.39%,占比56.03%,同比下降3.20个百分点。其他单位贷款余额 2624.88 亿元，同比增加 754.98 亿元，增幅 40.38%，占比 9.02%，同比增加 1.59 个百分点（见图 9-4）。

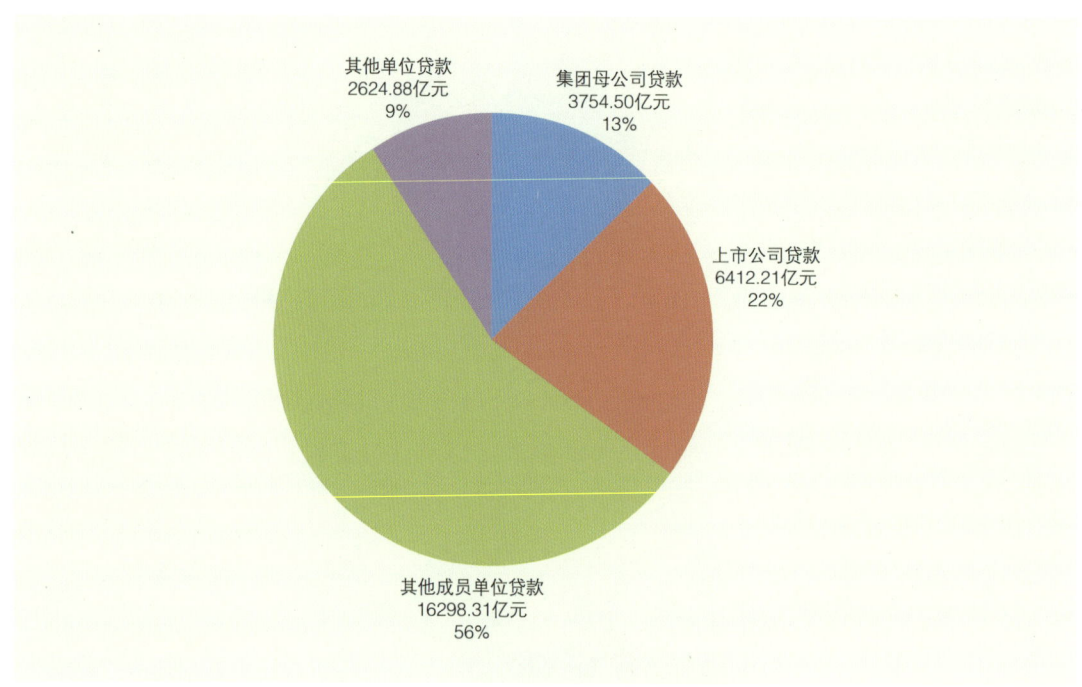

图 9-4　财务公司贷款投放对象结构

短期与中长期贷款均保持较快增长，占比保持稳定。2018 年末，短期贷款余额 15409.18 亿元，同比增加 1861.64 亿元，增幅 13.74%。中长期贷款 11231.17 亿元，同比增加 1390.96 亿元，增幅 14.14%，其中，短期贷款占比 58%，短期与中长期贷款占比与 2017 年持平（见图 9-5）。2018 年，财务公司金融服务实体经济作用得到有效发挥，短期与中长期贷款规模均实现了较快增长，同时，与中长期贷款相比，短期贷款继续发挥办理便捷、利率低等优势，成员单位更偏向选择短期贷款满足流动性资金需求，导致短期贷款占比过半。

财务公司参与银团贷款次数增加，负担额同比增加。2018 年，43 家财务公司开展银团贷款，同比增加了 9 家，共参与银团贷款 373 次，同比增加 41 次。银团贷款总额 3264.50 亿元，同比降低 500.49 亿元，降幅 13.29%。其中，财务公司分担额为 502.83 亿元，同比增加 9.94 亿元，增幅 2.02%，说明财务公司利用银团贷款服务集团产业发展的力度在加大，通过参与银团贷款，财务公司可以帮助成员单位整合利用外部商业银行的低成本资金，进一步降低成员单位的融资成本，增加成员单位融资渠道。

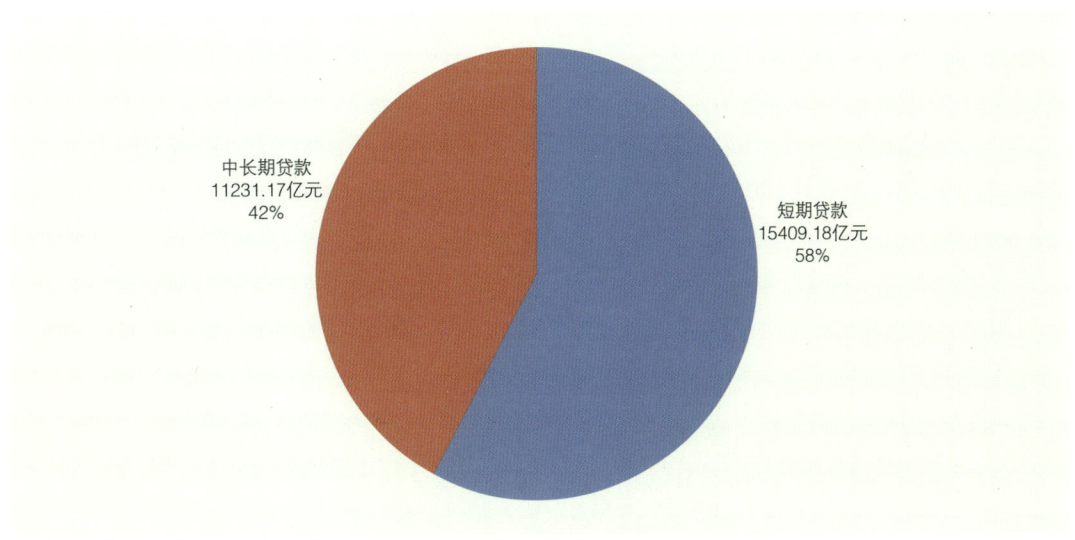

图 9-5　财务公司贷款期限结构

（一）票据贴现

财务公司加大对产业的支持力度，把票据贴现作为调整信贷结构、优化金融服务的重要工具。2018年，177家财务公司开展票据贴现，同比增加2家。累计发生额4425.41亿元，同比增加843.38亿元，增幅23.54%。票据转贴现业务累计发生额961.79亿元，同比增加50.48亿元，增幅5.54%。其中，票据转入203.94亿元，同比下降45.85亿元，降幅18.35%；票据转出757.85亿元，同比增加96.33亿元，增幅14.56%。112家财务公司开展票据再贴现，同比增加27家，累计发生额682.30亿元，同比增129.61亿元，增幅23.45%（见图9-6），通过票据再贴现融入资金逐渐成为财务公司外部融资的重要工具。

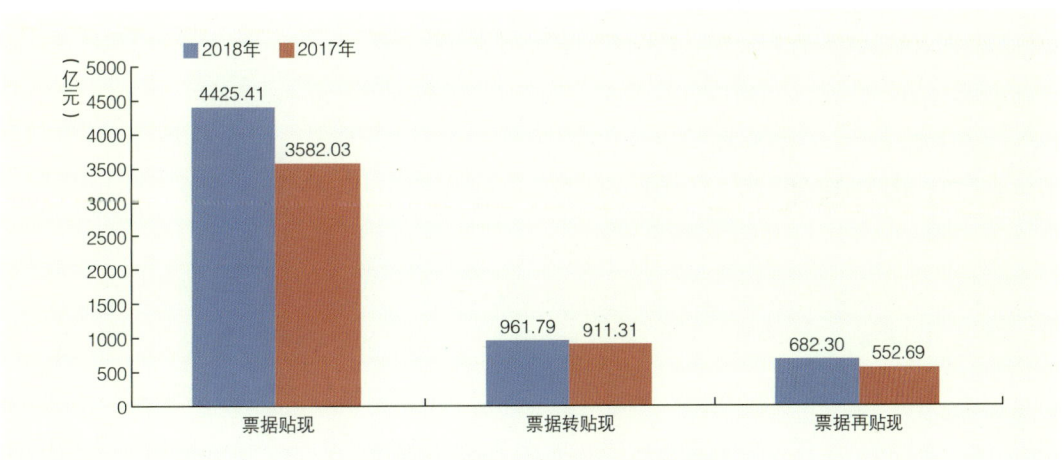

图 9-6　财务公司票据贴现发生额

案例

案例 9-1　中国电力财务公司通过产融系统集成推动票据量增长

2010 年，中国电力财务公司作为第二批金融机构正式接入人民银行电子商业汇票系统，开始为成员单位办理电子商业汇票（简称"电票"）的承兑、贴现、背书转让等业务。近几年，为满足成员单位票据签发需求的不断扩大，中国电力财务公司按照先试点、后推广的工作思路，以国网蒙东电力公司作为首家试点单位，经过 2015 年的业务需求分析与系统开发实施，2016 年的成功上线应用与系统后期完善，2017 年在全国范围内的经验推广，截至 2018 年底，全国累计已有 13 家省级电力公司完成了财务管控系统与中国电力财务公司电票系统的集成上线应用，大幅提高电票业务效率，有效降低票据操作风险。这次系统集成创新利用国家电网财务管控系统建设成果，推进中国电力财务公司电票系统与客户前端支付系统集成，通过系统融合推进产融协同，实现票据业务管理集成化、数据共享化、办理电子化、预警智能化、查询实时化和应用一体化。

此次集成项目的落地，通过实现成员单位财务管控系统、ERP 系统、中国电力财务公司电票系统三大业务系统的跨单位衔接融合，贯通资金申请与支付核算流程，打破了成员单位电票收付与中国电力财务公司电票受理的业务壁垒，实现了电票业务链全程在线处理，在提高电票支付效率的同时，切实加强了票据风险管控能力，通过产融系统的高度融合实现了中国电力财务公司票据特色服务能力的有效提升，推进了票据业务量的增长。2018 年，中国电力财务公司累计为系统内成员单位办理电票承兑业务 2 万多笔，合计 330 多亿元，贴现业务 2000 多笔，合计 80 多亿元。

（二）买方信贷

财务公司通过买方信贷向成员单位下游客户发放贷款，促进成员单位产品的销售，帮助成员单位加快应收款回收，进一步拓展了财务公司的服务范围，有利于更好地发挥金融服务促进实体经济发展的作用。2018 年，34 家财务公司开展买方信贷，同比增加 6 家。年末余额 532.65 亿元，同比增加 191.03 亿元，增幅 55.92%。发生额 2226.50 亿元，同比增加 193.53 亿元，增幅 9.52%。2018 年，财务公司在风险可控的前提下,加大使用买方信贷工具支持实体经济的力度,通过买方信贷满足成员单位下游客户融资需求,帮助成员单位产品销售,买方信贷余额和发生额保持较快增长。

案例 9-2　中船重工财务公司买方信贷助力智慧城市建设

中船重工财务公司为贯彻集团公司高质量发展和产融结合的战略布局,积极推广买方信贷业务,助力集团公司民品产业发展。伴随着城市化进程的逐步推进,"智慧城市"建设已经成为新课题,其中在"智能交通"领域,中船重工集团成员单位已经研发、制造出智能停车系统,"智能搬运机器人"(AGV 机器人小车)作为整个系统的核心,能够实现从停车到取车的全智能化。中船重工财务公司工作人员在对成员单位调研的过程中,了解到企业在上述产品的市场推广上所面临的困境,AGV 智能停车目前在国内属于朝阳产业,前期投资成本偏高,大多数的下游客户因融资难和对产品投资回报的不确定而持观望态度。经过前期调研、风险合规把控和综合分析,中船重工财务公司积极与成员单位及其下游单位实现了买方信贷合作,融资资金将用于新建智慧 AGV 立体停车场 2 个,新增停车位 618 个,相较同等建筑面积的普通停车场多出了 192 个停车位,不仅提高了土地利用率,还减少了 900 吨有害气体及 CO_2 的排放,在做到绿色环保、节能减排的同时,也改善了城市停车难的现状、缓解了城市交通拥堵的问题。中船重工财务公司此次买方信贷业务,解决了成员单位建成全国首家 AGV 智能立体停车库资金,使成员单位在"智能交通"领域进一步发展,助力智慧城市的建设,为实现以融促产、产融结合、推动绿色可持续性发展奠定了现实基础。

案例 9-3　海尔财务公司个性化买方信贷助力中小微企业发展

海尔财务公司自成立以来,始终秉承"立足集团、服务集团"的理念,以支持集团实体经济发展为己任,以集团市场可持续发展为宗旨。海尔集团产业链下游经销商客户大多为中小微企业,由于自身资信状况,较难获得外部融资,对其发展造成阻碍的同时也会影响到集团产业链的稳定,因此,为支持集团实体经济发展,扶持产业链上中小微企业的发展，海尔财务公司对集团下游经销商客户开展买方信贷业务，通过互联网数据分析、金融产品、流程再造等方面的不断创新，对经销商客户进行分层管理，针对不同特性的客户推出更加个性化的买方信贷产品，支持近3000家海尔经销商企业发展，累计投放资金超过160亿元，协同拉动集团销售600多亿元。例如，针对年销售额500万元以下的乡镇零售网点经销商客户，推出了"生意兴融"金融产品，融资额度控制在30万元以内，通过大数据分析模型以及线下的负面信息分析，为客户批量授信，并在产品设计中考虑到客户的零售现金回笼快的特点，为客户专门设计了分期还款的模式，这既为客户节约了贷款利息，也使海尔财务公司控制了风险敞口，同时降低了贷后管理成本；针对销售额在2000万~3000万元的一线城市的中型产业链工程类企业客户，海尔财务公司推出了符合工程特点的"程易贷"产品，不仅解决了客户由于资金问题而不敢承接优质工程业务的难题，也解决了原有订单融资产品中订单变融资、融资变库存的风险，大大促进了整个产业链上库存的有效化解，极大助力了中小微企业的发展。

（三）消费信贷

财务公司通过消费信贷向个人发放贷款，促进集团成员单位销售生产的耐用消费品，可以带动即期消费，引导消费总量增长与消费需求结构升级，助力生产与消费形成良性循环。2018年，12家财务公司开展消费信贷，同比减少3家，年末余额1507.39亿元，同比增加257.01亿元，增幅20.55%。发生额1374.30亿元，同比增加306.11亿元，增幅28.66%。2018年，消费信贷余额和发生额保持两位数增速，消费信贷已成为汽车、消费品等行业财务公司支持集团主业发展、发挥金融平台作用、促进集团产品销售的重要工具。

 案例

案例9-4　北汽财务公司消费信贷促进新能源汽车销售①

"绿水青山就是金山银山。"生态文明建设事关民生福祉，在推动绿色发展的进程中，

---

① 根据中国金融新闻网《"绿色+科技+金融"北汽财务公司打出服务"组合拳"》整理。

金融机构更应该首当其冲发挥好自身资金优势与服务优势，以融促产服务好绿色经济。北汽财务公司依托集团的新能源汽车产业板块开展了消费信贷业务，采取与集团新能源整车厂商联合为消费者补贴贷款利息的形式，推出了多款低利率和零利率的新能源金融产品，截至 2018 年 12 月，北汽财务公司共开通新能源经销商 200 余家，累计为消费者购买自有新能源品牌贴息 650 万元，满足消费者低首付等购车需求。

（四）集团产品融资租赁

财务公司开展集团产品融资租赁可以帮助成员单位提高产品竞争力、促进产品销售，避免库存积压过多、提升存货周转率。2018 年，10 家财务公司开展了集团产品融资租赁业务，同比增加 5 家，主要集中于汽车、电气设备、机械设备等行业，集团产品融资租赁业务量同比保持快速增长，年末余额 73.24 亿元，同比增加 28.19 亿元，增幅 62.56%。发生额 65.22 亿元，同比增加 26.84 亿元，增幅 69.96%。

 案例

案例 9-5　徐工财务公司融资租赁促进集团设备销售 ①

徐工财务公司深入开展市场分析，精准把握客户诉求，持续加强风控管理，不断丰富产品谱系，以定制化、专业化、精益化的金融服务助力成员单位实现产品销售，有效促进了成员单位与产业链客户的共赢发展。徐工财务公司充分发挥自身金融属性及专业优势开展融资租赁业务，能够根据客户在首付比例、融资期限、还款周期、担保措施等方面的差异化需求提供定制化的综合金融解决方案，在拓展业务、服务主业的同时，始终秉承"依托集团、服务集团"的经营理念，以合规稳健、高质高效的金融服务为集团战略目标的实现持续提供金融动力。

---

① 根据徐工财务公司新闻整理。

(五)延伸产业链金融

为支持财务公司强化金融服务实体经济功能,在助力企业集团主业发展、有效服务实体经济方面发挥更大作用,2014年7月,银监会决定开展财务公司延伸产业链金融服务首批试点,允许财务公司将服务对象适度扩展到与集团主业密切相关的产业链上下游企业,北汽、上汽、海尔、格力和武钢财务公司成为首批5家试点。2016年11月30日,银监会下发《关于稳步开展企业集团财务公司延伸产业链金融服务试点工作有关事项的通知》(简称《通知》),该《通知》明确财务公司在符合《企业集团财务公司监管评级与分类监管办法》前提下,经备案审批后,可以开展包括"一头在外"的票据贴现业务及"一头在外"的应收账款保理业务,进一步扩大了试点范围。

财务公司开展延伸产业链金融服务降低了上下游企业融资成本,提高了产业链整体竞争优势,能够发挥熟悉客户、服务便捷、价格优惠、易控风险等优势,有利于实现产融双赢。2018年,共有54家财务公司开展延伸产业链金融业务,同比增加12家,累计发生额1318.00亿元,同比增加613.41亿元,增幅87.06%,延伸产业链金融服务将成为财务公司行业拓展服务范围、丰富盈利来源、促进集团产业链发展的重要业务。

 案例

案例9-6 美的财务公司延伸产业链金融助力产融结合

美的财务有限公司在监管政策指导下,根据延伸产业链金融服务试点的要求,坚持以"服务核心成员单位,促进企业集团主业发展"为基本原则,不以盈利为导向,开展延伸产业链金融业务,降低中小微企业业务成本,提升资金使用效率,确保业务合规审慎经营,促进美的集团产业的良性发展,搭建集团成员单位和产业链客户服务之间的桥梁,加快集团资金周转,降低生产经营成本,助力产融结合。

一、服务集团主业,支持中小微客户发展

美的财务公司延伸产业链贴现客户主要分布于中小微企业客户,其中,中小微企业客户业务发生额、余额、客户数占比均为90%以上。

二、坚持立足集团主业,服务实体经济发展

在办理"一头在外"的票据贴现业务时,美的财务公司制定优惠利率政策,相对于

外部银行，在同等业务条件下，对于符合条件的供应商客户在贴现利率上给予优惠，缓解中小微客户融资难、成本高等问题，有效服务实体经济。

三、严格客户准入，强化客户管理

美的财务公司依托集团对产业链客户有较为完善的体系，建立了供应商管理体系平台，通过大数据管理系统，关注供应商的生产规模、付款情况、供货信息、合同信息、应收账款及采购、销售等关键信息。美的财务公司对客户准入建立台账管理，严格客户准入条件，要求客户依法注册成立、信用状况良好、组织架构较为健全，是事业部规划长期合作的供应商、在美的事业部不得存在不良违约记录等，同时，关注客户是否与美的相关事业部正常合作，经营发展情况是否正常，供货量处于何种水平等，从而保证供应商客户符合美的财务公司客户准入要求。

四、完善系统建设，促进流程优化

根据延伸产业链金融服务试点业务发展需要，美的财务公司在业务开展初始对现有的业务系统进行了整合、优化。主要表现为：一是合理核定授信额度，将产业链客户在公司办理的"一头在外"票据贴现额度纳入统一授信额度管理范围内并可动态调整；二是严控业务审批，通过对延伸产业链金融服务中涉及的授信额度进行规范管理，对业务办理资质、用途是否合理、与授信审批结论中的批准用途是否一致、交易背景是否真实等进行严格审核，注重业务细节，将延伸产业链贴现业务流程审批节点嵌入系统中，保障业务合规办理。

 案例

案例 9-7　山东重工财务公司延伸产业链金融支持小微融资

山东重工财务公司依托集团主业，致力于服务集团产业链供应商客户特别是小微企业融资。2018 年末，公司延伸产业链金融服务余额 32.38 亿元，服务各类供应商客户 200 余家。其中，小微企业融资 122 家，融资余额 11.5 亿元。山东重工财务公司根据集团所处的装备制造企业特点，逐步摸索出一条"准、快、惠、优"的小微企业融资服务模式。

一、实施客户名单制管理，客户选择"准"

依托核心企业，将其供应商纳入名单客户管理，借助第三方数据平台对客户开展信息筛选，选择经营良好、无不良记录、稳定供货的小微企业作为延伸产业链服务的重点支持对象，近两年，针对小微企业先后组织三场专项的融资推介会，组织了四次集中走访活动，主动"走出去"；同时，采取以点带面，鼓励存量客户向同地区、同类产品生产商进行业务推介，通过存量客户的口口相传，打消小微企业对财务公司的芥蒂，实现有需求的供应商主动联系山东重工财务公司的效果。

二、专人、专业服务，服务响应"快"

业务办理伊始，在各核心企业驻地设立客户服务团队，专职负责对接成员单位采购、财务部门，直接服务成员单位上游供应商客户，将风险控制与业务营销联动。基于延伸产业链业务良好的风险控制基础，不断精简业务手续，优化业务流程，提高业务效率，成为财务公司与商业银行在竞争小微企业融资上的一面旗帜。设立产业链业务部，进一步提升延伸产业链金融服务专业化水平，提升服务响应速度。

三、客户普"惠"，成本优"惠"

财务公司作为集团内金融机构，不因客户小而不为，不因客户弱而不为，不因收益低而不为。业务开办以来，延伸产业链贷款客户既有单户授信3亿元的核心供应商，也有单笔贷款小于30万元的小微企业；财务公司通过控制应收账款，在商业银行无法获取融资的各类小微企业，依然可以畅通无阻地在财务公司获取融资。价格方面，财务公司更是以集团利益为重，让利供应商，供应商贷款平均利率仅4.89%，远低于同期金融机构小微企业贷款平均利率。

四、适合为"优"，解决小微企业痛点

在与供应商业务接触过程中，发现影响中小微企业的经营除了融资难、融资贵，还有融资连续性差的问题。还款续贷，是小微企业资金链最为危险的时刻，小微企业时刻面临银行抽贷、压贷风险。针对小微企业这一痛点，山东重工财务公司推出无本还贷模式，小微企业只需要全身心保证对核心企业供货，应收账款稳定在一定规模，贷款还本付息直接由财务公司进行调整，无须小微企业调整资金，小微企业更省心，财务公司更放心。

三 投资业务

（一）有价证券投资

2018年，财务公司有价证券投资平稳增长，债券投资增幅最大。截至2018年末，财务公司有价证券投资余额为3319.89亿元，同比增加96.49亿元，增幅2.99%，占资产总额的5.25%，同比下降0.39个百分点。其中，债券投资776.42亿元，同比增加193.47亿元，增幅33.19%；基金投资1034.66亿元，同比增加211.12亿元，增幅25.64%；股票投资86.55亿元，同比下降36.40亿元，降幅29.60%；信托与理财产品投资1166.97亿元，同比下降253.33亿元，降幅17.84%。债券投资增幅最大，基金投资保持增长，股票投资、信托与理财产品投资下降幅度较大，主要由于2018年股票市场低迷、资本市场不确定性因素增多，信托等非标产品投资面临监管限制，财务公司行业加大对风险较易把控、流动性较好的债券、基金投资力度。2018年，财务公司获得债券、理财等利息性收入56.75亿元，同比增加8.22亿元，增幅16.95%，尽管投资规模受监管指标合规要求限制未大幅增长，但财务公司行业随着资金运作经验的积累，投资管理水平逐渐提升。

信托与理财产品、股票投资占比下降，基金与债券投资占比增加。2018年末，财务公司有价证券投资中，信托与理财产品投资占比为35.15%，同比下降8.85个百分点，基金投资占比为31.17%，同比增加5.17个百分点，债券投资占比为23.39%，同比增加5.39个百分点，风险较大的股票投资占比为2.61%，同比下降1.39个百分点（见图9-7）。财务公司行业以加强集团资金集中管理和提高集团资金使用效率为主要目标，受自身风险控制能力、投资专业水平、股票市场低迷等多重因素影响，富余资金偏重于配置基金、债券等风险稳健型产品，普遍降低股票投资规模。同时，由于投资非标产品面临监管限制，导致信托与理财产品投资占比下降。

（二）金融机构股权投资

1. 金融机构股权投资规模增加，商业银行是股权投资首选领域

开展金融机构股权业务，财务公司可以实现资金增值，丰富金融服务范围，深化产融结合。从投资规模看，截至2018年末，共有41家财务公司开展了金融机构股权投资，与去年持平。累计投资额为167.51亿元，同比减少7.71亿元。获得股权投资收益15.86亿元，同比减少0.05亿元。

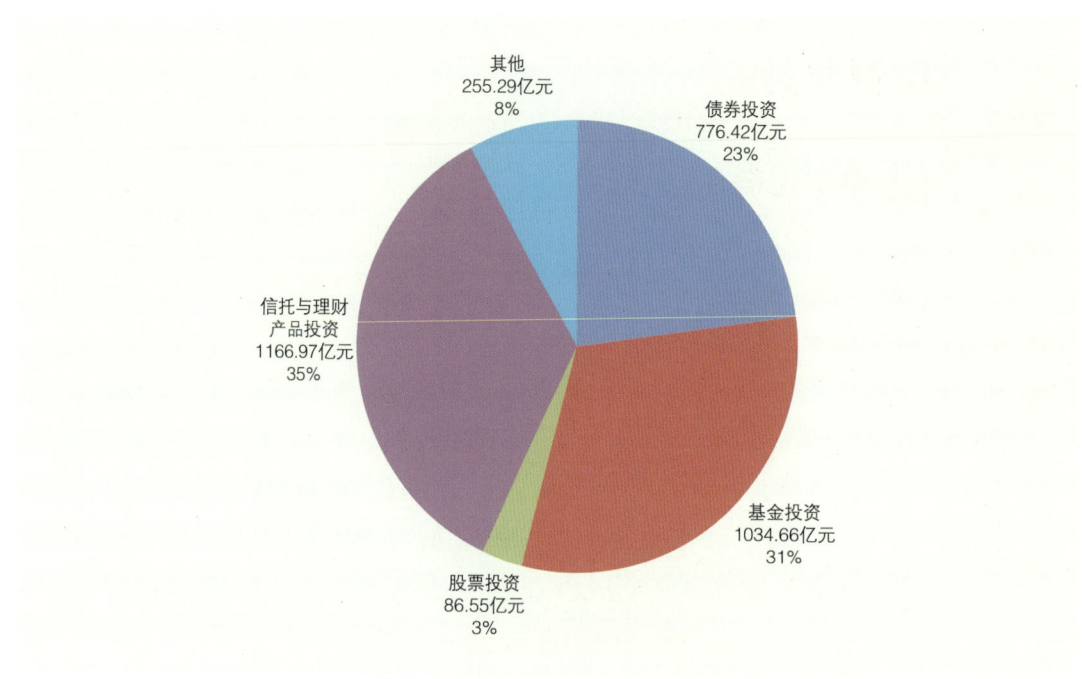

图9-7 有价证券投资占比情况

从投资对象看，商业银行是财务公司股权投资的首选领域，投资机构数为17家，累计投资额49.98亿元，机构数与投资额均位居首位，主要由于商业银行领域盈利性较好、收益率较高。保险经纪公司是财务公司股权投资的次选领域，投资机构数为13家，机构数位居第二（见图9-8）。

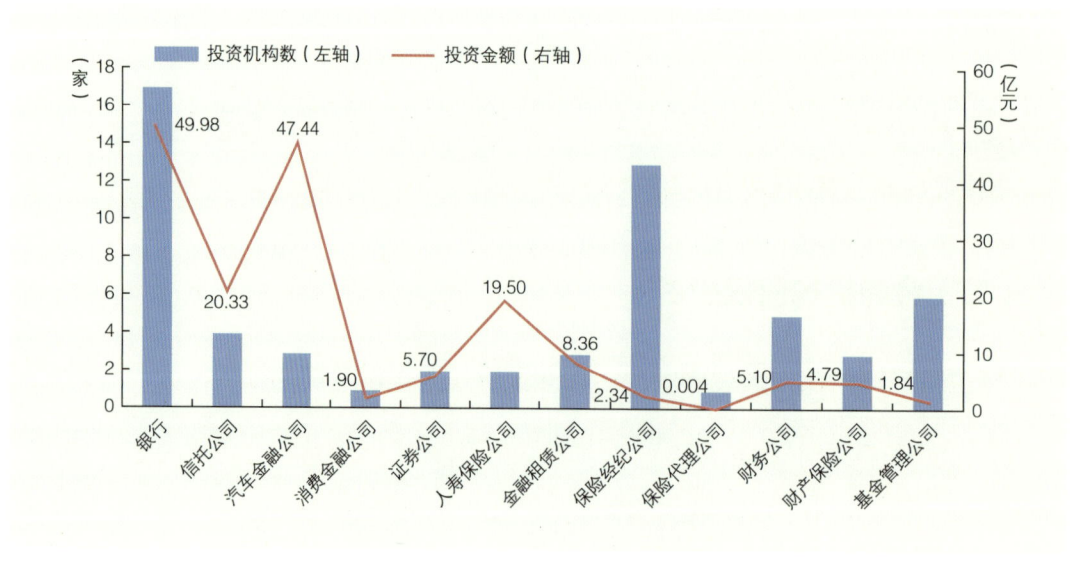

图9-8 投资各领域金额及数量

2. 多数财务公司仅投资 1 家金融机构，投资目标明确

从单家财务公司投资数量看，投资金融机构数最多达到 5 家，受监管投资比例及自身资本实力限制，多数财务公司投资金融机构数为 1 家（见图 9-9），金融机构股权投资逐渐成为财务公司强化金融服务职能的重要手段，财务公司立足自身业务范围、涉足其他金融平台有助于延伸集团金融产业链。

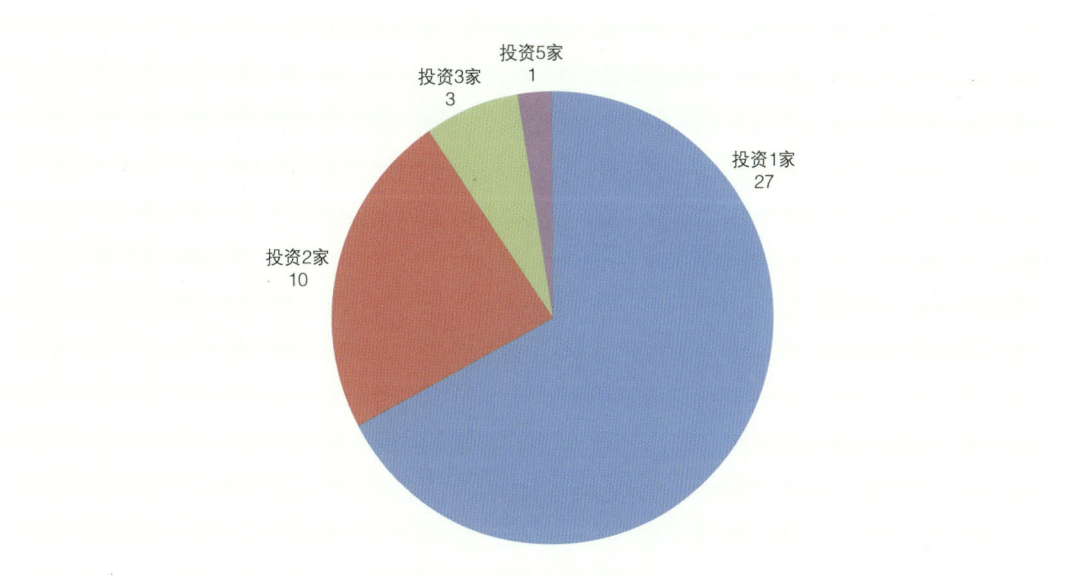

图 9-9 投资金融机构数量

从投资目标来看，财务公司金融机构股权投资可以分为两类：第一类是战略性投资。一般持股比例较高，平均持股比例达 35% 以上，以业务多元化与产业协同为目标，全资或控股保险经纪公司、汽车金融公司等领域，丰富金融服务范围，促进产融协同（见图 9-10）。例如，中船重工、中化、国投财务公司全资设立保险经纪公司，一汽、上汽财务公司控股汽车金融公司。第二类是财务性投资。一般持股比例较低，以谋求短期回报与赚取资本利得为目标，例如财务公司参股银行、信托公司、基金管理公司等领域，按年通过分红等方式获利，并通过适时对外转让金融机构股权获得投资收益。

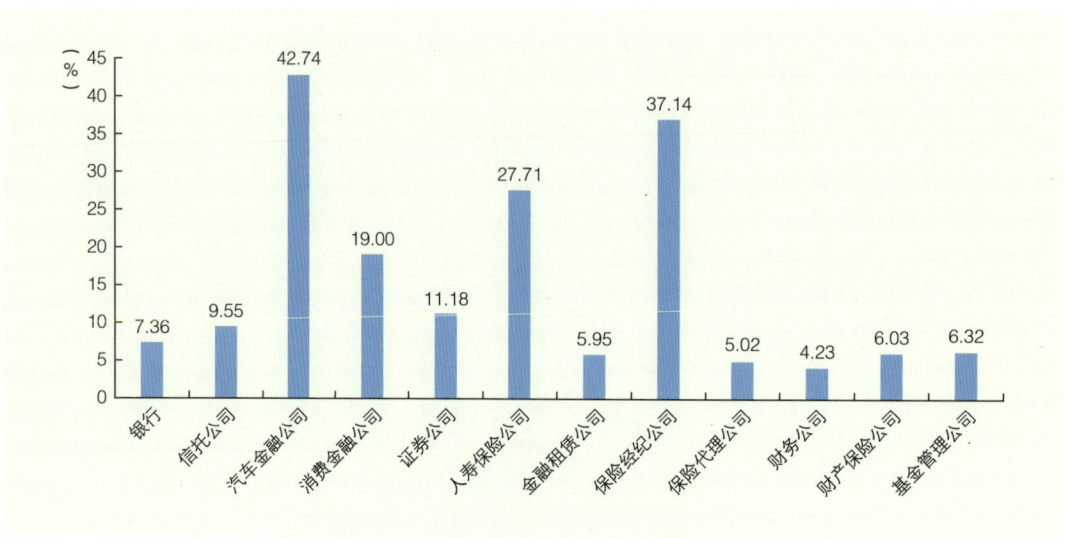

图 9-10　投资金融机构平均持股情况

第十章 负债业务

一 总体情况

财务公司行业负债保持平稳增长态势，占银行业金融机构比例略有增加。2018 年末，财务公司行业负债余额 5.43 万亿元，同比增加 0.50 万亿元，增幅 10.28%，负债余额占银行业金融机构负债总额[1]比例为 2.20%，同比增加 0.09 个百分点。

各项存款是财务公司最重要的负债来源，占比保持稳定。2018 年，各项存款占负债总额 94.26%，同比仅下降 0.12 个百分点；同业负债占负债总额 3.57%，同比增加 0.14 个百分点；财务公司债券占负债总额 1.03%，同比降低 0.02 个百分点；应付款项占负债总额 1.02%，同比降低 0.02 个百分点；其他负债占负债总额 0.11%，同比保持稳定（见表 10-1、图 10-1）。各项存款占比最高，说明企业集团加强资金集中管理和财务公司提升资金归集能力是财务公司行业不断发展壮大的决定性因素。但从另一方面来看，财务公司资金来源较为单一，也需要加强负债端管理，加大主动负债力度，不断拓展资金来源，强化资金实力。

表 10-1 近两年财务公司负债结构

单位：亿元，%

	2018 年		2017 年	
	余额	占比	余额	占比
各项存款	51155.14	94.26	46447.63	94.38
同业负债	1938.35	3.57	1685.69	3.43

[1] 2018 年末，银行业金融机构负债总额 247 万亿元。以下如无特殊说明，财务公司行业数据均来自中国财务公司协会，银行业金融机构和商业银行数据均来源于中国银保监会网站。

续表

	2018 年		2017 年	
	余额	占比	余额	占比
应付债券	561.16	1.03	516.03	1.05
应付款项	556.24	1.02	510.89	1.04
其他负债	61.29	0.11	51.80	0.11
负债总额	54272.19	100	49212.05	100

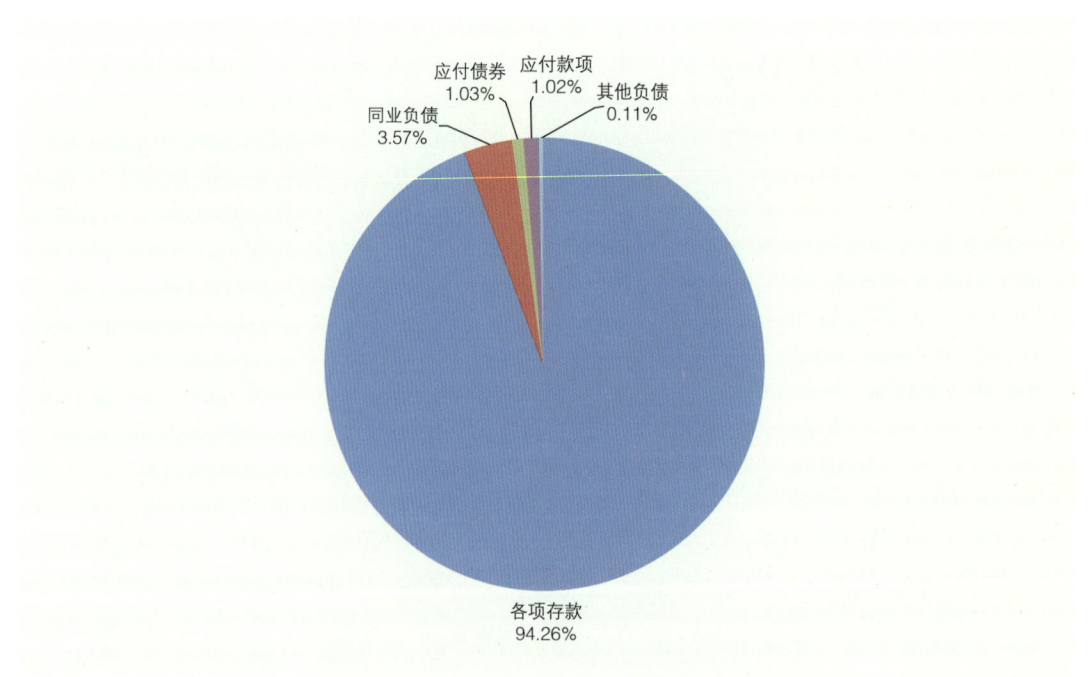

图 10-1 2018 年财务公司负债结构

二 存款业务

（一）存款规模保持较快增长，增速较上年有所下降

2018年末，各项存款余额51155.14亿元，同比增长4707.51亿元，增幅10.14%，增速下降了11.19个百分点（见图10-2）。各项存款余额保持较快增长速度，主要由于：一是集团高度重视资金集中管理，加强对成员单位资金集中度的考核，整治清理

应归未归资金,加强对外部融资、直接融资、募集款项等资金的归集。二是钢铁、家电等部分行业经营形势好转,集团整体货币资金增加、现金流得到改善。三是部分集团加大并购重组力度,成员单位数量增加,可归集资金范围增加。四是集团资金集中管理更加精益高效,信息化系统不断完善,财务公司结算服务水平不断提升,促进资金归集逐步加强。五是财务公司主动创新存款产品,加大服务力度,让利成员单位,为成员单位提供更具吸引力的存款利率,提升成员单位对财务公司的认可度。

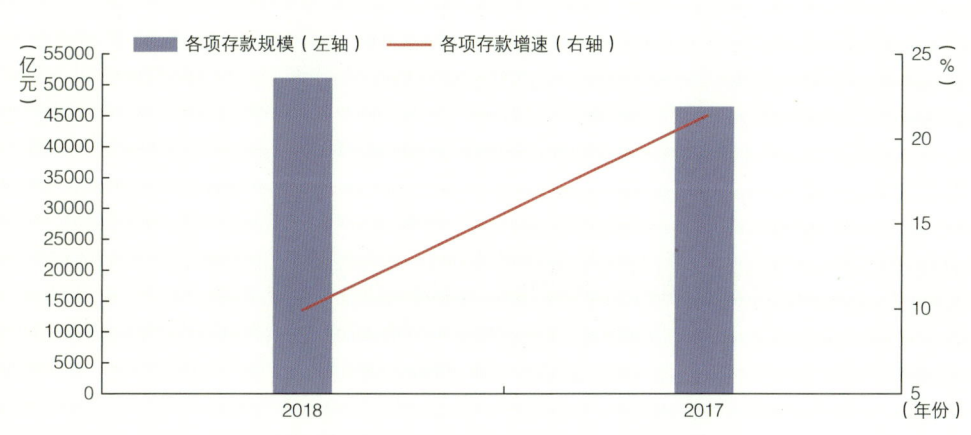

图 10-2　财务公司存款变化情况

(二)存款规模逐月递增,年末翘尾现象明显

从全年规模变化看,2018 年初至年末,各月份存款规模呈现稳定增长态势,全年各月日均存款平均增速 0.86%,从各月变动情况看,与上月相比,除 2 月、3 月、6 月、9 月出现负增长外,其他月份存款余额均为正增长,其中 12 月末正增长最高,达到 8.19%(见图 10-3)。

12 月份,月日均存款 46765.67 亿元,月末存款 50673.39 亿元,均达到全年最高水平。

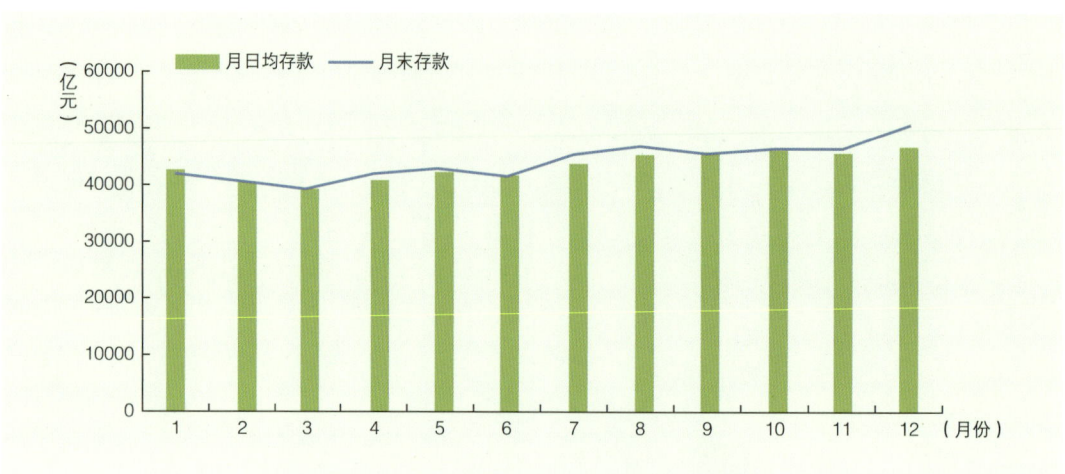

图 10-3　2018 年各月日均与月末存款变动

（三）各行业存款规模普遍增长，占比变化不大

2018 年，除电子电器、农林牧渔等行业存款规模负增长外，其余行业存款规模均呈正增长态势，其中，投资控股、电力、建筑建材行业增长额位列前三位，分别增长 878.53 亿元、717.83 亿元、632.63 亿元（见表 10-2）；投资控股、民生消费、煤炭增幅位列前三位，增幅分别达到 40.19%、33.42% 和 20.65%，主要受这些行业形势转暖及资金集中力度加大等因素的影响。

从占比情况看，电力、军工和石油化工行业存款规模位列前三位，合计占比达到 36.16%，较 2017 年的 37.25% 下降 1.09 个百分点。投资控股、民生消费、煤炭等行业存款规模占比有所提升，但各行业占比变化不大，占比变化均在正负 1% 左右。其中，投资控股行业存款规模、增幅、占比增加显著，主要由于投资控股行业集团不断深化资金集中管理，加大并购重组力度，成员单位数量增加，资金归集范围扩大。

表 10-2　财务公司各行业存款规模与占比

单位：亿元，%

序号	行业	2018 年末		2017 年末	
		余额	占比	余额	占比
1	电力	6738.13	13.17	6020.30	12.96
2	石油化工	5581.80	10.91	5474.55	11.79
3	电子电器	2790.16	5.45	3088.20	6.65

续表

序号	行业	2018年末		2017年末	
		余额	占比	余额	占比
4	煤炭	3239.77	6.33	2685.23	5.78
5	建筑建材	4905.36	9.59	4272.73	9.20
6	钢铁	1665.27	3.26	1538.52	3.31
7	机械制造	2641.25	5.16	2236.48	4.82
8	交通运输	3653.16	7.14	3231.80	6.96
9	军工	6179.59	12.08	5807.38	12.50
10	有色金属	1368.81	2.68	1294.00	2.79
11	汽车	3975.17	7.77	3731.55	8.03
12	酒店旅游	262.07	0.51	244.17	0.53
13	商贸	817.37	1.60	709.73	1.53
14	投资控股	3064.22	5.99	2185.69	4.71
15	民生消费	1726.95	3.38	1294.34	2.79
16	农林牧渔	819.25	1.60	840.10	1.81
17	其他	1726.80	3.38	1792.85	3.86

（四）成员单位存款保持较快增长，占比过半

2018年末，集团母公司存款余额10066.30亿元，增长189.40亿元，增幅1.92%；成员单位存款余额27255.63亿元，增长6056.39亿元，增幅28.57%，主要由于企业集团加大并购重组力度，深化资金集中管理；上市公司存款余额13353.79亿元，下降51.05亿元，降幅0.38%；其他单位存款余额427.30亿元，下降1539.35亿元，降幅78.27%（见表10-3）。

表10-3 财务公司存款来源增长情况

单位：亿元，%

	2018年余额	增长额	增速
集团母公司存款	10066.30	189.40	1.92
上市公司存款	13353.79	−51.05	−0.38
成员单位存款	27255.63	6056.39	28.57
其他单位存款	427.30	−1539.35	−78.27
各项存款总额	51103.03	4655.40	10.02

2018 年末，集团母公司存款占全行业存款余额比例 19.70%，同比下降 1.56 个百分点；成员单位存款占全行业存款余额比例 53.33%，占比最高，同比增加 7.69 个百分点；上市公司存款占全行业存款余额比例 26.13%，同比下降 2.73 个百分点；其他单位存款占全行业存款余额比例 0.84%，同比下降 3.39 个百分点（见表 10-4）。

表 10-4 财务公司存款来源结构

单位：亿元，%

	2018 年		2017 年	
	余额	占比	余额	占比
集团母公司存款	10066.30	19.70	9876.90	21.26
上市公司存款	13353.79	26.13	13404.84	28.86
成员单位存款	27255.63	53.33	21199.24	45.64
其他单位存款	427.30	0.84	1966.65	4.23
各项存款总额	51103.03	100	46447.63	100

（五）部分品种存款大幅增长，活期存款占比提升较大

2018 年末，财务公司活期存款余额 17085.87 亿元，增长 2448.47 亿元，增幅 14.33%，主要由于部分行业财务公司年末集中收款等因素影响；定期存款 13641.06 亿元，增长 916.31 亿元，增幅 6.72%；通知存款 6841.88 亿元，下降 86.79 亿元，降幅 1.27%；协定存款 11527.70 亿元，增长 1301.86 亿元，增幅 11.29%，主要由于财务公司为稳定成员单位存款，引导成员单位配置协定存款、提高资金收益，导致协定存款大幅增长；保证金存款 1526.45 亿元，增长 202.93 亿元，增幅 15.33%，主要由于财务公司拓展产业链金融、保函、票据等业务导致保证金存款大幅增长（见表 10-5）。

表 10-5 财务公司各品种存款增长情况

单位：亿元，%

	2018 年	增长额	增速
活期存款	17085.87	2448.47	14.33
定期存款	13641.06	916.31	6.72
通知存款	6841.88	-86.79	-1.27
协定存款	11527.70	1301.86	11.29
保证金存款	1526.45	202.93	15.33

2018年，由于部分行业集中收款、并购重组、市场转好等因素影响，年末收款尚未来得及配置利率较高的定期、通知存款，导致活期存款占比提升较大，定期与通知存款占比出现一定程度下降。2018年末，活期存款占全行业存款余额比例33.75%，同比增加1.82个百分点；定期存款余额占全行业存款余额比例26.95%，同比下降0.81个百分点；通知存款占全行业存款余额比例13.52%，同比下降1.59个百分点；协定存款余额占全行业存款余额比例22.77%，同比增加0.46个百分点；保证金存款余额占全行业存款余额比例3.02%，同比增加0.13个百分点（见表10-6）。

表10-6 财务公司各品种存款占比情况

单位：亿元，%

存款类型	2018年		2017年	
	余额	占比	余额	占比
活期存款	17085.87	33.75	14637.40	31.93
定期存款	13641.06	26.95	12724.76	27.76
通知存款	6841.88	13.52	6928.68	15.11
协定存款	11527.70	22.77	10225.84	22.31
保证金存款	1526.45	3.02	1323.52	2.89

（六）存款平均成本率同比不变，存款定价呈现差异化与市场化特点

2018年，财务公司存款平均成本率为1.53%[①]，较上年提升0.02个百分点。利率市场化后，财务公司存款定价差异化与市场化趋势明显。根据调查问卷，部分财务公司存款成本率上升，主要原因是：一是加大对成员单位的让利力度，对达到集团管理目标等条件的成员单位提高存款利率上浮比例，提高存款利率，调动成员单位资金归集的积极性。二是稳定成员单位存款，引导成员单位对存款的期限结构进行调整，配置利率相对较高的通知、定期与协定存款品种，导致通知、定期存款与协定存款比例加大。三是满足成员单位希望提高资金收益率的诉求，参照外部商业银行对成员单位的定价水平相应上浮存款利率。

部分财务公司存款成本率基本不变，主要原因是：央行未调整基准利率，财务公司自身定价政策未做相应调整。

---

① 计算方法：2018年度存款利息支出 ÷ [（∑ 2018年各月日均存款 × 各月天数）÷365]。

部分财务公司存款成本率下降，主要原因是：一是依据外部部分商业银行利率定价窗口指导政策，降低吸收存款利率。二是压降存款成本，采取定价措施，引导成员单位大幅增加活期存款比重，降低定期存款比重。

 案例

案例10-1 中电建财务公司创新账户管理，提升账户归集度

2018年，中电建财务公司针对成员企业作为建筑行业乙方单位，存在银行账户数量多、开户繁杂、专户和临时户资金无法归集等情况，研发上线成员企业外部银行账户管理系统，解决财务公司账户管理工作耗时耗力，避免成员单位乱开户、未开通银企直连或不及时销户等问题，防范久悬账户被冻结、窃取或挪用的风险，变账户"事后清查清理"为"事前事中管理"，实现对全级次成员企业账户信息的实时管控。同时，中电建财务公司进一步组织开发了成员企业账户可视化地图式分布管理系统，对银行账户数据实施地图式可视化管理。

中电建财务公司账户管理系统和账户地图的建立，将以前纸质、事后和年度仅一次清查的账户管理机制，改变为电子化、实时、高效和常态化的管理，使财务公司能够从地区和成员企业两个维度看到集团范围银行账户的分布情况，同时也便于成员企业实时、直观地了解本企业全级次银行账户情况，大大提升了账户管理效率和管理效果。同时，账户管理系统实现了银行账户信息的实时更新，和对成员企业账户集中度的统计展示，为设立账户集中度考核指标奠定了基础。一是对账户数量多且分布集中的企业，调研其项目开展和银行业务情况，分析其账户存在的必要性，提示其将真正需要的账户加入银企直连，督令其清理不需要的账户。二是针对银企直连覆盖率低的企业，利用开户机构、类型等数据，开展专项分析，必要时与负责人沟通，督促其加快推动银企直连工作。三是针对专用账户比例较高的企业，调查分析其专用账户的用途和流动性，关注久悬账户风险，督令其及时清理闲置账户，减少集团银行账户总数，提高集团整体账户集中度。

第十一章
同业业务*

一 总体情况

（一）增长态势良好，同业金融资源得以有效利用

2018年财务公司行业同业业务总体保持稳定增长态势。截至2018年末，财务公司行业存放同业余额24578.55亿元，同比增长8.98%；同业拆入余额1208.57亿元，同比增长10.15%；拆放同业余额561.01亿元，同比增长31.58%；买入返售余额899.89亿元，同比降低25.33%；卖出回购余额574.24亿元，同比增长27.71%。继续为财务公司在所属集团外部配置资金、获取收入、拓展资金来源、提高资金使用效率提供了多样化渠道，为财务公司配合头寸管理、补充临时性资金需求、依托自身优势整合金融资源、助力所属集团主业发展发挥了重要作用。

（二）结构适度调整，积极顺应同业市场政策及行情变化

币种结构方面，2018年财务公司行业存放同业、拆放同业及同业拆入等同业资金运用及来源方向的外币占比均呈现一定程度的下降趋势。主要因为2018年美元加息进程持续推进，美元同业市场融入成本走高，引导财务公司行业减少外币资金来源，降低整体资金成本。

期限结构方面，2018年财务公司行业剩余期限较长的存放同业、拆放同业资金运用方向的同业余额占比呈现一定增长趋势，反映出人民币市场利率下行趋势下财务公

---

* 如无特殊说明，本章数据来源于中国财协统计报表。如无特别说明，本章的数据均为合并报表口径数据；其中各业务的剩余期限结构数据为境内口径数据。

司行业提前锁定收益的意愿。

交易对手结构方面，2018年财务公司行业同业拆入、卖出回购等同业资金来源方向以境内商业银行、中央银行等机构为交易对手的余额大幅上升；拆放同业、买入返售等同业资金运用方向以境内商业银行为交易对手的余额显著下降，以境内其他银行业金融机构、境内证券业金融机构为交易对手的余额呈增长态势。随着我国金融去杠杆进程的不断推进，2018年末部分银行业非银行金融机构及证券业金融机构资金缺口较大，财务公司充分利用市场行情适时调整同业资金融入与配置策略。

行业结构方面，2018年主要同业业务余额的行业结构特点显著，各行业的同业业务开展情况差异较大。从同业资金来源角度看，同业拆入主要集中于石油化工等行业，卖出回购主要集中于石油化工、有色金属等行业；从同业资金运用角度看，存放同业主要集中于军工、建筑建材、石油化工、电力等行业，拆放同业主要集中于石油化工、电力等行业，买入返售主要集中于电力、石油化工、电子电器、机械制造等行业。可以看出，2018年石油化工、电力、机械制造等行业同业业务开展较为活跃（见图11-1）。

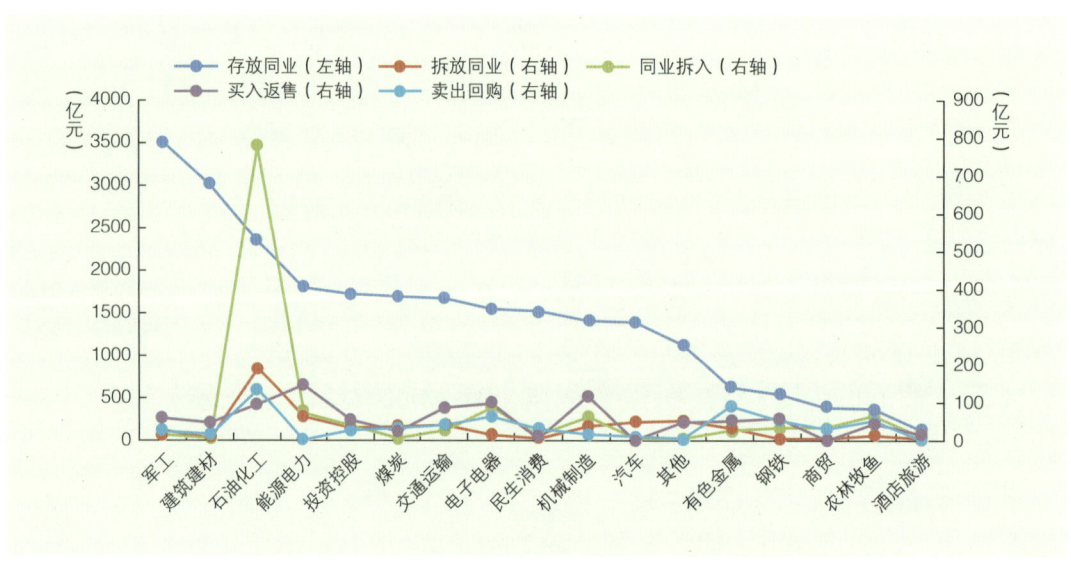

图11-1　2018年末各行业主要同业余额分布情况

（三）同业往来利息收入显著增长，继续保持重要地位

2018年度财务公司行业来源于同业往来的利息收入761.64亿元，同比增长

23.51%；占行业总收入的比重为 37.85%，较上年末提升 1.49 个百分点（见图 11-2）。2018 年以来我国货币政策呈现相对宽松趋势，同业市场利率持续下降，导致同业往来利息收入增幅下降，但依然是财务公司行业收入的重要组成部分。

图 11-2 同业往来利息收入及占比

二 存放同业

（一）年末余额稳步增长，外币占比有所下降

2018 年财务公司行业存放同业业务余额继续保持近年来逐年增长的态势，截至 2018 年末，财务公司行业存放同业余额 24578.55 亿元，同比增长 8.98%，是行业资金资源配置的重要领域。其中外币存放同业折合人民币的金额及占比保持稳步提升，截至 2018 年末，财务公司行业存放同业外币折合人民币余额 2039.38 亿元，占比为 8.30%，占比较上年末下降 0.1 个百分点（见图 11-3）。

（二）剩余期限结构变化较大，1 年以上期限配置比例增加

2018 年财务公司行业存放同业剩余期限结构较以前年度存在一定的差异，其中剩余期限为次日的存放同业余额占比 64.34%，较上年末提升 13.72 个百分点；2018 年末剩余期限为 2~7 日的存放同业余额占比较上年末下降 3.81 个百分点（见图 11-4）。

图 11-3 存放同业余额及外币占比

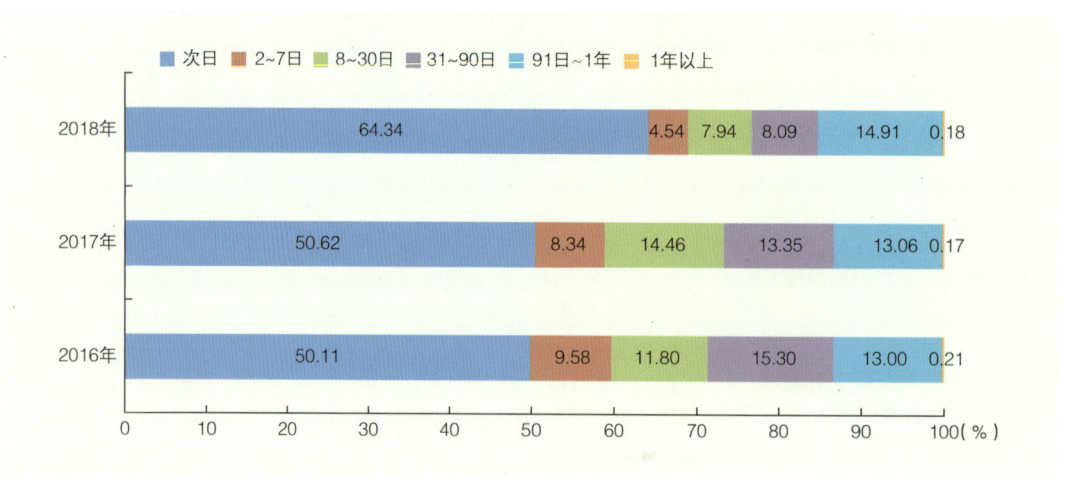

图 11-4 存放同业剩余期限结构

（三）交易对手结构稳定，以境内商业银行为主

2018 年末财务公司行业存放同业以境内商业银行为交易对手的余额占比达 94.28%，较上年末下降 0.96 个百分点，交易对手结构继续保持稳定，高度集中于境内商业银行（见表 11-1）。

表 11-1 存放同业余额交易对手分布

单位：亿元，%

交易对手	2017年余额	2017年占比	2018年余额	2018年占比
境内商业银行	21480.14	95.24	23173.30	94.28
境外金融机构	603.09	2.67	803.28	3.27
境内其他银行业金融机构	412.69	1.83	567.03	2.31
境内证券业金融机构	19.43	0.09	23.90	0.10
境内其他金融机构	37.73	0.17	11.05	0.04
境内保险业金融机构	—	—	—	—
合计	22553.07	100	24578.55	100

（四）行业分布较为均匀，外币余额主要集中于石油化工

存放同业余额行业占比方面，2018年末财务公司行业存放同业余额主要分布于17个行业，分布结构整体趋于均匀；其中军工、建筑建材等行业存放同业余额占比超过10%。外币存放同业余额行业占比方面，2018年末财务公司行业超过60%的外币存放同业余额集中于石油化工行业，集中度较高，这主要由石油化工行业规模、经营特征所决定（见表11-2）。

表 11-2 存放同业分行业余额、占比及币种结构

单位：亿元，%

行业	2017年			2018年		
	余额	总额占比	外币占比	余额	总额占比	外币占比
军工	3125.00	13.86	6.49	3493.83	14.21	3.48
建筑建材	2654.77	11.77	7.13	3004.27	12.22	6.15
石油化工	1940.53	8.60	52.34	2334.58	9.50	64.30
电力	1305.29	5.79	2.58	1783.40	7.26	2.08
投资控股	1285.67	5.70	1.78	1715.05	6.98	1.53
煤炭	1417.71	6.29	0.02	1671.87	6.80	0.02
交通运输	1777.79	7.88	5.66	1658.38	6.75	3.93
电子电器	1755.92	7.79	7.84	1530.05	6.23	3.71
民生消费	1153.41	5.11	0.02	1504.96	6.12	0.04
机械制造	1362.59	6.04	5.60	1395.53	5.68	5.15
汽车	1261.18	5.59	0.81	1376.50	5.60	0.77

续表

行业	2017 年			2018 年		
	余额	总额占比	外币占比	余额	总额占比	外币占比
其他	1343.58	5.96	0.15	1114.53	4.53	0.09
有色金属	579.67	2.57	4.64	615.52	2.50	4.42
钢铁	594.69	2.64	3.08	527.43	2.15	2.64
商贸	341.05	1.51	0.98	390.90	1.59	0.84
农林牧渔	525.62	2.33	0.85	346.56	1.41	0.82
酒店旅游	128.62	0.57	0.03	115.21	0.47	0.03
合计	22553.07	100	100	24578.55	100	100

注：外币占比指某行业外币存款余额占财务公司行业总外币存款余额的比重。

三 同业拆借

（一）拆放同业

1. 拆放同业余额呈增长趋势，外币占比有所回落

2018 年末财务公司行业本外币拆放同业余额折合人民币为 561.01 亿元，同比增长 31.58%；其中，外币折合人民币余额占比由上年末的 8.72% 下降至 2018 年末的 4.92%，与近年来美元持续加息、美元拆借价格走高有一定关系（见图 11-5）。

图 11-5 拆放同业余额及外币占比

2. 拆放同业剩余期限结构变化较大

2018年末财务公司行业拆放同业剩余期限较上年相比变化较大，期限分布更加均匀，且剩余期限在1年以上的拆放同业余额占比大幅提升至10.34%（见图11-6）。

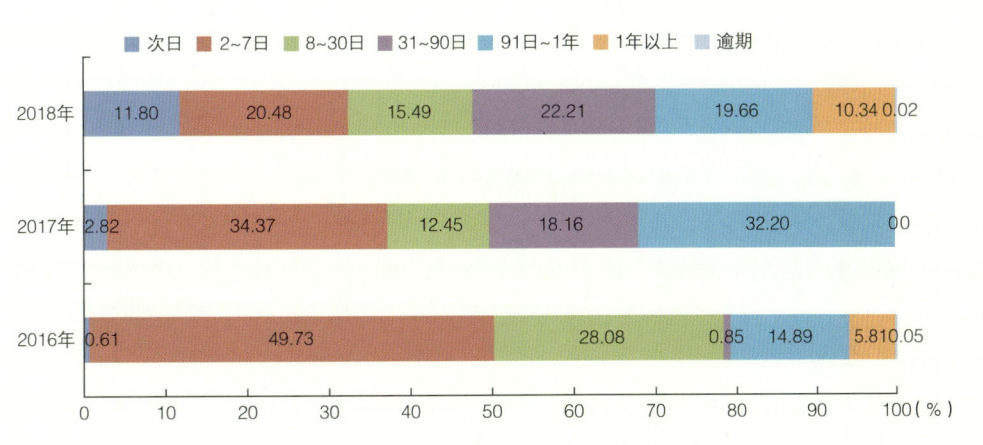

图11-6 拆放同业余额剩余期限结构

3. 交易对手以境内其他银行业金融机构为主

2018年财务公司行业拆放同业余额交易对手仍以境内其他银行业金融机构为主，占比为63.16%；2018年以境内商业银行为交易对手的拆放同业余额占比较上年末的22.67%下降至16.09%，以境内其他金融机构为交易对手的拆放同业余额占比较上年末的3.87%大幅上升至16.51%，交易对手结构变化明显（见图11-7）。

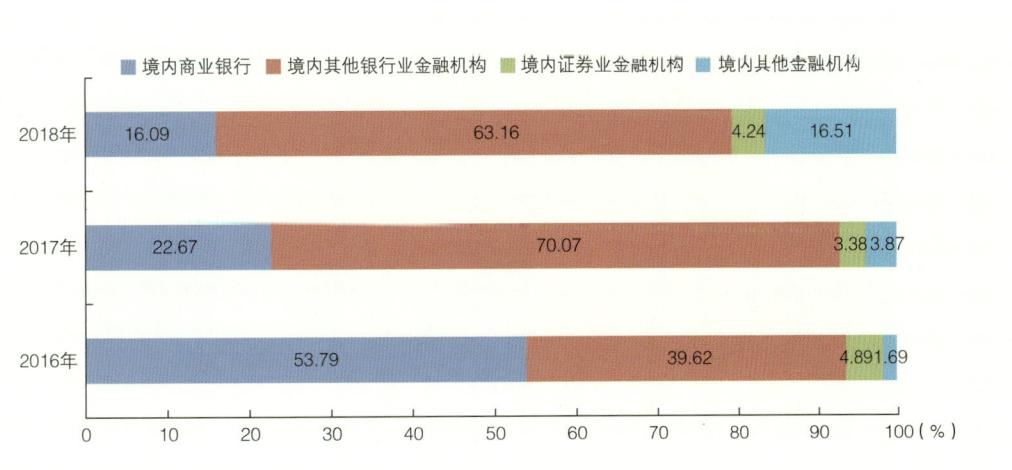

图11-7 拆放同业余额交易对手结构

4. 行业集中度有所下降，内部结构变化明显

从增长情况看，2018 年末财务公司行业拆放同业余额较上年末增长金额较大的行业为煤炭、机械制造、汽车、投资控股等行业。从占比情况看，2018 年末财务公司行业拆放同业余额主要分布于石油化工、电力、汽车、交通运输等行业，其中石油化工、电力两个行业占比合计超过 40%，但该两个行业拆放同业余额占比较上年末均有所下降（见表 11-3）。

表 11-3　拆放同业余额行业分布

单位：亿元，%

行业	2017 年余额	2017 年占比	2018 年余额	2018 年占比
石油化工	176.74	41.45	186.50	33.24
电力	48.00	11.26	61.00	10.87
其他	38.00	8.91	48.00	8.56
汽车	28.50	6.68	45.50	8.11
交通运输	33.40	7.83	40.42	7.20
煤炭	16.00	3.75	34.00	6.06
机械制造	7.72	1.81	32.31	5.76
投资控股	8.00	1.88	30.00	5.35
有色金属	16.66	3.91	29.79	5.31
军工	39.00	9.15	25.00	4.46
电子电器	8.00	1.88	13.00	2.32
农林牧渔	–	–	12.50	2.23
钢铁	3.96	0.93	3.00	0.53
建筑建材	–	–	–	–
酒店旅游	–	–	–	–
商贸	1.40	0.33	–	–
民生消费	1.00	0.23	–	–
合计	426.38	100	561.01	100

案例 11-1 江铜财务公司业务转型主动出击，拓展同业网络

近年来由于资管新规及监管政策的影响，财务公司有价证券投资业务受到一定限制，在此背景下，如何充分利用财务公司闲置资金，在合法合规、风险可控的前提下提升资金使用效率，成为江铜财务公司亟待解决的难题。

在此形势下，江铜财务公司化被动为主动，前往多个城市与多家财务公司进行现场沟通交流，了解其资金特点，通过互授信方式构建彼此间的同业拆借网络。

江铜财务公司根据当天头寸安排进行同业资金拆借安排，通过公司投审会集体决策后，根据投审会的决议安排开展同业拆借业务，并在业务办理过程中严格控制拆借业务风险。江铜财务公司在同业拆借业务事前、事中、事后阶段分别制定了不同对策防控风险。事前阶段，严格开展授信调查，除一般授信审查之外还加入了征信和反洗钱审查要求，通过全面的风险排查了解授信对象各方面情况；事中阶段，及时跟进拆借资金的到期偿还情况，及时提醒对手方资金归还日期，更好地进行资金计划；事后阶段，在拆借交易到期之后，仍将对手方列入关注列表，注意其负面及舆情情况，为之后的交易做好风险防控。

2018 年江铜财务公司共与 11 家财务公司、13 家银行、5 家资产管理公司、5 家基金公司及 1 家信托公司建立了授信关系，全年共计办理同业拆入拆出 33 笔，金额累计超过 70 亿元，同业拆出业务收益超过 900 万元，为公司资金高效运用提供了有效途径。

（二）同业拆入

1. 同业拆入余额稳定增长，外币占比小幅下降

拆入余额方面，2018 年末财务公司行业本外币同业拆入余额折合人民币 1208.57 亿元，同比增长 10.15%；外币占比方面，2018 年末财务公司行业外币拆入折合人民币余额 752.15 亿元，占比 62.23%，保持相对稳定状态，继 2013 年以来一直保持在 60% 以上（见图 11-8）。财务公司行业充分运用主动负债工具、利用同业市场补充本外币头寸、提高资金管理效率。

图 11-8 同业拆入余额及外币占比

2. 同业拆入期限主要集中于 2～7 日，结构保持稳定

2018 年末财务公司行业同业拆入剩余期限主要集中于 2～7 日，占比达到 66.84%（见图 11-9），行业充分利用同业拆入产品补充临时性营运资金缺口、支持资金头寸管理、保证资金支付结算。

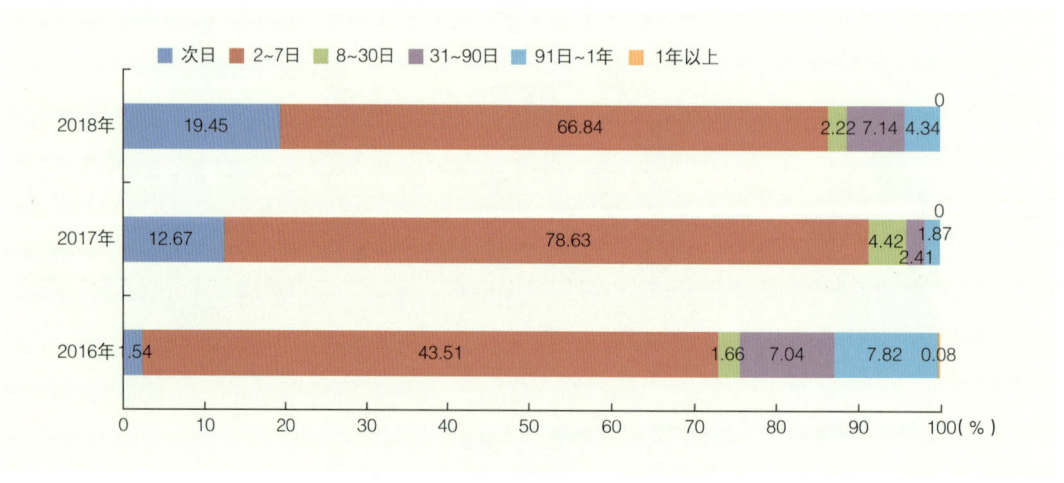

图 11-9 同业拆入余额剩余期限结构

3. 交易对手结构变化较大，以境内商业银行为主

2018 年末财务公司行业同业拆入余额交易对手结构变化较大，其中以境外金融机构为交易对手的余额占比从上年末的 62.13% 下降至 57.67%；以境内商业银行为交易对手的同业拆入余额占比由上年末的 24.24% 大幅上升至 27.97%（见图 11-10）。

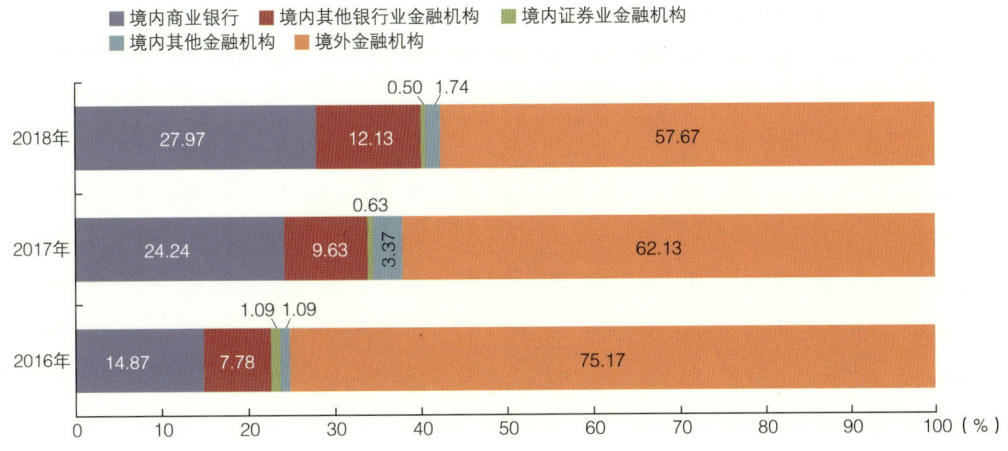

图 11-10　同业拆入余额交易对手结构

4. 行业集中度相对较高，结构整体变化较大

从增长情况看，2018 年末财务公司行业同业拆入余额较上年末增长金额较大的行业为电子电器、农林牧渔、机械制造等行业。从占比情况看，2018 年末财务公司行业同业拆入余额主要分布于石油化工，占比达到 63.96%，但石油化工行业存放同业余额占比较上年末下降 7.02 个百分点，而农林牧渔和机械制造行业占比较上年末分别提升 3.52 个百分点和 4.62 个百分点（见表 11-4）。

表 11-4　同业拆入余额分布

单位：亿元，%

行业	2017 年余额	2017 年占比	2018 年余额	2018 年占比
石油化工	778.71	70.97	772.96	63.96
电子电器	50.86	4.64	80.76	6.68
电力	84.00	7.66	70.00	5.79
农林牧渔	17.20	1.57	61.52	5.09
机械制造	3.33	0.30	59.46	4.92
投资控股	19.65	1.79	35.05	2.90
钢铁	19.21	1.75	31.06	2.57
商贸	7.96	0.73	31.06	2.57
交通运输	17.86	1.63	22.00	1.82
有色金属	41.40	3.77	21.00	1.74
军工	30.00	2.73	10.00	0.83

续表

行业	2017年余额	2017年占比	2018年余额	2018年占比
民生消费	5.00	0.46	8.70	0.72
汽车	2.00	0.18	5.00	0.41
煤炭	–	–	–	–
建筑建材	20.00	1.82	–	–
酒店旅游	–	–	–	–
其他	–	–	–	–
合计	1097.18	100	1208.57	100

四　买入返售与卖出回购

（一）买入返售

1. 年末余额大幅回落，剩余期限分布较为集中

2018年末财务公司行业买入返售资产余额为899.89亿元，同比下降25.33%（见图11-11）。

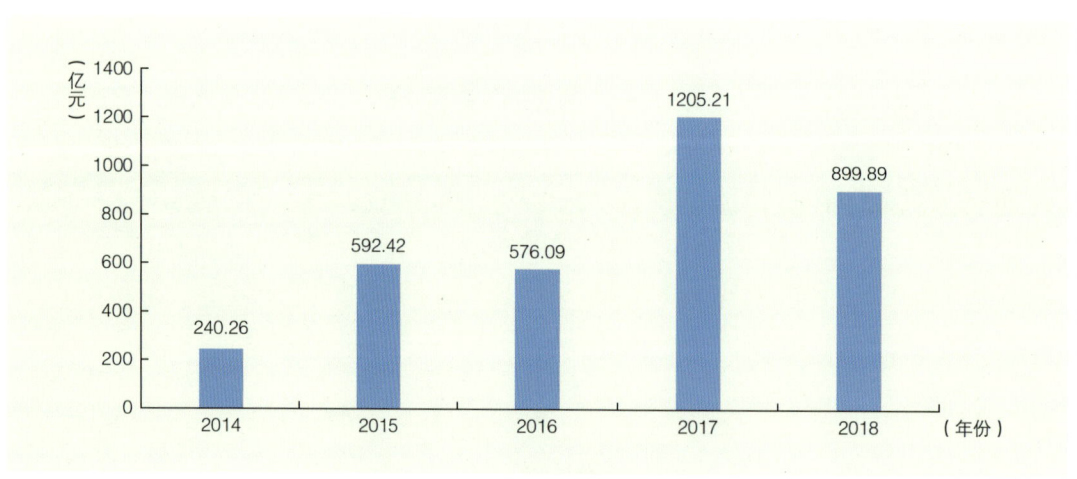

图11-11　买入返售资产余额

2018年财务公司行业买入返售资产剩余期限主要集中于2～7日、8～30日，占比合计为81.53%，呈现出较高的集中度，展现出支持同业机构补充流动资金的特点，与买入返售产品主要用途及银行间市场整体特征相符（见图11-12）。

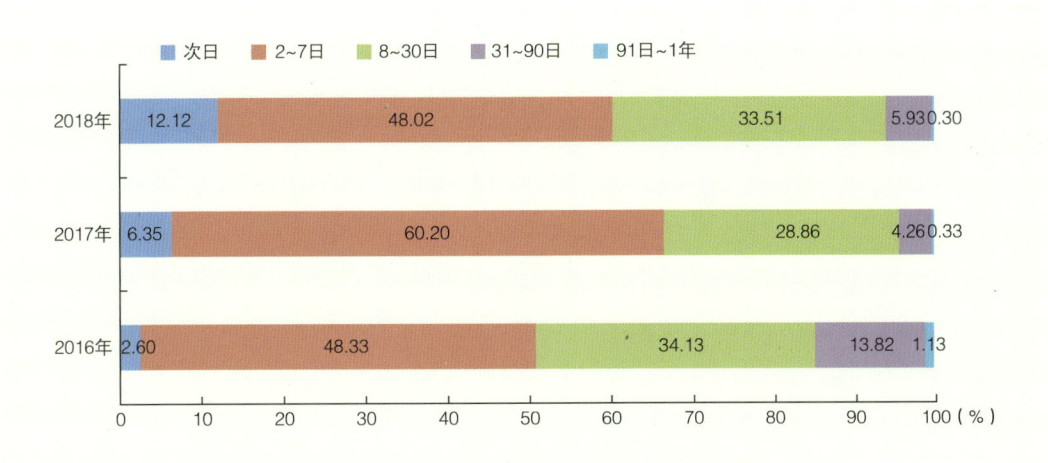

图 11-12 买入返售资产余额剩余期限结构

2. 交易对手结构相对稳定，质押品全部为债券

交易对手结构方面，2018 年末财务公司行业买入返售业务交易对手以境内商业银行、境内证券业金融机构、境内其他金融机构为主，余额占比合计超过 90%，交易对手结构保持相对稳定状态（见图 11-13）。

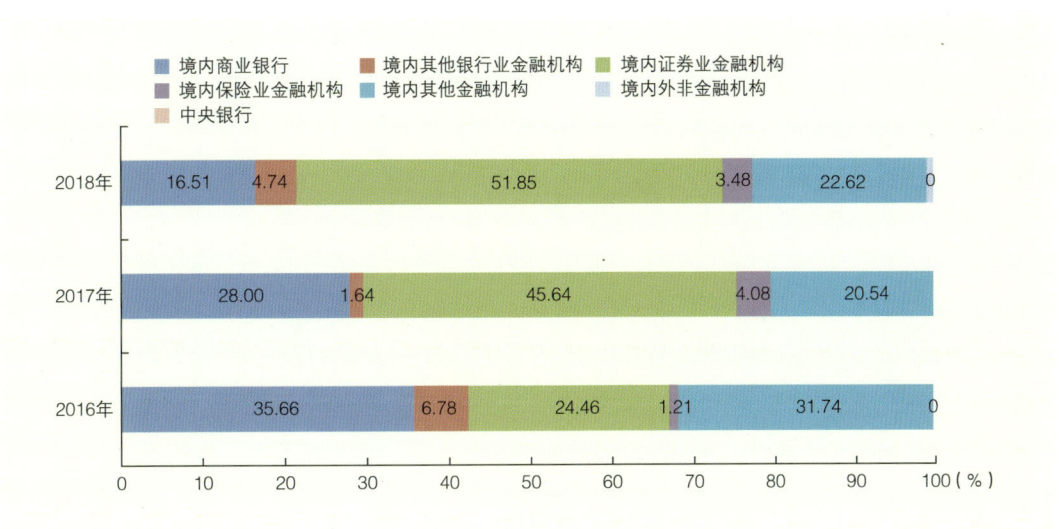

图 11-13 买入返售余额交易对手结构

质押品结构方面，2018 年末财务公司行业买入返售质押品仍然全部为债券，买入返售业务目前财务公司行业仅在银行间和交易所市场开展债券逆回购业务，未有财务公司开展以股票或其他资产为质押品的买入返售业务。

3. 行业结构趋于均衡，行业分布变化较大

从增长情况看，2018年末财务公司买入返售交易余额较上年末相比呈现涨跌互现情况，其中，机械制造、交通运输、军工、有色金属、建筑建材、农林牧渔等行业均有所增长；而电力、石油化工、电子电器等行业买入返售余额较上年末大幅下降，分别下降278.68亿元、113.30亿元、61.35亿元。从占比情况看，2018年末财务公司行业买入返售交易余额分布较上年末趋于均衡，其中电力、机械制造、电子电器、石油化工等行业占比超过10%，四个行业买入返售交易余额占比合计近50%（见表11-5）。

表11-5　买入返售资产余额行业分布

单位：亿元，%

行业	2017年余额	2017年占比	2018年余额	2018年占比
电力	420.29	34.87	141.61	15.74
机械制造	68.04	5.65	112.03	12.45
电子电器	157.39	13.06	96.04	10.67
石油化工	204.75	16.99	91.45	10.16
交通运输	29.66	2.46	82.03	9.12
钢铁	63.30	5.25	57.75	6.42
军工	32.34	2.68	56.01	6.22
投资控股	58.36	4.84	49.76	5.53
有色金属	23.33	1.94	49.09	5.46
其他	38.17	3.17	45.82	5.09
建筑建材	19.00	1.58	44.00	4.89
农林牧渔	14.48	1.20	39.71	4.41
煤炭	18.07	1.50	23.74	2.64
酒店旅游	2.20	0.18	9.40	1.04
民生消费	3.20	0.27	1.25	0.14
汽车	51.73	4.29	0.20	0.02
商贸	0.90	0.07	—	—
合计	1205.21	100	899.89	100

（二）卖出回购

1. 卖出回购资产余额大幅增长，期限结构均衡

2018 年末财务公司行业卖出回购资产余额为 574.24 亿元，同比增长 27.71%（见图 11-14），财务公司行业存量资产利用效率持续提升，在金融市场主动负债的能力逐渐增强，支持实体经济发展的职能得以继续完善。

图 11-14　卖出回购资产余额

2018 年财务公司行业卖出回购资产剩余期限分布较为均衡，与上年相比基本持平（见图 11-15）。

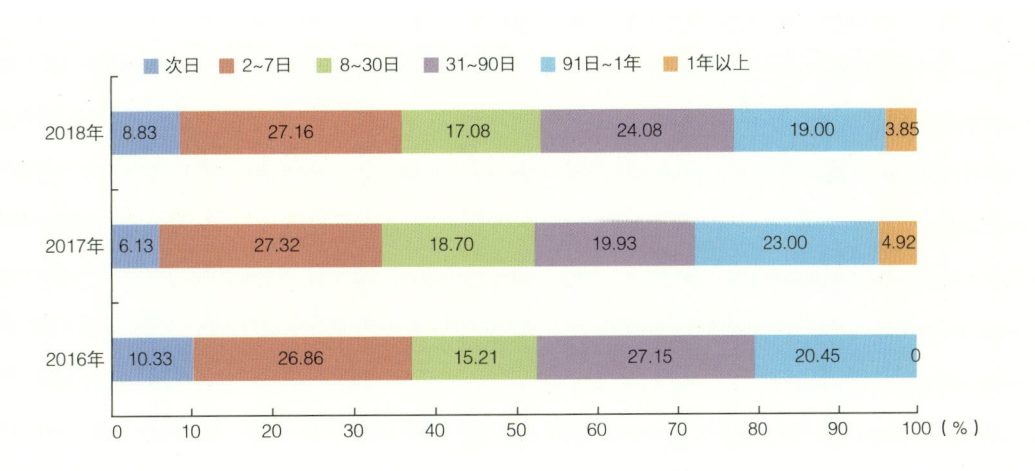

图 11-15　卖出回购资产余额剩余期限结构

2. 交易对手以央行和境内商业银行为主，质押品日趋多样化

交易对手方面，2018年末财务公司行业卖出回购资产主要以中央银行和境内商业银行为交易对手，两项余额占比合计为74.53%，占比较上年末下降2.72个百分点，交易对手结构分布较为稳定（见表11-6）。

表 11-6 卖出回购资产余额交易对手分布

单位：亿元，%

交易对手	2017年余额	2017年占比	2018年余额	2018年占比
中央银行	192.55	42.82	250.04	43.54
境内商业银行	154.82	34.43	177.95	30.99
境内证券业金融机构	47.56	10.58	60.56	10.55
境内其他银行业金融机构	7.42	1.65	45.15	7.86
境内其他金融机构	33.90	7.54	25.11	4.37
境内保险业金融机构	13.41	2.98	13.23	2.30
境外金融机构	-	-	2.20	0.38
境内外非金融机构	-	-	-	-
合计	449.66	100	574.24	100

质押品方面，2018年末财务公司行业卖出回购资产质押品以债券和票据为主，二者合计占比达到77.60%（见图11-16）。财务公司行业在紧随国家供给侧结构性改革政策，努力盘活存量资产，提高资产使用效率，增强自身主动融资能力，更好地服务实体经济发展。

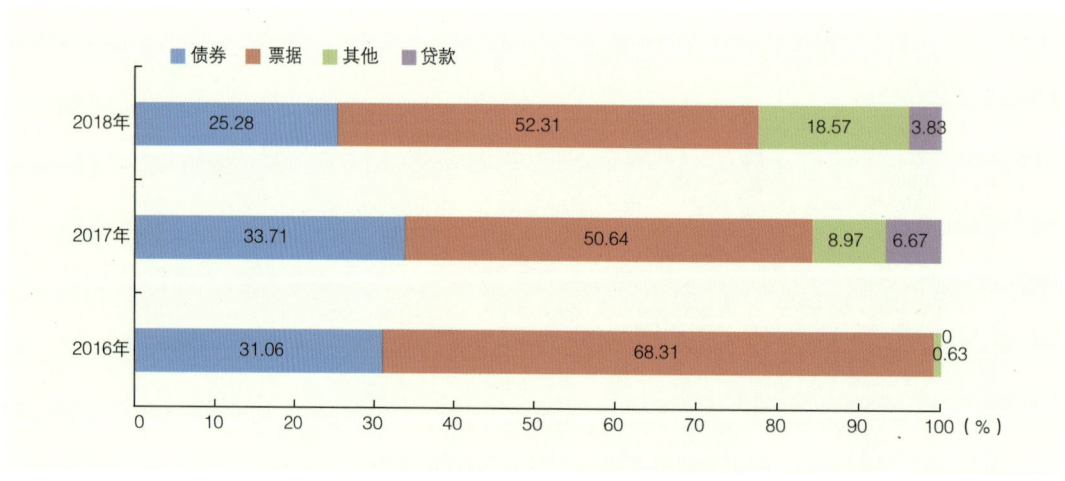

图 11-16 卖出回购资产余额质押品结构

3. 行业结构有所变化，分布更加集中

从增长情况看，2018年末财务公司行业卖出回购资产余额较上年末增长金额较大的为石油化工、有色金属、电子电器、农林牧渔等行业；较上年末下降金额较大的为交通运输行业。从占比情况看，2018年末财务公司行业卖出回购资产余额主要分布于石油化工、有色金属、电子电器、农林牧渔、钢铁等行业，五个行业卖出回购资产余额占比合计为65.33%（见表11-7）。

表11-7 卖出回购资产余额行业分布

单位：亿元，%

行业	2017年余额	2017年占比	2018年余额	2018年占比
石油化工	74.91	16.66	128.60	22.39
有色金属	68.10	15.15	87.77	15.29
电子电器	39.32	8.74	60.59	10.55
农林牧渔	22.18	4.93	50.18	8.74
钢铁	44.80	9.96	47.98	8.36
交通运输	67.01	14.90	39.36	6.85
煤炭	36.90	8.21	30.85	5.37
民生消费	26.38	5.87	27.84	4.85
商贸	20.73	4.61	26.23	4.57
投资控股	8.53	1.90	23.80	4.14
军工	10.18	2.26	20.14	3.51
建筑建材	4.93	1.10	12.88	2.24
机械制造	7.82	1.74	12.62	2.20
汽车	9.15	2.03	4.91	0.85
其他	7.19	1.60	0.48	0.08
电力	1.52	0.34	—	—
酒店旅游	—	—	—	—
合计	449.66	100	574.24	100

五 其他同业业务

（一）信贷资产转让业务

2018年度财务公司行业信贷资产转让（含票据）发生额 1067.57 亿元，同比小幅下降 3.10%。其中信贷资产转入发生额 188.08 亿元，同比大幅下降 60.13%；信贷资产转出发生额 879.49 亿元，同比大幅增长 39.60%（见图 11-17）。

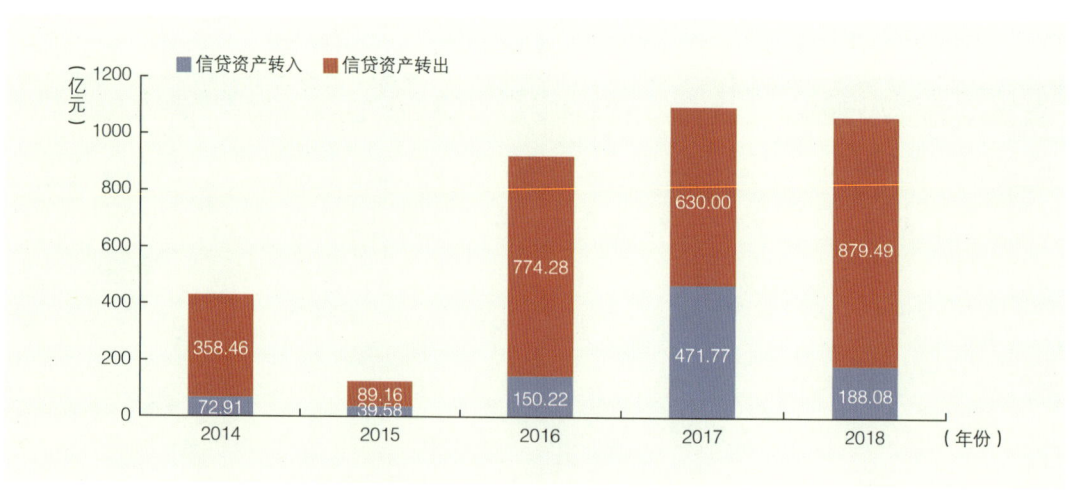

图 11-17　信贷资产转让发生额

（二）票据转贴现业务

2018年财务公司行业票据转贴现业务发生额 961.79 亿元，较上年同期增长 5.50%（见图 11-18），我国上海票据交易所的建立及票据市场基础设施逐步完善，为财务公司行业票据转贴现业务发展带来良好机遇。

在物理载体方面，2018年末财务公司行业票据转贴现中电票转贴现发生额占比 97.94%，占比较上年提升 0.42 个百分点；纸票转贴现占比 2.06%，占比较上年下降 0.42 个百分点（见图 11-19）。

总体而言，2018年财务公司行业同业业务保持稳定增长态势，币种、期限、行业等各维度的业务结构呈现适度调整，积极顺应同业市场政策及行情变化，财务公司行业同业金融资源得以有效利用，为所属集团资金配置效率提升、资金来源渠道拓展及金融资源有效整合发挥了重要作用。

图 11-18　票据转入与转出发生额变化

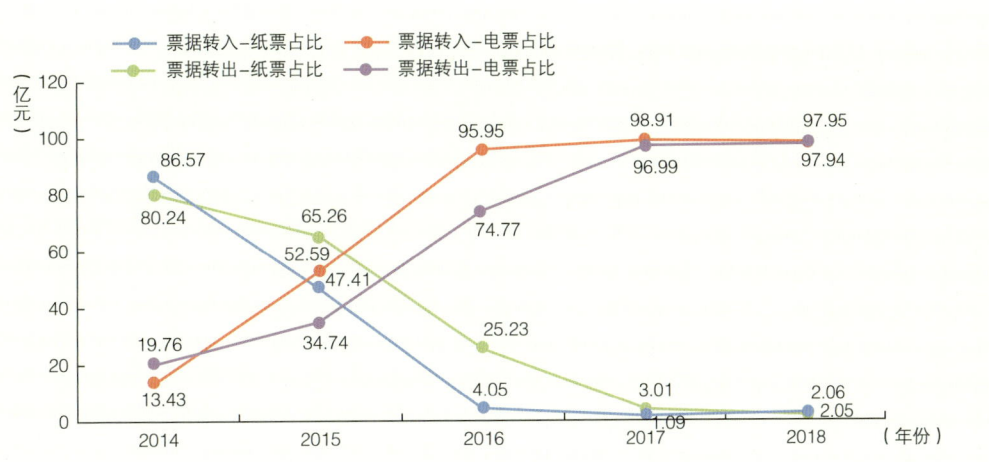

图 11-19　票据转贴现电票与纸票占比变化

第十二章
中间业务*

一 总体情况

（一）大多数业务规模持续提升，业务短板较为突出

随着财务公司行业金融信用水平和市场认可度的不断提升，财务公司行业基于自身资信能力为实体经济发展提供多方面的金融支持，财务公司行业中间业务取得长足发展。2018年度财务公司行业结算业务发生额433.17万亿元，同比增长23.22%；承诺类余额5064.30亿元，同比增长6.33%；担保业务发生额1031.55亿元，同比下降19.05%，主要受融资性担保大幅下降所致；票据承兑业务发生额8460.34亿元，同比增长22%；委托贷款业务余额19274.54亿元，同比增长1.83%；委托投资业务余额1074.96亿元，同比下降2.69%；保险代理发生额14.20亿元，同比下降61.96%。

随着我国金融市场的逐渐深化、实体经济发展日趋多元化与国际化，产融结合、以融促产已成为许多跨国企业集团实现业务转型、创新发展的重要模式。财务公司作为企业集团内部银行，其承担的为集团主业发展提供各项金融服务的基本职能发挥着越来越重要的作用。但与此同时，财务公司行业部分中间业务仍没有得到较好发展，比如委托投资、保险代理、债券承销等。

（二）业务范围逐渐丰富，助推司库职能得以不断完善

随着国际司库管理与财资管理理念在我国各领域逐渐深化，财务公司作为依托产

---

* 如无特殊说明，本章数据来源于中国财协统计报表。如无特别说明，本章的数据均为合并报表口径数据；其中各业务的剩余期限结构数据为境内口径数据。

业、服务实体经济的金融机构，与其他金融机构相比，具有非常明显的产融特征。在实体经济转型发展新时代，在产融结合深化发展新时期，财务公司国际司库管理职能在实体经济发展中发挥的作用日益凸显，为财务公司中间业务的快速发展带来新的机遇。2018年财务公司行业在开展基础中间业务的同时，充分利用财务公司金融资源及专业能力，积极探索拓展金融咨询服务，在企业集团融资支持、外汇风险管理、信息决策支撑等领域的作用日益突出，金融服务能力持续提升。

（三）中间业务收入大幅下降，结算收入降额较大

中间业务收入方面，2018年度财务公司行业来自中间业务的收入为40.32亿元，同比大幅降低39.88%，主要是结算业务收入、债券承销业务收入、财务顾问收入大幅下降所致；2018年中间业务收入占当年度总收入的比重为2.97%，比重较上年下降2.83个百分点（见图12-1）。

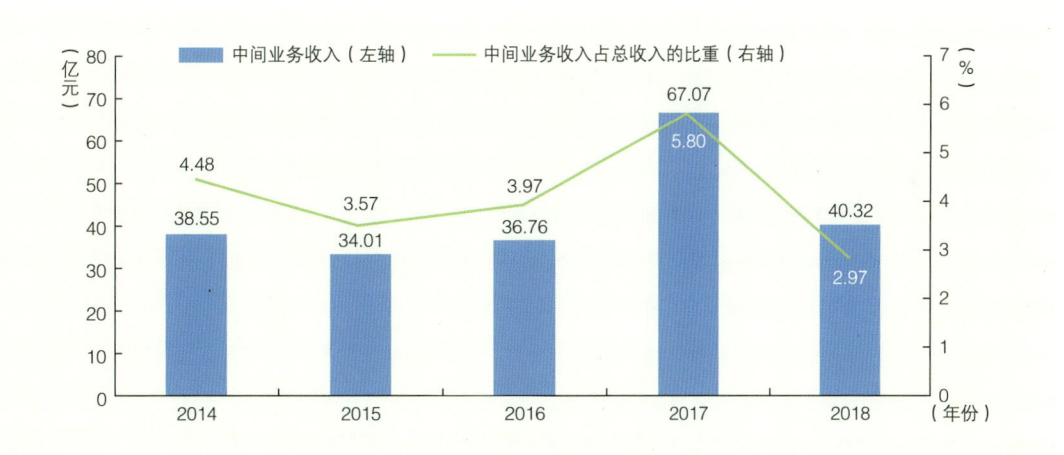

图12-1 中间业务收入及占比变化

收入结构方面，2018年财务公司行业中间业务收入主要来源于结算业务、委托贷款业务及其他业务，收入占比分别为9.42%、23.54%、48.66%（见图12-2）。

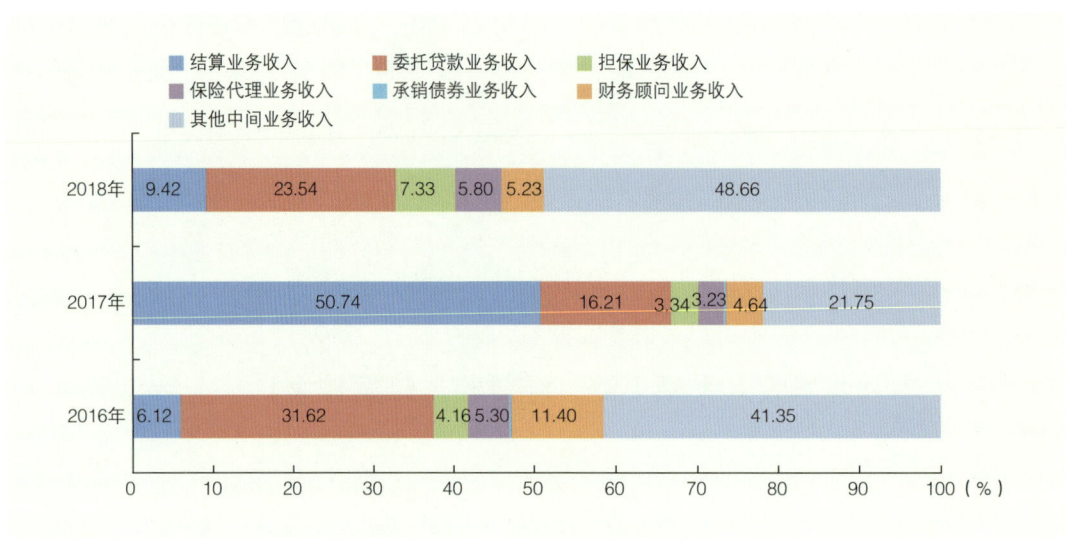

图 12-2　中间业务收入结构

二　结算业务

（一）结算金额逐年增长，结算集中管理力度提升

2018 年度财务公司行业结算金额总计 433.17 万亿元，较上年同期增长 23.22%（见图 12-3）。财务公司持续加强集团资金集中管理力度，资金集中带动结算集中，结算金额大幅增长，结算管理作用显著。

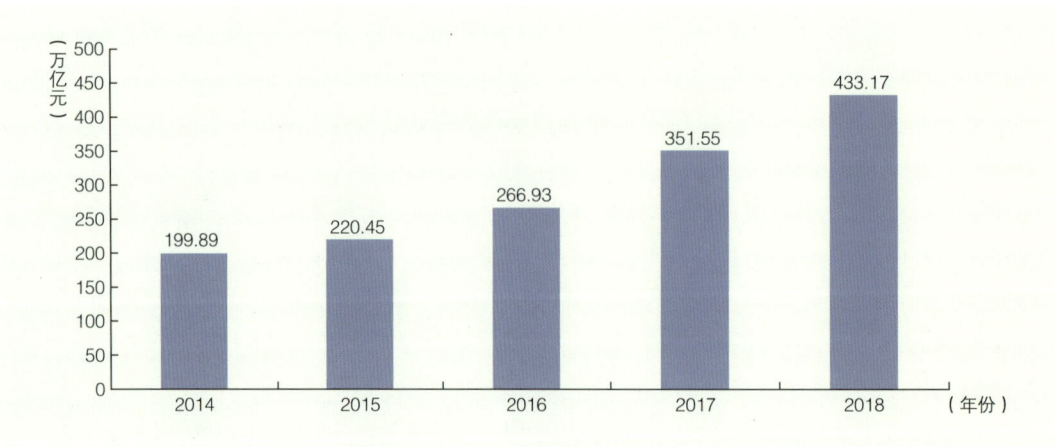

图 12-3　结算金额变化

（二）多数行业金额同比增长，分布结构基本稳定

从增长情况看，除钢铁、酒店旅游等行业外，2018年其他行业结算金额较上年均呈增长态势，其中石油化工、电力、汽车三个行业结算金额较上年合计增长58.56万亿元。从占比情况看，2018年财务公司行业结算金额行业分布较为稳定，主要分布于石油化工、电力等行业，这两个行业结算金额占比合计为44.80%（见表12-1）。

表12-1 结算金额行业分布

单位：万亿元，%

行业	2017年金额	2017年占比	2018年金额	2018年占比
石油化工	88.92	25.30	118.42	27.34
电力	56.67	16.12	75.62	17.46
汽车	24.40	6.94	34.51	7.97
交通运输	27.94	7.95	28.08	6.48
军工	25.48	7.25	27.40	6.33
建筑建材	18.26	5.19	22.29	5.15
电子电器	16.04	4.56	20.93	4.83
投资控股	14.91	4.24	18.70	4.32
钢铁	17.04	4.85	16.91	3.90
有色金属	11.58	3.29	15.42	3.56
煤炭	14.33	4.08	14.78	3.41
机械制造	9.90	2.82	13.63	3.15
其他	9.50	2.70	8.14	1.88
农林牧渔	7.32	2.08	7.80	1.80
商贸	4.98	1.42	5.26	1.21
民生消费	3.50	1.00	4.70	1.08
酒店旅游	0.76	0.22	0.58	0.13
合计	351.55	100	433.17	100

（三）结算占有率相对较高，结算创新持续推进

结算占有率方面，财务公司行业结算量占所属集团结算总量的比重处于较高水平，以调查问卷统计数据分析来看，2018年有104家财务公司的结算量占集团结算量比重超过75%，有56家财务公司的结算量占集团结算量比重为51%～75%，财务公司

在企业集团资金结算管理方面发挥的作用日益重要。

结算创新方面，以调查问卷统计数据分析来看，2018年已有71家财务公司实现境内人民币代理收款业务，突破了以往仅开展境内人民币代理支付的难题，进一步拓宽了财务公司结算范围，提升了财务公司服务能力。

三 担保类业务

（一）承诺余额小幅增长，行业集中度相对较高

2018年末财务公司行业承诺余额5064.30亿元，较上年末增长6.33%，主要源于可随时无条件撤销贷款承诺的增长；其中，可随时无条件撤销的贷款承诺余额1887.25亿元，较上年末增长16.25%；不可无条件撤销的贷款承诺余额2894.91亿元，较上年末增长0.69%；其他承诺余额282.14亿元，较上年末增长6.80%（见图12-4）。

图12-4 承诺余额结构

从各行业增长情况看，2018年末财务公司行业承诺余额较上年末增长金额较大的为石油化工、汽车、军工、交通运输、投资控股等行业，增长金额合计超过900亿元。从行业占比情况看，电力、石油化工等行业承诺余额占比较高，合计达到60.23%，行业集中度相对较高（见表12-2）。

表 12-2　承诺余额行业分布

单位：亿元，%

行业	2017年余额	2017年占比	2018年余额	2018年占比
电力	1496.32	31.42	1534.42	30.30
石油化工	1391.04	29.21	1515.78	29.93
汽车	56.93	1.20	364.68	7.20
军工	93.98	1.97	348.91	6.89
建筑建材	294.96	6.19	315.49	6.23
交通运输	112.19	2.36	233.96	4.62
电子电器	394.11	8.27	182.86	3.61
投资控股	10.53	0.22	139.52	2.75
其他	–	–	115.80	2.29
机械制造	183.55	3.85	82.72	1.63
煤炭	362.05	7.60	79.79	1.58
钢铁	222.64	4.67	65.20	1.29
农林牧渔	0.24	0.01	45.90	0.91
商贸	11.64	0.24	25.63	0.51
民生消费	7.07	0.15	5.50	0.11
酒店旅游	51.30	1.08	4.14	0.08
有色金属	74.21	1.56	4.00	0.08
合计	4762.76	100	5064.30	100

（二）担保业务结构变化明显，行业特征突出

业务结构方面，2018年财务公司行业担保业务发生额1031.55亿元，较上年同期下降19.05%；其中，融资性担保业务发生额437.68亿元，较上年同期下降41.84%；非融资性担保业务发生额593.87亿元，较上年同期增长13.82%（见图12-5）。2018年融资性担保发生额占总担保发生额的比例由上年的59.05%下降至42.43%，非融资性担保发生额占比由上年的40.95%增长至57.57%。变化的主要原因有两个：一是随着监管加强，财务公司出具融资性担保更加谨慎；二是随着我国"一带一路"倡议稳步推进，基础设施领域大力发展，我国建筑业企业新签合同额持续快速增长，非融资性工程保函需求大幅提高。

图 12-5　担保业务结构

保函替代率方面，2018 年财务公司行业自开保函占成员单位当年开立保函总额的比例（简称"保函替代率"）仍处于相对较低的水平；但有部分财务公司保函业务推广效果较好，保函替代率处于较高水平。经调查问卷统计，2018 年大部分财务公司的保函替代率在 50% 以下；但有 15 家财务公司开立保函替代率为 50%~80%，有 17 家财务公司开立保函替代率已超过 80%。财务公司行业保函业务仍有较大的发展空间，随着财务公司市场信用在下游产业链的逐渐推广，财务公司行业在为实体经济发展提供信用支持方面发挥的作用将日益显著。

行业结构方面，2018 年财务公司行业担保业务主要集中于建筑建材、机械制造、投资控股等领域，三个行业占比合计为 53.71%。其中，融资性担保主要分布于建筑建材、机械制造、商贸、电子电器等行业，占比合计为 55.48%；非融资性担保主要集中于建筑建材行业，占比为 48.33%（见表 12-3）。财务公司行业担保业务的行业分布，与财务公司所属集团主营业务的行业经营特点密不可分。

表 12-3　2018 年担保业务发生额行业分布

单位：亿元，%

行业	担保总计	担保总额占比	融资性担保合计	融资性担保占比	非融资性担保占比
建筑建材	358.75	34.78	71.71	16.38	48.33
机械制造	105.01	10.18	50.46	11.53	9.18
投资控股	90.22	8.75	35.14	8.03	9.27
商贸	78.06	7.57	73.61	16.82	0.75
电子电器	72.16	7.00	47.06	10.75	4.23

续表

行业	担保总计	担保总额占比	融资性担保合计	融资性担保占比	非融资性担保占比
交通运输	46.83	4.54	1.54	0.35	7.63
农林牧渔	44.50	4.31	41.52	9.49	0.50
有色金属	44.46	4.31	38.16	8.72	1.06
军工	37.36	3.62	24.52	5.60	2.16
煤炭	36.52	3.54	32.96	7.53	0.60
石油化工	36.43	3.53	1.27	0.29	5.92
电力	29.20	2.83	2.74	0.63	4.46
钢铁	26.02	2.52	11.80	2.70	2.39
其他	10.66	1.03	—	—	1.79
民生消费	10.19	0.99	5.18	1.18	0.84
汽车	4.93	0.48	—	—	0.83
酒店旅游	0.27	0.03	—	—	0.04
合计	1031.55	100	437.68	100	100

注：融资性担保占比指某行业融资性担保发生额占财务公司行业融资性担保总额的比重；非融资性担保占比指某行业非融资性担保发生额占财务公司行业非融资性担保总额的比重。

（三）票据承兑规模大幅提升，行业特点显著

2018年财务公司行业票据承兑发生额8460.34亿元，较上年同期增长22%；其中电票承兑业务发生额8430.72亿元，较上年同期增长27.15%，电票承兑业务占比99.65%；纸票承兑业务发生额29.62亿元，较上年同期下降90.28%，纸票承兑业务占比0.35%（见图12-6）。随着我国票据市场基础设施建设日益完善、财务公司行业"一头在外"供应链金融持续推广，财务公司承兑汇票的变现渠道大幅拓宽、市场认可度大幅提升，为财务公司行业利用自身金融信用服务实体经济发展提供重要基础。

票据承兑替代率方面，2018年财务公司行业票据承兑金额占成员单位当年票据承兑总额的比例（简称"票据承兑替代率"）相对较低，但部分财务公司票据承兑业务推广效果显著。经调查问卷统计，2018年大部分财务公司的票据承兑替代率在50%以下；但有23家财务公司开立票据承兑替代率为50%~80%，有22家财务公司开立票据承兑替代率已超过80%。可见，财务公司行业票据承兑业务仍有较大发展空间，随着财务公司电子银行承兑汇票基础设施及变现渠道的逐渐完善，财务公司市场信用在上游产业链客户的认可度将继续得以提升，财务公司承兑汇票在支持成员单位支付结算、缓解资金压力、节约财务成本等方面将发挥更大作用。

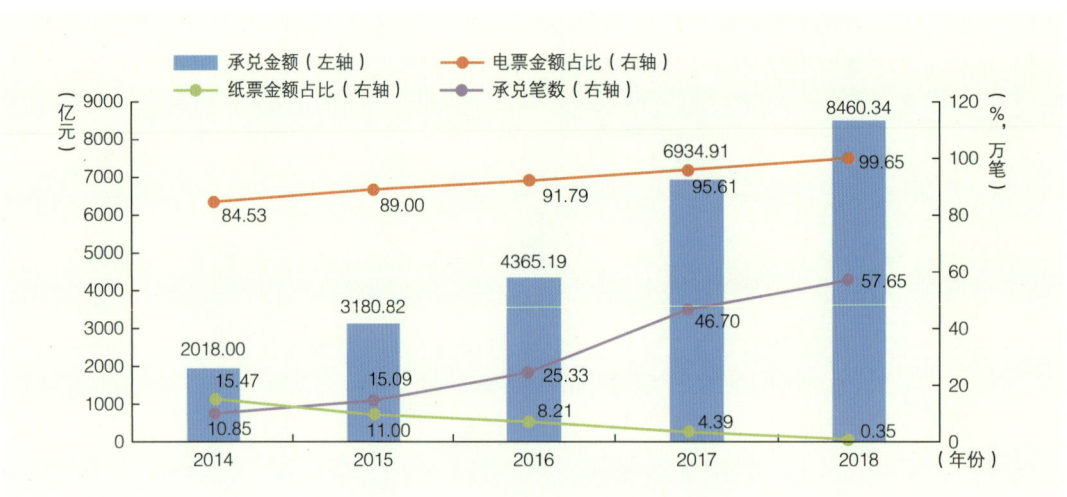

图 12-6 票据承兑金额及笔数变化

从票据承兑分行业增长情况看，2018 年财务公司行业票据承兑发生额同比增长金额较大的为电子电器、电力、汽车、机械制造等行业，其中电力行业增长超过 600 亿元。从票据承兑分行业占比情况看，2018 年财务公司行业票据承兑发生额主要分布于电子电器、电力、汽车等行业，三个行业票据承兑发生额占比合计为 45.65%（见表 12-4），上述行业财务公司借助"一头在外"供应链金融显著提高了承兑汇票的推广效果。

表 12-4 票据承兑发生额行业分布

单位：亿元，%

行业	2017 年金额	2017 年占比	2018 年金额	2018 年占比
电子电器	1273.63	18.37	1579.88	18.67
电力	529.27	7.63	1150.23	13.60
汽车	863.53	12.45	1131.62	13.38
军工	698.41	10.07	784.39	9.27
钢铁	1344.84	19.39	782.66	9.25
机械制造	333.59	4.81	756.62	8.94
石油化工	399.56	5.76	527.52	6.24
建筑建材	302.66	4.36	439.69	5.20
煤炭	214.35	3.09	291.26	3.44
有色金属	341.68	4.93	213.50	2.52
民生消费	73.64	1.06	200.05	2.36
交通运输	255.68	3.69	181.44	2.14
商贸	193.87	2.80	180.68	2.14

续表

行业	2017年金额	2017年占比	2018年金额	2018年占比
农林牧渔	55.92	0.81	151.13	1.79
投资控股	49.52	0.71	86.06	1.02
其他	4.77	0.07	3.00	0.04
酒店旅游	–	–	0.61	0.01
合计	6934.91	100	8460.34	100

四 委托类业务

（一）委托贷款余额小幅增长，主要为非现金管理项下委托贷款

2018年末财务公司行业委托贷款余额19274.54亿元，较上年同期增长1.83%（见图12-7），增幅较上年同期回落，与我国委贷新规的发布后财务公司行业对委托贷款业务审核更加严格有一定关系。其中，非现金管理项下委托贷款余额17627.19亿元，占比达91.45%；现金管理项下委托贷款余额1647.35亿元，占比为8.55%。非现金管理项下对境内委托贷款余额为17498.00亿元，对境外委托贷款余额为129.19亿元（见图12-8）。

图12-7 委托贷款余额变化

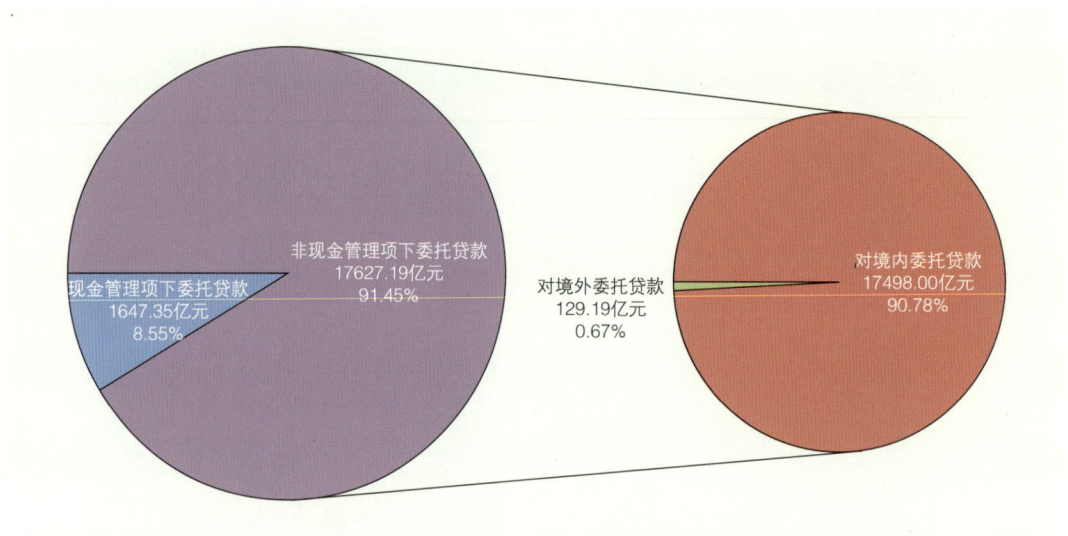

图 12-8　2018 年末委托贷款余额结构

（二）委托投资余额转为下降，企业资金回归实体经济

2018 年末财务公司行业委托投资余额 1074.96 亿元，较上年末下降 2.69%；2018 年度行业委托投资发生额 2012.74 亿元，较上年下降 21.35%（见图 12-9）。

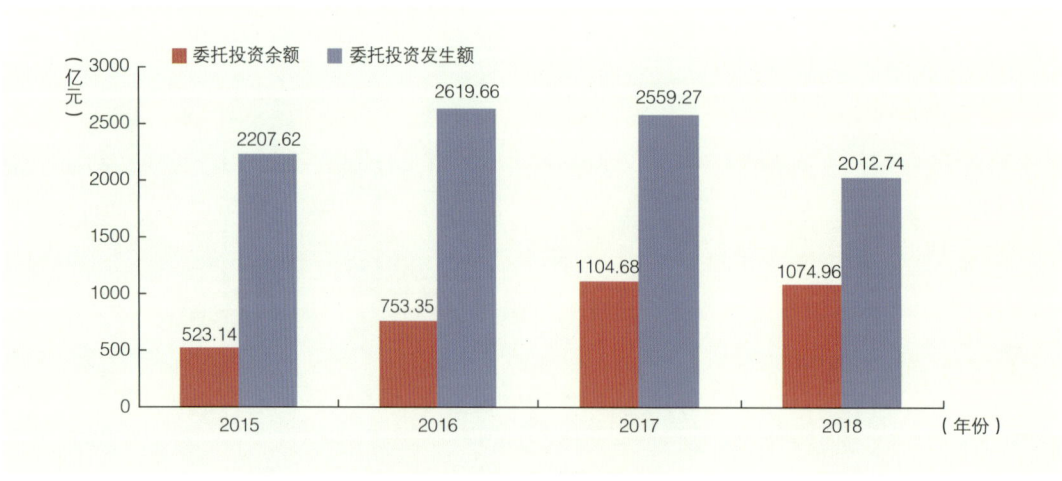

图 12-9　委托投资金额变化

（三）代开类业务实现突破，有效运用金融资源提升服务能力

2018年财务公司行业积极运用自身在商业银行的授信资源，为所属集团成员单位办理代开保函等业务，有效弥补由于财务公司市场信用尚未被部分上下游供应商所接受的服务短板，进一步丰富了财务公司业务范围、提升了整体金融服务能力。

据统计，2018年度有32家财务公司利用其在银行的同业授信额度为其成员单位累计代开非融资性保函折合人民币94.17亿元。与成员单位自行在当地银行开立保函相比，财务公司由于具有较高的资信等级和议价能力，能为所属集团公司获取更为优惠的业务办理条件，节约集团整体财务费用。

五 顾问类业务

（一）债券承销

承销规模方面，2018年财务公司行业债券承销规模为6.50亿元，较上年的9.70亿元下降3.2亿元，总体而言，财务公司行业债券承销业务尚处于发展初期，受承销资质及承销网络、承销能力等因素的制约，许多财务公司通过财务顾问、咨询服务等方式参与集团公司及成员单位的债券发行。

承销资质方面，截至2018年末，财务公司行业已有152家财务公司获批承销企业债券业务资质，占财务公司行业总家数的比例为60.08%；其中，南网财务公司、中油财务公司、中石化财务公司、国电财务公司、国电投财务公司等财务公司获得银行间市场交易商协会批准，可开展非金融企业债务融资工具承销业务。

（二）融资顾问服务

2018年财务公司行业继续强化司库管理功能发挥，充分运用财务公司金融专业优势及金融资源优势，助力所属集团融资渠道拓展，为相关企业集团高效融资、支持实业发展做出了积极贡献。

北汽财务公司积极参与北京汽车集团有限公司（简称"北汽集团"）及成员单位融资项目，逐渐完成从集团内部信用中介向服务中介转型、从单纯融资向融资加融智

转型的过程。2018年北汽财务公司协助北京汽车股份有限公司（简称"北汽股份"）成功注册可续期公司债40亿元，并完成第一期20亿元的发行工作；协助北汽股份完成100亿元公司债发行工作；协助北汽集团完成20亿元公司债发行及4期合计40亿元中票注册工作；参与北京汽车产业投资有限公司2019年私募债、海纳川汽车股份有限公司2019年公司债发行相关前期准备工作，为北汽集团及成员单位资本市场债务融资提供了全方位的融资顾问服务。

2018年中电建财务公司以财务顾问身份助力中国电建地产集团有限公司（简称"电建地产"）成功发行首笔3亿美元高级债，最终实现超额认购19亿美元，认购倍数在6倍以上，票面利率4.5%，定价显著优于近期同类房地产企业境外债发行成本，保守估计每年为电建地产节约财务费用约3600万元人民币。中电建财务公司充分利用自身金融专业优势，助力电建地产的融资路径从依靠国内资本市场的"单车道"进入境内外资本市场协同推进的"双车道"，在国内严控房地产的行业大背景下，顺利解决电建地产融资难、融资贵的问题，支持电建地产开拓境外资本市场融资途径。

海南农垦财务公司充分利用同业优势和对外担保能力，2018年主动为海南省农垦控股集团有限公司（简称"海垦集团"）在中国建设银行的"内保外贷"业务提供1120万美元的连带责任保证担保，支持海垦集团收购国际市场上大型橡胶贸易商International Pte. Ltd.；通过此种方式，海南农垦财务公司为海垦集团释放外部银行保证金1400万美元，节约集团整体财务费用，为集团增强全球橡胶市场竞争力做出了积极贡献。

2018年海亮财务公司积极参与海亮集团资本市场融资工作，协助海亮集团有限公司（简称"海亮集团"）研究银行间市场交易商协会债务融资相关规则、准备相关材料、对接沟通工作，助力海亮集团成功获批自动储架发行债务融资工具（DFI）发行资质，便利了海亮集团在资本市场上进行融资。

 案例

案例 12-1　中化工程财务公司全流程支持集团成功发行 35 亿元可交债

当前国家政策积极倡导"用好增量、盘活存量"，鼓励企业通过创新手段盘活存量资产，支持实体经济转型升级。在此背景下，根据中国化学集团"十三五"期间实现战略落地、完成转型升级的发展要求，为充分发挥资本市场融资功能，盘活上市公司存量股权资产，集团公司于2018年1月决定拟以所持有的中国化学工程股份有限公司（简称"中国化学"）股份公开发行总额不超过人民币35亿元（含35亿元）的可交换公司债券，以期实现低成本融资，促进集团生产经营提质增效，加快推进业务转型升级步伐。

中化工程财务公司充分发挥财务顾问职能，作为中国化学工程集团有限公司（简称"中国化学集团""集团公司"）可交换公司债券（简称"18 中化 EB"）发行的主要实施机构，为集团公司可交换债券发行提供方案设计、中介机构选聘、全套申报资料准备、监管审批全流程跟踪、发行要素研究与决策支持、发行后续信息披露事项维护等相关服务。中化工程财务公司支持集团公司在 60 个工作日内完成可交债发行相关国资委、上交所、证监会等监管机构全部审批流程，于 2018 年 4 月 20 日顺利完成 5 年期 35 亿元公募可交换债券发行。克服了时间紧迫、监管趋严等因素的多重影响，最终实现票面利率居市场已发行公募可交换债最低水平，在市场利率不断上行的环境下实现较低成本融资，为中国化学集团盘活存量资产开创出一条新路径。

（三）保险管理服务

保险是企业集团转移风险、防控风险的重要手段，随着我国实体企业风险管理意识的逐渐增强，保险在企业风险管理中的作用日益重要，为节约保费支出、提升保险管理质量，许多大型企业集团纷纷借助财务公司这一金融平台开展保险管理。目前财务公司利用自身金融专业及金融资源优势助力集团公司进行保险管理主要采用三种模式：一是保险代理模式，财务公司利用其保险代理资质统筹承担集团保险采购服务；二是保险经纪公司模式，财务公司通过下设保险经纪公司参与集团保险集中管理工作；三是保险顾问模式，财务公司以保险顾问角色支持集团保险统保，为企业集团保险统保显现实效做出一定贡献。

1. 保险代理模式

在保险代理模式下，财务公司主要利用保险代理资质，统筹与保险公司对接集团公司保险采购需求，协助集团公司保险业务透明管理，达到节约费用、提高保障水平、加快理赔速度、争取赔偿权益、提高管理效率、实现风险管理的目标。2018 年财务公司行业保险代理业务发生额 14.20 亿元，较上年同期下降 61.96%；保险代理手续费收入 2.34 亿元，较上年同期增长 7.93%。据统计，2018 年共有 40 家财务公司开展保险代理业务，占总家数的比例为 16%，比如中交财务公司 2018 年保险代理规模为 4.35 亿元，航天科技财务公司保险代理规模为 2.13 亿元。

京能财务公司于 2014 年申请获批保险兼业代理资格，为北京能源集团有限责任公司（简称"京能集团"）搭建"2+3+N"集约化保险管理体系，具体包括两个平台、三类保险保障和多家合作企业。两个平台是指保险代理平台和招标服务平台。京能财务公司作为保险代理平台，提供对接企业需求和保险产品的服务；北京国际电气工程有限责任公司作为集团内部的招标服务平台，为保险业务提供组织招标，组建和管理评标专家库等服务。三类保险保障是指保险保障范围全覆盖，涵盖"人身"、"财产"和"责任"三类。多家合作企业是指京能财务与多家保险公司签订了战略合作框架协议，在服务人员、出单流程、理赔机制、服务承诺、争议处理机制、违约责任等关键事项中可以获得优惠条件。通过集约化管理，京能集团保险统保效果初步显现，2018年京能财务公司累计为 25 家成员单位提供 33 次现场保险服务；累计为 13 家成员单位组织专题培训 15 场，参训人员 280 人次；累计提供现场索赔服务 16 次，协助报案 118 件；本年参与开标 12 次，询价 8 次；已到账理赔款 635.82 万元，代理保险费 1946 万元；保险代理费收入 245.79 万元；保障资产 436.55 亿元，责任保障 4.15 亿元。

南山财务公司积极参与南山集团有限公司（简称"南山集团"）保险集中管理工作，2016 年利用其保险代理资质将南山集团保险标的进行整合，采用"打包共保"模式开展集中竞价，助力集团降低保费成本，提升南山财务公司保险手续费收入，同时简化企业保险事项办理流程，提高工作效率。2018 年南山集团保险成本降幅超过 30%，南山财务公司手续费收入增长超过 1 倍；通过风险查勘和保险专员培训，企业风险防范意识和保险意识得到加强，目前南山集团财产保险必备险种投保率达 95% 以上，有效转嫁了经营风险。

2. 保险经纪公司模式

保险经纪公司模式主要是财务公司利用其对金融机构股权投资业务资质，投资设立保险经纪公司，为集团公司提供保险统保服务。国投财务公司利用其 2013 年设立的国投保险经纪有限公司（简称"国投保险经纪"）为国家开发投资集团有限公司（简称"国投集团"）提供保险集中管理服务，在国投集团保险采购、保险索赔、风险管理、保障海外业务发展等方面发挥了突出作用；2018 年国投财务公司以国投保险经纪为平台，支持集团保险管理成效显著。在支持集团降低保费方面，2018 年国投财务公司通过整合保险资源、组织实施保险集中采购，充分发挥了规模经济优势及降本增效作用，为国投集团及成员企业节约保费近 1000 万元，较总保费规模节约超过 10%；在支持集团推进保险扶贫方面，2018 年国投财务公司积极响应国家坚决打赢脱贫攻坚战的号召，充分发挥其下属国投保险经纪的专业优势，推进保险扶贫各项工作，落实扶贫项目的保险安排与理赔服务工作，助力贫困地区脱贫；在支持集团践行国家"走出去"战略及"一带一路"倡议方面，2018年国投财务公司紧随集团"走出去"步伐，加强与海外保险机构的合作，为京能集团7个海外项目提供保险服务，为集团海外项目提供全面的保险保障。

3. 保险顾问模式

保险顾问模式是指财务公司依托其较强的金融专业优势，以顾问身份参与集团公司保险统保工作中，为集团公司提供保险统保方案设计、保险采购管理、保险理赔管理、保险知识培训、保险情况统计等相关工作，助力集团公司保险实现精细化管理。

中化工程财务公司根据中国化学集团的安排，以保险顾问方式作为集团公司保险集中管理工作的具体实施机构，采取与外部专业保险经纪公司合作的模式开展统保业务，实现集团公司全险种投保理赔流程和服务标准的统一。根据中国化学集团保险工作思路，2018年中化工程财务公司采取内外部调研相结合的方式，为其设计保险统保方案；协助集团选聘出5家保险公司作为保险统一采购的承保共保体，商定了部分必保险种的统一费率和保险条款，制定保险集中管理工作要求和操作流程，确保集团保险统保工作于2018年8月按时启动；充分发挥资金结算优势，推行全集团各所属企业保险相关费用由财务公司代理支付的模式，严把保费支付关口。经过5个月的努力，2018年中化工程财务公司支持中国化学集团取得了明显低于市场平均水平的财产一切险费率，同时也确定了部分险种的限价费率，大幅减少了企业相关保费的支出；经粗略估计，与统保前相比，非车险部分保费预计节约近200万元。在实现降低保费的同时，各企业能享受的保险扩展责任也有所增多。财产一切险条款共设计了57条扩展责任，全方位保障了集团资产的安全性，使集团公司在享受更优惠的保险费率的同时，也能得到更为优质的保险服务。

（四）信息咨询服务

在产融结合日益深化的当前，企业集团经营决策及投融资运作离不开对宏观经济形势、经济金融政策、产业政策及市场行情等方面信息的充分获取。财务公司作为集团产融结合的重要平台，近年来主动发挥其产业与金融双重专业优势、信息渠道优势，以创建内部期刊、提供专属顾问服务等方式支持所属集团科学决策。比如2018年中油财务公司、中化工程财务公司、粤电财务公司、中建财务公司等机构持续以内部期刊的方式为集团公司及成员单位提供信息支持，内部期刊内容涵盖宏观经济形势解析、所属集团行业经营、海内外融资创新、金融市场资讯等内容，为集团公司科学决策提供了全方位的信息服务。

总体而言，2018年财务公司行业中间业务规模取得长足发展，金融信用水平和市场认可度不断提升，对实体经济的服务能力、服务深度与广度继续加强；2018年财务公司行业中间业务范围逐渐丰富，在助推所属集团不断完善司库职能方面发挥着越来越重要的作用。

第十三章
国际业务*

一 总体情况

（一）2018年概况

2018年，我国国际收支继续呈现自主平衡格局，外汇储备资产稳定在3万亿美元以上。2018年人民币汇率在全球货币中表现相对稳健，年初强势升值，第二季度开始走贬，年底收官呈现反弹升值态势，整体仍可称为双向波动。在此背景下，外汇管理稳中求进，财务公司国际业务资质申办与业务拓展比上年活跃。同时，2018年有21家财务公司接受过外汇监管部门的现场检查，外汇管理部门对财务公司国际业务重视程度日益增强。

2018年财务公司行业的外汇交易[1]金额是14137.43亿元。截至2018年末，持有人民币外汇即期、人民币外汇衍生品[2]、外币对和外币拆借交易会员资格的财务公司，分别为83家、16家、13家和65家，分别较上年末增加8家、2家、1家和12家。截至2018年末，分别有85家、86家财务公司作为主办企业获得跨国公司外汇资金集中运营管理、跨境人民币资金集中运营业务的资质，分别较上年末增加2家、1家。2018年财务公司开展的跨境本外币资金池的净流入金额超过200亿元。在2018年6月海南设立自贸区后，我国从内陆到沿海已设立了12个自贸区，至少有41家财务公司的注册地址在自贸区管辖范围内。上海自贸区金融改革最核心的内容自由贸易账户已经获批复制推广到海南自贸区。

截至2018年末，财务公司行业外币资产余额3218.91亿元，占全部资产比例为

---

* 本章未注明来源的数据和信息，均取自中国财协采集报表、调查问卷和案例。本章引用2018年"财务公司国际业务发展研究"课题组的研究成果。如无特别说明，金额单位是元。

[1] 统计口径包括：即期结售汇业务、人民币外汇衍生品业务和外币对业务。

[2] 包括：人民币外汇远期结售汇、外汇掉期业务和外汇货币掉期业务。

5.09%，外币负债余额2990.19亿元，占全部负债比例为5.51%。外币资产（见图13-1上图）主要是存放同业（63.36%）、外汇贷款（28.41%）及外汇投资（6.57%）。外币负债（见图13-1下图）主要是吸收外汇存款（57.11%）、同业拆入（25.15%）及应付债券（16.21%）。

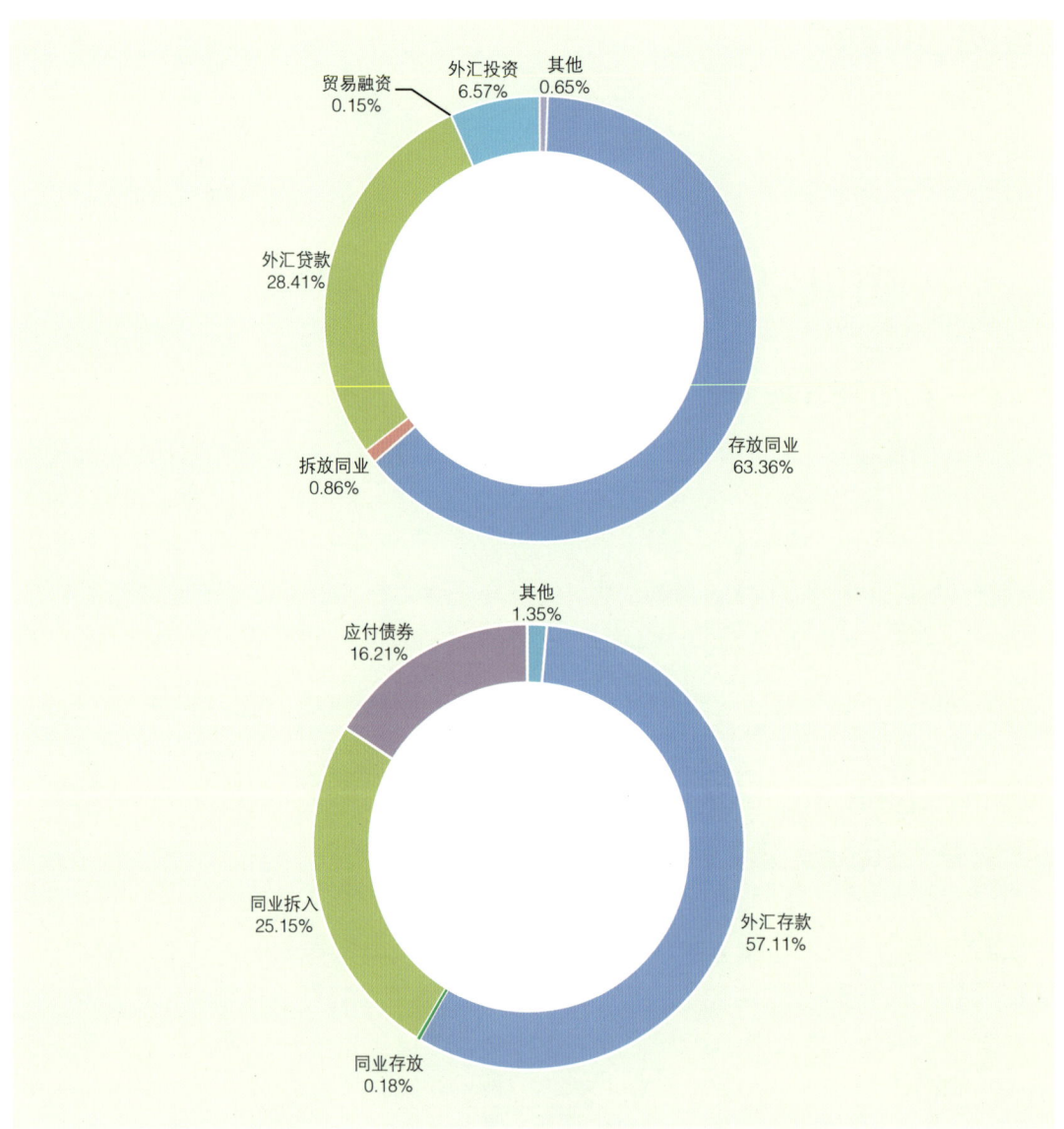

图13-1　2018年财务公司外币资产负债占比情况

近五年，外币业务净利润呈现一定的上升趋势，2018年达到新高48.88亿元，占比6.21%（见图13-2），或与会计报表折算汇率同比增长而形成的汇兑收益有一定的关系，但外币业务创造价值的潜力逐年彰显。

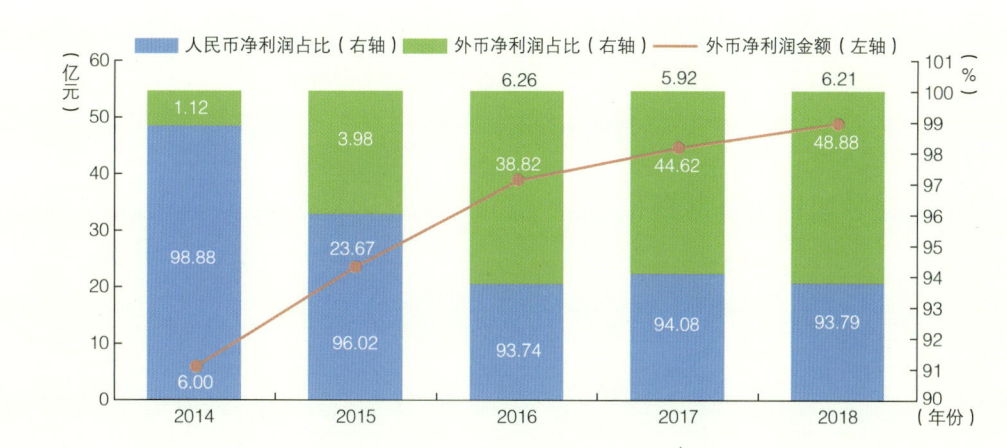

图 13-2 财务公司行业外币净利润以及本外币净利润占比趋势

目前，持有至少一项国际业务资质的财务公司超过 120 家，其中 36 家财务公司已成立独立的国际/外汇业务部，比上年新增 4 家。重汽财务公司、中广核财务公司均已设立独立国际/外汇业务部，进行专业化运营。2018 年两家公司国际业务的创新实践荣获国家级、地区级奖项。可见，财务公司国际业务创造的价值逐渐被社会认可，并为企业赢得嘉荣。

（二）国际业务和服务类型

迎着改革开放的浪潮，财务公司于 20 世纪 90 年代从探索和实践外汇贷款业务开始，不断开拓外汇交易、跨境本外币资金池和跨境人民币等各项业务和服务，并且积极参与集团境外财资管理活动。根据财务公司具有独立金融机构与集团内部企业的双重属性，财务公司国际业务和服务可归纳为国际业务和国际财资服务（见图13-3）。

国际业务，主要发挥财务公司作为金融市场的主体功能，兼具盈利性与服务性双重特点，包括外汇交易、外汇资金池、跨境人民币资金集中运营管理、自贸区、外汇投资、外币同业等业务。

国际财资服务，主要发挥财务公司作为集团内部企业的管理职能，以服务性为主，盈利性偏弱，包括集团全球资金管理、集团金融风险管理、集团境外投融资管理等服务。

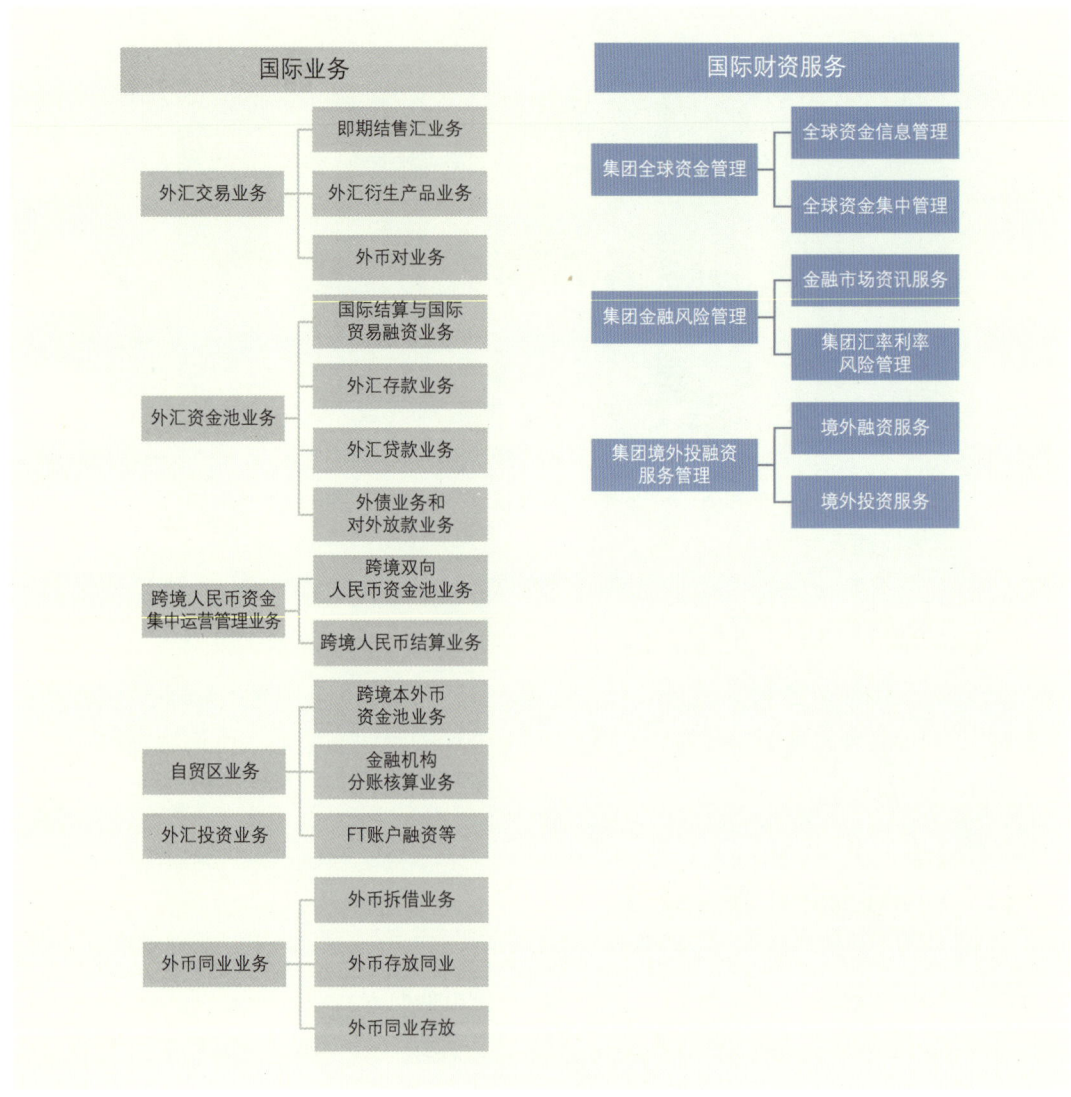

图 13-3　财务公司国际业务类型

二　外汇交易

（一）基本情况

根据中国外汇交易中心网站列示的外汇交易会员资格信息，截至 2018 年末，财务公司行业持有七类外汇交易会员资格（见表 13-1），可以开展即期结售汇业务、人民币外汇衍生品业务、外币对业务和外币拆借业务。①

表 13-1 财务公司外汇交易会员汇总

序号	人民币外汇会员名称	机构数量（家）	比上年增加（家）	说明
1	人民币外汇即期会员	83	8	
2	人民币外汇远期会员	16	2	
3	人民币外汇掉期会员	15	1	人民币外汇衍生品
4	人民币外汇货币掉期会员	5	0	
5	人民币外汇期权会员	2	0	
6	外币对会员	13	1	
7	外币拆借会员	65	12	

资料来源：根据中国外汇交易中心网站外汇市场会员资料统计整理。

即期结售汇业务是财务公司行业开展最为广泛的外汇交易业务，其次是外币拆借业务。持有这七类全部外汇交易会员资格的财务公司是美的财务公司、TCL财务公司。2018年财务公司行业的外汇交易②金额是14137.43亿元，约4.47万笔。

（二）即期结售汇业务

2018年末，有83家财务公司持有外汇即期会员资格，较上年末增加8家，③分别是港中旅财务公司、京能财务公司、中建材财务公司、松下财务公司、光明财务公司、山东晨鸣财务公司、宇通财务公司、创维财务公司。2018年财务公司行业开展即期结汇业务的金额为1124.96亿元、9759笔；开展即期售汇业务的金额为11398.46亿元、31837笔；结售汇逆差10273.50亿元，其中，中石化财务公司、中油财务公司、中化财务公司、铜陵有色财务公司和中海油财务公司的结售汇逆差占比94.05%。即期结售汇交易笔数排名前五位的财务公司分别为上汽财务公司、中化财务公司、中远海运财务公司、五矿财务公司和中油财务公司。

根据52家财务公司《财务公司国际业务发展研究课题调研问卷》（简称《问卷》）统计（见图13-4），将近69%的财务公司代客即期结售汇收取点差在30个以内，其中17%的财务公司不收取任何点差，可见，财务公司服务属性比较显著。

---

① 外币拆借业务的内容详见本章第五部分（三）外币同业业务。
② 统计口径包括：即期结售汇业务、人民币外汇衍生品业务和外币对业务。
③ 2017年持有即期会员的财务公司有76家，其中机构之一中远财务公司在2018年不再列示。

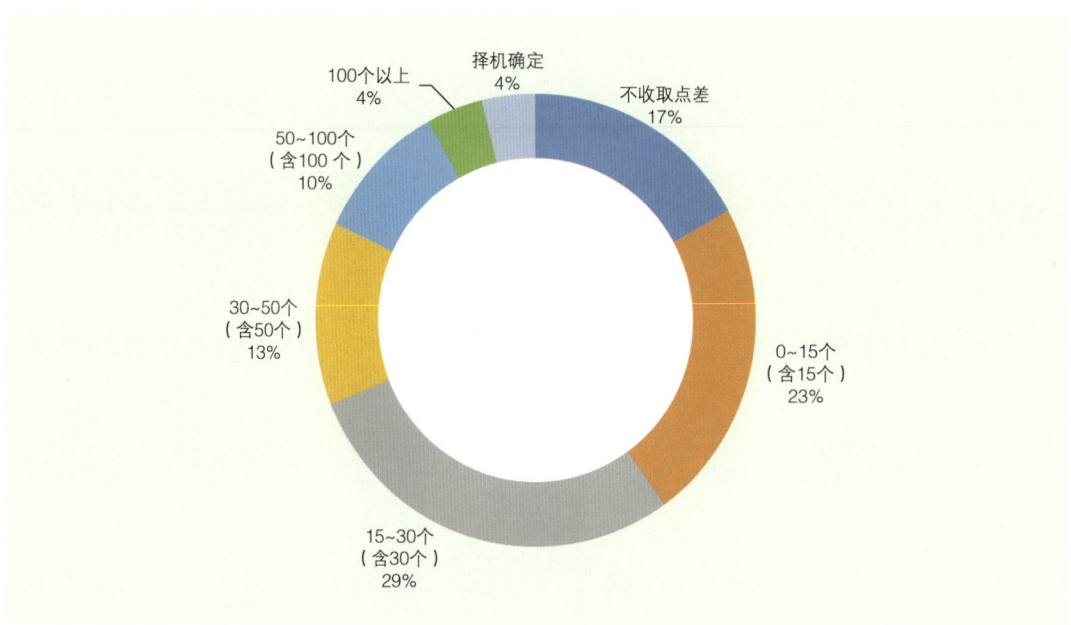

图 13-4　财务公司行业代客即期结售汇收费点差情况

 案例

案例 13-1　结售汇业务轧差交易，降本增效显著

结售汇净轧差业务是中海油财务公司根据成员单位业务需求量身定制的个性化服务方案。A 公司和 B 公司同为 X 板块下属子公司，A 公司在中海油财务公司售汇，B 公司同时在中海油财务公司购汇。在合规前提下，财务公司给予优惠定价，协助 X 板块内部降低汇兑成本，对冲汇率风险。

2018 年是结售汇净轧差业务开展的第一个完整年度，占中海油财务公司结售汇业务总笔数的 20%。中海油财务公司为 X 板块办理了 130 笔、1.1 亿美元的结售汇净轧差业务，协助 X 板块节省汇兑成本 167 万元。

净轧差业务需要北京、外地两地的 A、B 公司员工共同发起。为保证服务质量，确定客户的资金计划安排，中海油财务公司与成员单位保持了高频率的沟通和信息连通，及时了解客户购汇、结汇计划，提早安排相关业务。2018 年净轧差业务均准时办理，合规率达 100%。

案例

案例13-2　上海电气财务公司外汇业务申请"无纸化"

近年来，上海电气财务公司聚焦集团成员单位服务体验，不断探索更便捷、更高效的金融服务模式。

2018年底，为进一步提升外汇业务申请便利性，上海电气财务公司设计并开发的全新版网上银行正式上线，实现了外汇业务申请"无纸化"。全新版网银上线后，集团成员单位在网银系统上提交外汇业务申请后，不再需要打印和向财务公司传递纸质申请书，如贸易合同等审核材料也可以通过全新版网银进行提交，在实现节能环保的同时减少了纸质材料的传递，提升了业务办理效率。

（三）人民币外汇衍生品业务

2018年16家财务公司持有外汇衍生品交易资格（见表13-2），较上年末增加2家，是东方电气财务公司、中集财务公司。2018年财务公司办理人民币外汇衍生品业务[①]的金额累计1299.41亿元、1821笔，金额和笔数同比增长149.21%、605.81%，可见，财务公司行业的套期保值的服务能力与成员单位外汇风险管理意识均有所增强。

表13-2　持有衍生品交易资格的财务公司名单

序号	财务公司名称
1	TCL集团财务有限公司
2	美的集团财务有限公司
3	中广核财务有限责任公司
4	海尔集团财务有限责任公司
5	中船财务有限责任公司
6	东航集团财务有限责任公司
7	上海汽车集团财务有限责任公司
8	中海石油财务有限责任公司

---

① 人民币外汇衍生品业务的统计口径包括：远期结售汇、外汇掉期业务和外汇货币掉期业务、外汇期权业务，不包括外币对远期、外币对掉期和外币对期权业务，外币对业务的交易数据详见"（四）外币对业务"。

续表

序号	财务公司名称
9	上海电气集团财务有限责任公司
10	宝钢集团财务有限责任公司
11	申能集团财务有限公司
12	中油财务有限责任公司
13	中远海运集团财务有限责任公司
14	西门子财务服务有限责任公司
15	东方电气集团财务有限公司
16	中集集团财务有限公司

资料来源：根据中国外汇交易中心网站外汇市场会员资料整理。

1. 远期结售汇业务

2018 年财务公司代客远期结售汇金额 1240.52 亿元、1788 笔，代客远期结汇与代客远期售汇的金额基本持平。其中，代客远期结汇 569.13 亿元、1356 笔；代客远期售汇 671.39 亿元、432 笔。基于对人民币汇率双向波动的认识，财务公司所属成员单位锁定汇率，避免因汇率变化带来的不利影响。远期结售汇交易金额排名前五位的财务公司分别为中油财务公司、中船财务公司、海尔财务公司、东航财务公司、中广核财务公司；远期结售汇交易笔数排名前五位的财务公司分别为中油财务公司、中船财务公司、海尔财务公司、TCL 财务公司、宝钢财务公司。

2. 外汇掉期业务和外汇货币掉期业务

2018 年财务公司代客外汇掉期 58.89 亿元、33 笔，开展外汇掉期的财务公司包括：中油财务公司、海尔财务公司、美的财务公司、中船财务公司、上海电气财务公司、TCL 财务公司。2018 年未开展外汇货币掉期业务。

3. 外汇期权业务

2018 年财务公司未开展实质性的外汇期权业务。

（四）外币对业务

外币对业务包括外币对即期、外币对远期、外币对掉期、外币对期权。2018 年 13 家财务公司持有外币对会员资格，较上年末增加 1 家，是一汽财务公司。2018 年财务公司开展外币对业务的交易金额[①]314.59亿元、1292笔。其中：外币对即期业务269.25亿元、996笔；外币对远期业务41.72亿元、290笔；外币对掉期业务3.62亿元、6笔；未开展外币对期权业务。有10家财务公司开展外币对业务，交易金额排名前五位的财务公司分别为中油财务公司、海尔财务公司、中船财务公司、东航财务公司、西门子财务公司；外币对交易笔数排名前五位的财务公司分别为海尔财务公司、西门子财务公司、中油财务公司、东航财务公司、上汽财务公司。

三 外汇资金池

（一）基本情况

截至2018年末，85家财务公司作为主办企业获得开展跨国公司外汇资金集中运营管理（简称"跨境外汇资金池"）的资质，较上年末增加2家，分别是首钢财务公司、松下财务公司。财务公司可以开展国际结算与贸易融资业务、外汇存贷款业务、外债和对外放款业务。

（二）国际结算与国际贸易融资业务

1. 国际结算业务

2018年，40家财务公司通过国内外汇资金主账户（简称"国内主"）办理国际结算业务933.64亿元、16606笔，其中：付汇558.69亿元、13555笔；收汇374.95亿元、3051笔。国际结算方式有汇款、托收和信用证。

案例

案例13-3 海尔财务公司开展信用证业务

海尔财务公司以自身为主体开具进口信用证，对传统国际供应链金融提供商范围拓展的尝试。截至2108年底，作为行业首家开展信用证业务的财务公司，降低了集团成员单位国际结算成本，全方位管控及规避了集团信用风险，支持了集团产业发展，目前已

---

① 统计口径包括财务公司境内公司和境外子公司。

为集团境内外成员单位的全球约300家供应商开立约万笔信用证,开证规模达30亿美元,累计为企业节约超过2亿元人民币的财务成本。

海尔财务公司进口信用证业务是在经银行保兑,向受益人开出的保证规定时间内收到满足信用证要求单据的前提下,对外支付信用证指定币种和金额的结算方式。进口信用证业务包括开立、到单处理、承兑/承诺延期付款/付款(见图13-5)。

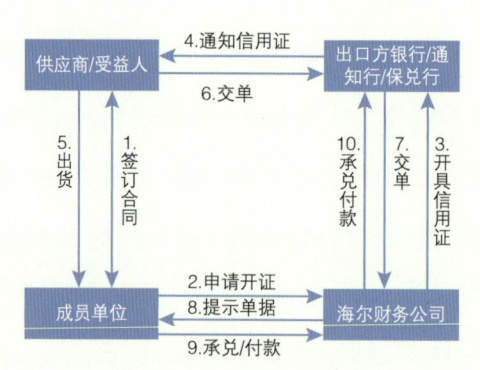

图13-5 海尔财务公司进口信用证操作流程

同时,为了提高清算速度,不断推进业务数字化,海尔财务公司于2010年作为第一家非银金融机构加入SWIFT组织,对内对接集团信息系统,对外链接境内外银行资源,搭建了自己的国际结算互联网平台,为信用证业务稳健发展保驾护航。

2. 国际贸易融资业务

截至2018年末,财务公司以外币计价的贸易融资余额4.97亿元,主要有中信财务公司、中集财务公司、海信财务公司、中化财务公司、中电建财务公司。

 案例

案例13-4 海信财务公司国际贸易融资初试水

海信财务公司的一家成员单位出口电视到欧洲、美洲、东南亚等多个地区。该成员单位上游付款账期为1个月,下游回款账期为2～3个月,收付款期限的不同,造成该公司现金流紧张,产生外币融资需求。针对此种情况,海信财务公司充分调查了该成员单位的日常贸易背景,深入工厂车间尽职调查,掌握了其电视产品从采购、生产到出口报关的货物流转的全过程,确认了该成员单位的出口收入作为最主要的还款来源。

海信财务公司于2018年11月为该公司发放了500万美元出口发票融资,标志着首笔贸易融资业务成功落地。该笔贸易融资业务拓宽了境内成员单位的融资渠道,同时完善了海信财务公司金融服务体系,是海信财务公司助力集团"国际化"战略的重要体现。

(三)外汇存款业务

2018年,104家财务公司开展了吸收外汇存款业务,较上年末增加5家,外汇存款年末余额1707.77亿元,占全部存款年末余额的3.44%。其中,财务公司通过国际外汇资金主账户(简称"国际主")跨境流入992.88亿元,年末国际主账户的余额是33.65亿元,即境外成员单位的外汇存款占全部外汇存款比例为2%。

近五年财务公司吸收外汇存款占本外币存款的比例一直在4%左右徘徊,2018年在2017年阶段性峰值后下滑0.95个百分点(见图13-6),此现象与外汇资金归集难度较大、美元兑人民币汇率双向波动等因素有关。为此,有的财务公司通过提高吸收外汇存款的定期存款利率,来提高外汇资金集中度。

图 13-6　财务公司吸收外汇存款余额和占比

(四)外汇贷款业务

2018年,71家财务公司开展了外汇贷款业务,较上年末增加2家。外汇贷款①年末余额914.36亿元,占全部贷款年末余额的3.41%(见图13-7)。

近五年外汇贷款呈逐年递减趋势,外汇贷款占全部贷款的比例也在不断降低,2018年创近五年来的新低。在人民币汇率双向波动、美元加息、套期保值成本增加等新常态下,企业不再秉持"资产本币化、外币负债化"的观念,为降低风险敞口,人民币负债置换外币负债已成为企业防范外汇风险的一种融资策略。

图13-7 财务公司外汇贷款年末余额

(五)外债业务和对外放款业务

2018年,26家财务公司经通道办理借入外债业务234.70亿元,23家财务公司经通道办理对外放款业务99.95亿元,同比上年跨境资金调剂表现较为活跃,但仍表现为净流入134.75亿元。经通道借入外债金额排名前五位的财务公司分别为TCL财务公司、北控财务公司、鞍钢财务公司、中航油财务公司、东航财务公司。经通道对外放款金额排名前五位的财务公司分别为美的财务公司、海信财务公司、紫金矿业财务公司、中信财务公司、中船财务公司。

---

① 外币贷款仅指外币自营贷款。

案例 13-5 光明财务公司开展外债业务与结汇

光明财务公司作为集团跨境外汇资金集中运营管理业务的主办企业，于2018年2月，办理一笔为期3个月、金额100万美元的外债借入业务。开展路径和具体做法如下。

一、开展路径

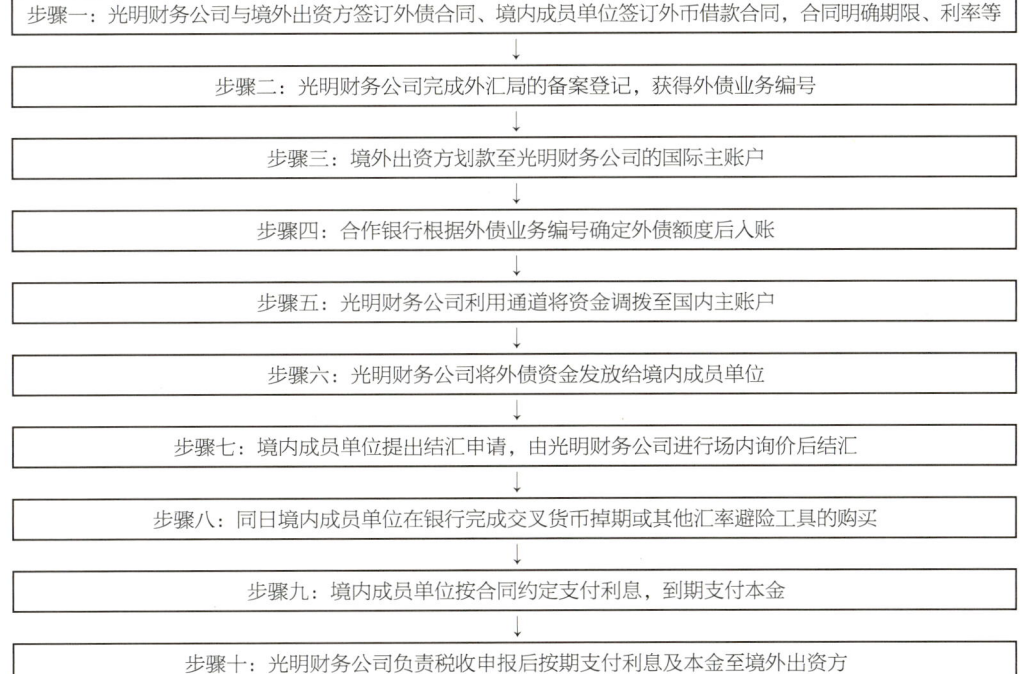

步骤一：光明财务公司与境外出资方签订外债合同、境内成员单位签订外币借款合同，合同明确期限、利率等

步骤二：光明财务公司完成外汇局的备案登记，获得外债业务编号

步骤三：境外出资方划款至光明财务公司的国际主账户

步骤四：合作银行根据外债业务编号确定外债额度后入账

步骤五：光明财务公司利用通道将资金调拨至国内主账户

步骤六：光明财务公司将外债资金发放给境内成员单位

步骤七：境内成员单位提出结汇申请，由光明财务公司进行场内询价后结汇

步骤八：同日境内成员单位在银行完成交叉货币掉期或其他汇率避险工具的购买

步骤九：境内成员单位按合同约定支付利息，到期支付本金

步骤十：光明财务公司负责税收申报后按期支付利息及本金至境外出资方

二、具体做法

账户开立：财务公司除国际、国内资金主账户外，还需在合作银行开立人民币结汇待支付账户；成员企业需在合作银行开立人民币结汇待支付账户、委贷子账户，并在财务公司开立与其对应的人民币结汇待支付账户、委贷子账户。

委托贷款框架协议：财务公司与合作银行签署的委托贷款框架协议，约定了资金池准入要求、还本付息的方式，并明确境内端放款须填制的协议附件内容，包括借款金额、利率、期限、放款日期等。

现金池账户挂接：成员企业需将在合作银行开立的结汇待支付账户挂接到财务公司结汇待支付现金池内，外币结算户及委贷子账户挂接到财务公司相应币种的国内主账户现金池内。在各个现金池内，相应成员企业账户将实现实时归集、实时下拨、额度管理、交易报告单功能。

外债登记及境内端协议的签订：财务公司与境外出资方签署借款合同，约定借入的资金规模上限、期限、利率、是否循环等要素，并报外汇局进行外债登记。财务公司与境内端借款企业签订借款合同，并将合同约定要素按合作行委托贷款框架协议附件要求报合作行进行系统参数设置。由于利率采用了LIBOR±点方式，协议中约定由财务公司与合作银行在放款当天核对确认实际放款利率数值，并在结息日和到期日进行手工结息。

外汇交易相关准备注意要点：财务公司就该笔外债资金在银行间外汇交易市场结汇做好准备，并为成员企业联系相关银行，利用远期购汇、套期保值等汇率避险工具锁定合同到期时购汇还款的风险。

四 跨境人民币资金集中运营

（一）基本情况

跨境人民币资金集中运营业务，包括跨境双向人民币资金池业务和经常项下跨境人民币集中收付业务（简称"跨境人民币结算业务"）。截至2018年末，86家财务公司作为主办企业获得开展跨境人民币资金集中运营业务的资质，较上年末增加1家，是招金财务公司。

（二）跨境双向人民币资金池业务

2018年，41家财务公司办理跨境双向人民币资金池业务，业务量前10的财务公司（见表13-3）的金额占比近三成。35家财务公司的人民币专用存款账户流入本金908.40亿元，金额排名前五位的财务公司分别是：中化财务公司、中国化工财务公司、东航财务公司、TCL财务公司、国电投财务公司；37家财务公司的人民币专用存款账户流出本金825.81亿元，金额排名前五位的财务公司分别是：中化财务公司、中国化工财务公司、TCL财务公司、华菱财务公司、东航财务公司。本年度仍表现为净流入82.58亿元。人民币专用存款账户年末余额4.97亿元。

表 13-3 2018 年跨境双向人民币资金池业务的交易金额排名前 10 的财务公司

序号	公司
1	中化集团财务有限责任公司
2	中国化工财务有限公司
3	东航集团财务有限责任公司
4	TCL 集团财务有限公司
5	湖南华菱钢铁集团财务有限公司
6	国家电投集团财务有限公司
7	港中旅财务有限公司
8	中广核财务有限责任公司
9	上海华信国际集团财务有限责任公司
10	中信财务有限公司

（三）跨境人民币结算业务

跨境人民币结算业务，即经常项下跨境人民币集中收付业务。2018 年，8 家财务公司开展跨境人民币结算业务（见表 13-4），2018 年经常项下跨境人民币结算账户的流出本金为 167.54 亿元。

表 13-4 2018 年开展跨境人民币结算业务的财务公司

序号	公司
1	日立（中国）财务有限公司
2	湖南华菱钢铁集团财务有限公司
3	五矿集团财务有限责任公司
4	中粮财务有限责任公司
5	万向财务有限公司
6	东航集团财务有限责任公司
7	中国石化财务有限责任公司
8	美的集团财务有限公司

随着人民币国际化进程，财务公司行业在跨境人民币结算方面进行了积极的探索与实践。哈尔滨电气财务公司于 2018 年 5 月积极开展"经常项下人民币跨境结算业

务"的分析论证工作,并获得了阶段性研究成果;五矿财务公司借助外汇结算体系,水到渠成开展跨境人民币结算业务。

 案例

案例13-6　五矿财务公司跨境人民币结算业务

自2009年国家首次推出跨境贸易人民币结算试点以来,人民币跨境业务政策持续优化,跨境人民币结算业务得到快速发展。随着人民币国际化进程的加快,五矿财务公司所属集团在国际贸易当中使用人民币进行计价业务也逐步增多,近几年,人民币已稳居集团国际贸易的第二大类计价货币,最高时期占比接近30%。

作为集团资金结算平台,五矿财务公司早在2001年就在国内率先开展跨境外币集中收付业务,形成了一整套成熟的国际结算业务流程体系。在国家政策支持和业务推动下,五矿财务公司充分利用外币集中收付业务所建立的制度体系、系统支持、业务渠道等方面的基础,跨境人民币集中收付业务的开展也水到渠成。自2010年6月财务公司协助集团成员企业办理首笔跨境贸易人民币支付业务以来,结算业务量累计实现160亿元。

出于对外付款时为了规避汇率风险、减少风险敞口的原因,以及在外币规模受限时,集团为了业务的顺利开展,往往会选择人民币跨境结算模式。境外离岸人民币业务的发展,对跨境人民币的业务起到了很大的推动作用。集团国际贸易企业可通过境外业务合作平台在境外进行人民币即远期产品询价,在境外价格更优时选择在境外购买离岸人民币产品,跨境用人民币进行结算。

随着我国不断加快的金融体制改革步伐以及经济实力的增长,人民币跨境支付系统(CIPS)(二期)全面投产等基础设施建设日趋完善,相信未来跨境人民币业务具有更广阔的发展前景。财务公司提供跨境人民币结算业务实现对自身金融服务领域的拓展,真正意义上为集团提供跨境本外币一体化的资金管理服务。

五　其他国际业务

(一)自贸区业务

2018年6月,海南设立自贸区。自2013年上海自贸区成立发展至今,我国从内陆到沿海已设立了12个自贸区。经统计，截至2018年末有41家财务公司的注册地址在自贸区，比上年增加4家。注册在上海自贸区的财务公司最多，有8家；海南自贸区有2家；其他地区共计31家。

2018年1月1日，海南自由贸易账户（简称"FT账户"）体系正式上线。FT账户是上海自贸区金融改革最核心的内容，自由贸易账户已经获批复制推广到海南自贸区，这是自贸区金改辐射全国的第一步。

（二）外汇投资业务

2018年，财务公司开展外汇投资业务的年末余额为211.52亿元，主要有中油财务公司。目前外币投资范围有外币债券和股票。近五年外汇投资业务呈逐年递增趋势，外汇投资占全部投资的比例为6.60%（见图13-8）。

（三）外币同业业务

财务公司开展外币同业业务包括外币存放同业、外币同业存放、外币拆借业务，以下主要介绍外币存放同业和外币拆借业务。

图13-8　外汇投资年末余额和占比趋势

1. 外币存放同业和外币同业存放

2018年，财务公司外币存放同业款项年末余额为2039.38亿元，是发放外币贷款的2.23倍，占全部存放同业比例为8.30%。从行业资产负债表可见，财务公司吸收外汇存款后，主要应用于存放同业。近五年，存放同业年底余额与占比呈上升趋势（见图 13-9）。2018 年，外币同业存放款项年末余额为 5.29 亿元，占全部同业存放比例为 3.40%。

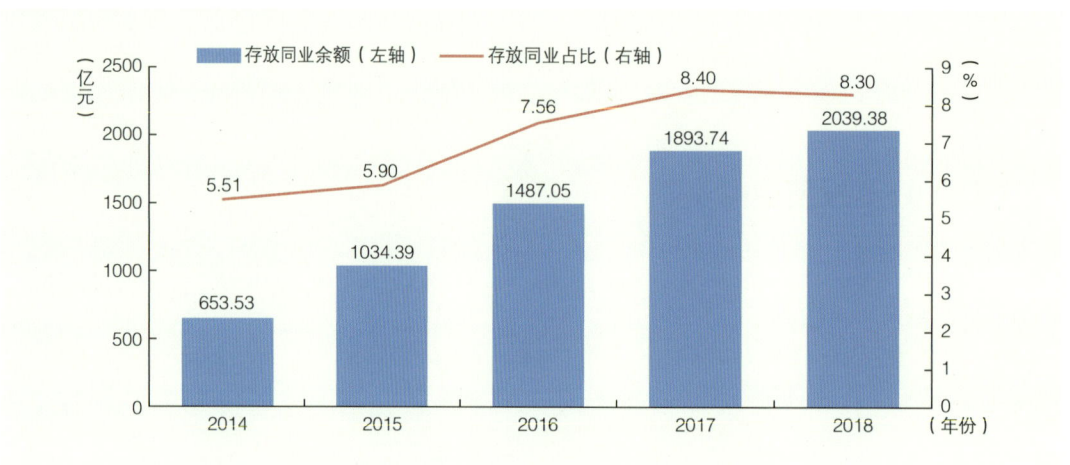

图 13-9　外币存放同业年底余额与占比趋势

2. 外币拆借业务

2018 年 65 家财务公司持有外币拆借交易资格，较上年末增加 12 家。15 家财务公司办理了外币拆借业务（见表 13-5），本年度财务公司行业的净拆入资金达 1765.81 亿元，整体表现为外币资金需求型。3 家财务公司办理外币拆放同业金额为 87.28 亿元，年末余额 27.60 亿元，分别为中铝财务公司、中集财务公司、中化财务公司。12 家财务公司办理外币同业拆入金额 1853.09 亿元，年末余额 752.15 亿元，拆入金额排名前五位的财务公司分别为中油财务公司、中信财务公司、海尔财务公司、海信财务公司、天津物产财务公司、中石化财务公司。财务公司外币同业拆入资金余额中有近 93% 是来源于境外金融机构，其他来源为境内商业银行、境内其他银行业金融机构。

表 13-5　2018 年开展外币拆借业务的财务公司名单

序号	公司名称	拆借方向
1	中油财务有限责任公司	拆入
2	中信财务有限公司	拆入
3	海尔集团财务有限责任公司	拆入
4	海信集团财务有限公司	拆入
5	中铝财务有限责任公司	拆出

续表

序号	公司名称	拆借方向
6	中集集团财务有限公司	拆出
7	天津物产集团财务有限公司	拆入
8	中国石化财务有限责任公司	拆入
9	中化集团财务有限责任公司	拆出
10	紫金矿业集团财务有限公司	拆入
11	徐工集团财务有限公司	拆入
12	云南云天化集团财务有限公司	拆入
13	武汉钢铁集团财务有限责任公司	拆入
14	上海华谊集团财务有限责任公司	拆入
15	南山集团财务有限公司	拆入

六　国际财资服务

财务公司的国际财资服务是基于财务公司的集团内部企业属性，依托财务公司金融人才与金融专业优势，承担协助集团公司进行财务与金融管理的职能，服务集团全球资金管理、集团金融风险管理、集团境外投融资管理等。

根据68家财务公司《问卷》统计（见图13-10），在集团全球资金管理方面，有半数以上的财务公司定位于集团全球资金管理平台；在集团外汇风险管理方面，有3家财务公司承担集团全部外汇风险管理职能。

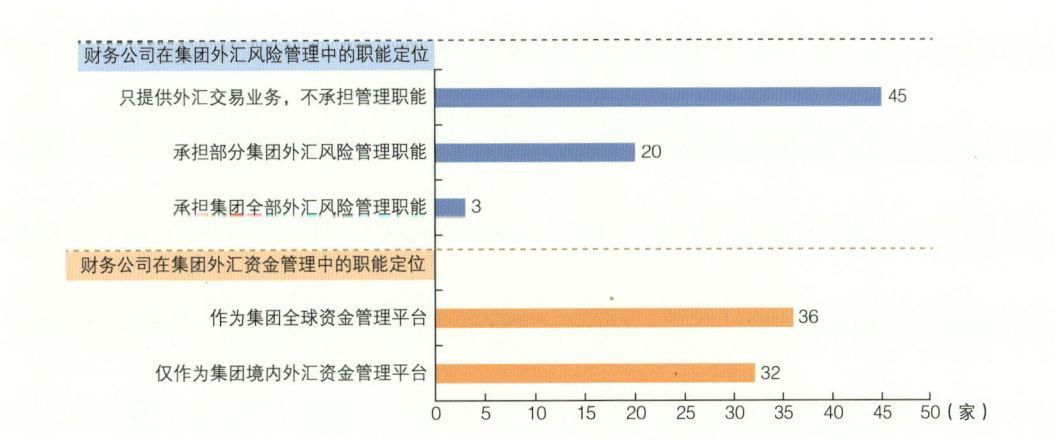

图 13-10　财务公司在集团外汇风险和外汇资金管理中的职能定位

（一）集团全球资金管理

伴随经济全球化及跨国经营步伐的加快，跨国企业集团业务的发展推动着集团资金管理的升级。为强化海外资金管理，提升资金运筹能力，各集团都在不断地探索与实践全球资金管理体系的搭建。

1. 全球资金集中管理

目前，财务公司协助集团公司管理全球（主要指境外）资金模式可分为四种：财务公司跨境资金池模式、集团境外财资中心模式、境外分支机构模式、集团离岸账户模式。

第一种是财务公司跨境资金池模式。财务公司通过获得跨境本外币资金池资质，利用境外资金境内归集、外债和对外放款集中调配的功能，境内通过合作银行银企直联功能，境外借助SWIFT系统，财务公司（或其集团）可以构建统一的全球账户／资金管理系统，实现集团全球账户和资金的可视、可控，并在一定范围内实现可运用。此种模式深受我国外汇管理体制的影响，虽然我国已实现经常项目国际支付和转移不予限制，跨境贸易结算应是较为自由；但我国资本项目是受管制的，境内和境外资金按需调拨、集中管理的自由度不大，一旦根据外汇管理现状，出台逆周期的宏观审慎政策，更是难以满足全球资金头寸共享与安排。因此还需要其他模式作为有效补充。

第二种是集团境外财资中心模式。即借助集团在中国香港、新加坡、荷兰等较为自由的金融市场设立境外资金管理平台公司（或称"境外财资中心"），实现集团全球资金统筹运营管理的目的。设立境外财资中心的作用包括三方面：一是境外财资中心能够实现境外资金归集与统一调配；二是境外财资中心可以承担更多的境外结算功能；三是提高境内和境外资金融通的效率。随着国际财资管理理念在我国企业集团财务管理中逐渐深化，越来越多的企业集团在境外成立财资中心，承担集团公司境外资金管理职能，且大多数企业集团的境外财资中心委托财务公司代为管理，待发展壮大后再实体经营或独立发展。选择宽松的金融环境、多样金融产品、有财资中心利得税的优惠政策的地区设立境外财资中心，既可以回避财务公司受境内监管的局限性，又可享受作为当地金融市场主体可以持有各项金融工具和手段的便利。目前，较为普遍的做法是将财务公司跨境资金池与集团境外财资中心模式相结合。

第三种是境外分支机构模式。目前仅有中油财务公司在境外设立分支机构。首先设立了香港子公司,作为中石油境外金融服务平台,为海外业务提供金融服务。随后,香港公司投资设立迪拜子公司、新加坡子公司。中油财务公司总部作为集团公司境内金融服务平台、香港子公司作为境外金融服务平台,分别承担着集团公司境内、外资金集中管理职能,在北京、香港、新加坡和迪拜设立了四个外汇资金池,依托境内7家、境外6家资金归集行,利用网上银行系统和资金管理信息系统,通过网银直联、SWIFT系统MT940报文、手工录入等方式,归集境内外外汇账户信息,监控资金动态。公司总部和香港子公司分别与各归集银行实现系统对接,统一为成员单位办理资金收付业务,使成员单位能够通过一个平台免费、快速处理全球资金收付。在实现资金监控的前提下,境内采取落地全额集中方式对经常项下外汇资金集中归集,境外采取收支两条线管理模式实施全球资金集中管理,外汇资金集中度达到90%,集团资金得到有效管控。

第四种是集团离岸账户模式。目前仅有一家央企获得批准通过内设资金结算中心操作香港离岸账户进行境外资金归集和运用,其核心是将可集中海外工程款经常项下外汇收入(可自由兑换货币)集中于香港进行统一管理。在部分集中的基础上利用网银平台等手段对多数境外账户实行监控。

第三种和第四种是个案,因其独特性和功能性强被行业内艳羡,如果监管部门能够放开此类资质的审批,将丰富财务公司行业对集团全球资金管理的渠道和手段。

 案例

案例13-7 重汽财务公司跨国公司全球运营资金境内集中管理

重汽财务公司围绕集团国际化战略,立足国际国内业务,组建专业化高水平的国际金融团队进行全球运营资金管理。目前,已形成了一套涵盖外汇资金集中运营业务、跨境人民币资金集中运营、结售汇业务的国际业务与服务体系。重汽财务公司在国际资质申办、合规体系建设和信息方面可以为筹备开展国际业务的同业借鉴。

一、国际业务资质申办

开展跨境外汇资金集中运营业务。为有效归集外汇资金,重汽财务公司作为主办企业取得跨国公司外汇资金集中运营管理业务资格,开展外汇资金的集中运营管理,解决了"集团海外化步伐迈得越快,财务公司资金集中度越低"的难题,以及提供高效的境外放款、境外融资资金借入等跨境资金融通服务。

开展跨境人民币资金集中运营业务。为满足集团主动使用人民币作为跨境结算币种的国际结算策略，以及在额度范围内集中调剂资金余缺，打通资本项下境内外人民币资金流通渠道。重汽财务公司作为主办企业开展跨境人民币资金集中运营业务。

开展结售汇业务，打通本外币资金汇兑渠道。在构建资金池的同时，重汽财务公司获得了结售汇业务的经营资质以及银行间市场会员资格。财务公司结售汇业务发挥整体优势和规模效应，有效节省财务成本，降低汇率风险。

二、合规体系建设

梳理完善规章制度，有效加强内控管理。为实现全球资金管理体系，财务公司聘请咨询公司对各项制度流程进行梳理。2018 年 4 月，建成科学完善的合规管理制度体系。同时，明确具体操作流程，实行前、中、后台操作分离，确保各项业务事前、事中、事后全流程运作的有效管控。

重汽财务公司代客结售汇和银行间外汇市场交易，严格管理综合头寸，控制外汇敞口风险，消除和规避外汇风险，确保外汇交易收入。

三、信息系统完善

为便于进一步拓宽发展空间，特别是为国际业务的发展创造有利条件，重汽财务公司整合了其原有分散的信息系统，量身定做了一套"以客户服务为中心，集全面业务管理、网上金融服务、监督决策于一体"的综合资金管理系统。

重汽财务公司在构建全球资金管理体系与实施的同时，也获得诸多奖项，在上年获得全国和山东省企业管理现代化创新成果一等奖这两项荣誉后，于 2018 年 6 月，又荣获中国管理科学研究院企业管理创新研究所主办的"2018 中国最佳管理创新实践奖"。

2. 全球资金信息管理

境外资金管理受监管政策影响较小的是信息管理，即全球资金"可视化"。通过可视化，企业实现对境外资金的监控管理，确保企业集团能及时、准确获取境外账户、资金余额及交易信息。目前，实现账户可视的主要方式有三种：网银、银企直联和加入 SWIFT 网络。在我国境内，财务公司主要选择网银和银企直联进行账户管理，企业境外合作银行繁杂，使得财务公司难以逐一进行银企直联。加入 SWIFT 网络，通过报文传输的方式，财务公司能够做到对集团全球资金进行每日监控。从可视化程度和效率来看，SWIFT 是境外账户管理的理想途径，但在系统连接成本方面较网银、银企直联更高。通过调研统计，目前有 18 家财务公司（见表 13-6）直接或通过集团或成员单位间接与 SWIFT 建立联通，另外有 4 家财务公司通过银行系统间接与 SWIFT 建立联通，支持集团公司境外资金可视化管理。

表 13-6　与 SWIFT 系统建立直接 / 间接的财务公司名单

序号	公司	直接 / 间接与 SWIFT 系统
1	鞍钢集团财务有限责任公司	直联
2	兵工财务有限责任公司	直联
3	海尔集团财务有限责任公司	直联
4	海航集团财务有限公司	直联
5	海信集团财务有限公司	直联
6	招商局集团财务有限公司	直联
7	中国化工财务有限公司	直联
8	中国铁建财务有限公司	直联
9	中化工程集团财务有限公司	直联
10	中化集团财务有限责任公司	直联
11	中铁财务有限责任公司	直联
12	中冶集团财务有限公司	直联
13	新奥财务有限责任公司	直联
14	宝钢集团财务有限责任公司	直联
15	中远海运集团财务有限责任公司	直联
16	西门子财务服务有限责任公司	间接，通过集团或成员单位
17	中广核财务有限责任公司	间接，通过集团或成员单位
18	中海石油财务有限责任公司	间接，通过集团或成员单位
19	诚通财务有限责任公司	间接，通过银行
20	伊利财务有限公司	间接，通过银行
21	中集集团财务有限公司	间接，通过银行
22	西王集团财务有限公司	间接，通过银行

案例 13-8　中化工程财务公司实施集团境外资金可视化管理

随着中国化学集团境外业务的持续增长，境外资金分布在多家中外资银行，分布国家涉及 35 个，币种涵盖 37 种，包括国际货币美元、欧元以及当地币沙特里亚尔、林吉特、宽扎等。日益增长的境外账户对成员单位境外资金管理方式的转变、管理效率与资金安全的双重保障提出新要求。长期以来，中国化学集团大部分境外项目资金以现场手工管理为主，且难以实现成员单位对境外资金余额、币种、所处地区等基本信息的实时监测，存在资金安全性差、管理成本高、操作风险大等问题，难以满足集团日益增长的境外资金可视化管理需求。

为此，财务公司于 2017 年底正式启动加入 SWIFT 相关工作，首先上线 MT940 功能，主要用于满足集团境外账户余额及交易明细的日终查询和日间查询需求。经过将近一年的准备，目前中化工程财务公司已完成加入 SWIFT 相关软硬件设施准备，并根据集团公司境外账户分布及境外资金存量情况，结合集团公司未来境外业务发展布局，选定 6 家国际银行作为集团公司核心银行及 SWIFT 首批上线银行，选定分布于俄罗斯、沙特、阿曼等地的 5 家当地银行作为 SWIFT 第二批、第三批上线银行，与拟上线银行进行报文价格谈判、上线流程安排及账户授权等相关工作。

截至 2018 年底，中化工程财务公司已完成 9 家银行 100 余个境外账户的 SWIFT 上线工作，实现集团境外资金超过 50% 的可视度，实现中国化学集团境外资金监控从手工到线上、从分散到集中的跨越式发展。一是提高境外资金监控效率。成员单位可以借助 SWIFT 系统平台从上线银行直接获取营业日终的现金报告，便于更好地掌握资金状况，并以最优方式利用现有资金头寸。二是提高境外资金管理安全性。成员单位可以对资金余额、币种、所在地区及资金流向进行监控，提高资金管理的安全性。同时，SWIFT 的密押比电传的密押可靠性更强、保密性更高，且具有较高的自动化水平和可恢复性，系统操作更安全。

（二）集团金融风险管理

企业集团国际化经营过程中面临的汇率风险、利率风险、大宗商品价格风险等金融风险日益增加，金融风险已经成为侵蚀我国企业海外业务利润的重要因素之一。市场化程度较高的财务公司运用金融工具，发挥专业化团队和贴近成员单位的优势，积极深入参与集团公司金融风险管理过程中，建立了金融衍生品交易专业化团队和养成的风险管控文化，为集团公司金融风险管理提供金融市场资讯服务、风险管理方案等服务。

1. 金融市场资讯服务

金融风险管理的基础工作之一是有效分析、研判外汇市场、利率市场、大宗商品市场价格走势，提供金融市场资讯等服务。目前很多财务公司借助其金融专业优势，为集团公司及成员单位提供金融市场行情分析与研判服务。

2. 集团汇率利率风险管理

财务公司作为集团金融衍生品交易平台，参与集团公司金融风险管理制度建设与机制设计过程，为集团公司金融风险制度建设提供智力支持。

 案例

案例 13-9　中广核财务公司外汇风险管理

近年，中广核财务公司积极探索基于跨国公司管理模式下的新外汇风险管理体系。根据新体系修订了集团外汇风险管理相关制度流程，在各业务板块进行宣贯、逐步推进实施。该体系的实施保障了中国广核集团外汇风险处于可承受水平，规避了汇率大幅波动对集团现金流及利润波动的影响。集团 2017 年、2018 年汇兑损益对集团利润的影响控制在 2% 以内的较低水平。2018 年 12 月，中广核外汇风险管理体系的研究成果分别获深圳市会计协会 2018 年度会计学术课题优秀奖、2018 年度会计学术课题三等奖。

该体系的核心管理策略是"一个基准、五个关键点"。事前预测与规避、事中监控、事后对冲的风险管理全流程。

以"记账本位币"为基准衡量的风险敞口衡量，即不是单纯以人民币为基准，而是以"记账本位币"作为判定外汇风险敞口的基准，使现金流风险管理和汇兑损益风险管理统一起来。

做好外汇风险的事前预防措施的三个关键点——"（1）本位币设置""（2）投资财务可行性分析""（3）融资方案设计"，以规避难以管理的外汇风险管理敞口或实现敞口的自然对冲。

在此基础上，对于无法规避的外汇风险敞口，可通过两个关键点——"（4）敞口监测及汇兑损益预测""（5）开展套期保值交易"，进行事中监控预测、事后对冲。

（1）本位币设置：本位币设置决定汇兑损益方向，本位币设置应符合经济实质，以避免现金流风险与汇兑损益风险分离。新设、新收购公司或基建期转运营期时是设置本位币的关键时点。

（2）投资财务可行性分析：对于涉及汇率及利率不确定性的投资项目，可行性研究或尽职调查过程中，应充分评估投资项目所在国金融环境、外汇管制政策等，充分评估财务模型中基准币种选择的合理性以及汇率、利率条件的可行性，合理考虑量化套期保值等相关成本。

（3）融资方案设计：涉及汇率及利率风险的融资项目，融资方案设计及审批阶段应充分考虑融资主体、融资币种等的选择。优先选择与未来还款来源币种及融资主体记账本位币相匹配的融资币种。

（4）敞口监测及汇兑损益预测：设计并开发了汇兑损益预测模型，对集团汇兑损益进行有效预测和动态监控。对集团外汇风险结合外汇部门提供的汇率预测、各成员公司报送的分币种货币性资产负债余额及分币种资金计划、会计部门提供的实际汇兑损益数据等信息，即可实现动态监控外汇风险敞口及滚动预测汇兑损益。

（5）开展套期保值交易：持续管理外汇风险，通过衍生品交易进行套期保值，管理未自然对冲的剩余风险。

中广核的外汇风险管理工作还包括：研究了集团集中开展套期保值交易的模式研究，通过集中轧差效应，降低集团整体的套期保值成本；研究新套期会计可行性及实施方案，通过套期会计，可以降低套期保值交易的公允价值变动对利润波动的影响；设计量化考核指标，对全集团的外汇风险进行量化的衡量及管控。2018年，中广核财务公司在集团内推动实施新外汇风险管理体系，取得了极佳的外汇风险管理效果。

（三）集团境外投融资管理

随着我国企业集团"走出去"，设立境外机构、收购境外公司，能看到财务公司的身影，在集团海外并购资金筹集、购汇方案设计、交割资金清算等环节，提供了专业的咨询和顾问服务。部分财务公司协助集团成员单位进入国际货币市场，支持集团成员单位境外发债等资本市场的融资工作。

第四篇 风险篇

2018年，财务公司行业对风险管理和内部控制工作的重视程度继续提高，风险管理水平不断提高，风险治理架构不断完善，风险管理职能不断强化，风险管理制度体系和各项风险管理方法进一步优化，风险监管指标总体良好，行业总体风险水平保持稳定，守住了不发生系统性风险的底线。2018年，全行业共214家财务公司无不良资产，占比85.6%。受个别财务公司风险事件影响，年末不良贷款率为0.96%，低于商业银行平均水平0.93个百分点。全行业平均资本充足率20.48%，资产负债结构趋于合理。流动性比例均值为62.34%，高于商业银行平均水平7.03个百分点，流动性相对宽裕。全行业担保比例为34.20%，较上年上升3.42个百分点。

财务公司全行业从法人治理结构、风险文化建设、组织机构设置、风控部门职能、三道防线建设等方面进一步完善和优化风险治理架构。普遍建立了以全面风险管理制度为核心、具体业务风险管理制度为重点、其他制度为补充的风险管理制度体系。从组织架构、文化建设、资源支持、激励机制等多方面入手，打造风险管理文化。采用的风险管理信息系统主要有授权控制平台、内控系统平台和全面风险管理平台。

财务公司针对主要业务条线建立了较为系统的分类风险管理手段和方法。将信息科技风险作为单独一类风险，制定了有针对性的制度和方法。全行业风险管理信息化程度显著提高。通过完善业务流程、增加管控措施、实施限额管理等手段对信用风险实施管控。部分财务公司根据自身风险偏好和经营需求对投资业务和国际业务面临的市场风险进行了有效管控。财务公司对操作风险的管控主要集中在支付结算业务和信贷业务，管理领域的操作风险逐步突出。财务公司面临的流动性风险逐步增多，利率变化、外部市场等因素对财务公司流动性影响逐步加大。

Part 4　Risks

In 2018, finance companies' attention paid to risk management and internal control has continued to improve. Risk management capabilities and governance structures continuously improved. Companies enhanced risk management functions, and further optimized the management systems and methods, leading to stable supervisory indicators and controllable overall risks. The bottom line of protecting against systemic risks was ensured. In 2018, a total of 214 finance companies in the industry did not have non-performing assets, accounting for 85.6%. Affected by the risk events of individual finance companies, the rate of non-performing loans at the year-end was 0.96%, lower than the average of commercial banks by 0.93 percentage points. The industry's average capital adequacy ratio was 20.48%, and the asset-liability structure tended to be more reasonable. The average liquidity ratio was 62.34%, 7.03 percentage points higher than commercial banks, and the liquidity was relatively abundant. The guarantee ratio of the whole industry was 34.20%, increased by 3.42 percentage points compared with the previous year.

The whole industry improved and optimized risk management structure in terms of corporate governance structures, risk culture cultivation, organizational structures, functions of the risk management department, and three levels of risk prevention. Generally, a system centered on overall risk management was built, and the system also attached importance to specific business risks and combined with other supplementary risk control systems. Companies created a risk management culture from organizational structures, cultural cultivation, resource support, and incentive mechanisms. The risk management IT systems mainly incorporated an authorization and control platform, an internal control platform and a comprehensive risk management platform.

Finance companies have established relatively systematic and classified risk management methods for main business lines. IT risks were deemed as separate risks and targeted systems and methods have been developed. The whole industry's IT application of risk management has been significantly improved. Credit risks were managed by optimizing business processes, employing new controlling measures and setting limitations. Some finance companies have effectively controlled the investment and international business risks according to their own risk appetites and business needs. Finance companies' control over operational risks was mainly embodied in the settlement and credit extension businesses, and the operational risks during governance and management became gradually prominent. The liquidity risks were gradually increasing, and the impacts of interest rate fluctuations and external markets on the liquidity of finance companies have gradually increased.

第十四章
行业风险概况*

一 基本情况

2018年，财务公司行业对风险管理和内部控制工作的重视程度继续提高，风险管理持续升级，各项基础性工作不断完善。各财务公司不断完善风险治理架构，不断强化风险管理职能，优化风险管理制度体系和各项风险管理方法。

从行业数据来看，风险监管指标总体良好，行业总体风险水平保持稳定。尽管有个别风险事件发生，但各财务公司在企业集团的支持下，守住了不发生系统性风险的底线，各企业集团资金平稳运行，资金使用效率进一步提高，保障了财务公司依法、合规、稳健发展。截至2018年末，全行业共214家财务公司无不良资产，占全行业财务公司的85.60%；受个别财务公司风险事件影响，本年末不良贷款率为0.96%，较上年提高0.9个百分点，低于商业银行平均水平0.93个百分点[1]。全行业平均资本充足率20.48%，资本充足情况良好；资产负债结构趋于合理。2018年末财务公司行业流动性比例均值为62.34%，高于商业银行平均水平7.03个百分点[2]，财务公司在年末时点流动性相对宽裕。全行业担保比例为34.20%，较上年上升3.42个百分点，主要监管指标保持健康稳定（见表14-1）。

---

* 本章未注明来源的数据和信息，均取自中国财协采集报表、调查问卷和案例。
[1] 数据来自中国银行保险监督管理委员会网站。
[2] 数据来自中国银行保险监督管理委员会网站。

表 14-1　主要监管指标

单位：%

监控指标	监管标准	2018 年末	2017 年末
不良贷款率	≤ 5	0.96	0.06
不良资产率	≤ 4	0.46	0.03
贷款损失准备充足率	≥ 100	746.93	1224.16
资本充足率	≥ 10.5	20.48	20.92
投资比例	≤ 70	32.19	37.91
自有固定资产比例	≤ 20	0.52	0.59
拆入资金比例	≤ 100	19.24	18.58
担保比例	≤ 100	34.20	30.78
流动性比例	≥ 25	62.34	62.68

尽管财务公司各项风险监管指标继续保持了稳健良好的水平，但也应当注意到，财务公司风险管理面临的环境正在发生变化。

随着国民经济结构调整走向深入，过剩产能出清进入攻坚阶段，财政货币政策风格的逐步转换，各实体企业的新旧动能转换已处在关键时期，在新的利润增长点尚未成熟、旧有发展模式无法持续的情况下，产能青黄不接现象已较为突出。在此基础上，实体企业一方面渴求各类资金的接续支持，另一方面盈利能力无法满足资本要求，各类资本博弈后供求矛盾越发突出，导致宏观经济发展压力已在较大程度上传导至整个金融体系，并对财务公司造成影响。

在这种情况下，财务公司作为紧密依托实体经济企业的金融机构，受上述因素影响，各类业务经营风险已经明显承压，个别财务公司在个别业务条线上已出现风险事件，且风险事件在一定程度上波及行业内其他机构。

为严守不发生行业性风险、系统性风险的底线，各财务公司还需进一步加强对各类风险的关注和管控，除了不断完善自身风险体系建设，提高风险管控能力的同时，持续关注风险可能出现的传导现象，避免风险的交叉传染和快速蔓延。

二　风险治理架构

2018 年，财务公司行业继续依照《银行业金融机构全面风险管理指引》，从法人治理结构、风险文化建设、组织机构设置、风控部门职能、"三道防线"建设等方面进一步完善和优化风险治理架构，进一步提升了全行业全面风险管理建设水平，建设了适应监管要求、适应企业发展、适应风险管控的风险治理架构体系。

（一）行业风险治理架构

风险治理是董事会、高级管理层、业务条线、风险管理部门之间在风险管理职责方面的监督和制衡机制。根据监管要求，财务公司应当建立组织架构健全、职责边界清晰的风险治理架构，明确董事会、监事会、高级管理层、业务部门、风险管理部门和内部审计部门在风险管理中的职责分工，建立多层次、相互衔接、有效制衡的运行机制。

2018年，财务公司行业风险治理组织架构体系建设进一步趋于完善，在普遍建立了规范的"三会一层"结构的基础上，多数财务公司在董事会下设了风险管理委员会，进一步加强了董事会在风险管理职能条线的管控力度。同时，部分财务公司强化了监事会的内部监督职能，建立了内部审计部门、风险管理部门向监事会的汇报路径，董事会审计委员会、高级管理层也逐步强化了与监事会的工作联系，有效帮助了监事会履行监督职能。另外，部分财务公司通过在高级管理层设置信贷、投资决策委员会，加强管理层对业务层面的风险控制。风险管理部和内部审计部门的设置趋于普及，部分财务公司还在各业务部门设置风险控制专岗，使得风险管理和业务管理结合更为紧密，风险控制关口前移充分，管控更为有力。总的来说，全行业风险管理组织架构体系趋于成熟，董事会、董事会专业委员会、高级管理层及业务决策委员会、风险管理部门、内部审计部门的组织结构逐步趋于稳定和清晰。

1. 董事会

《银行业金融机构全面风险管理指引》对董事会履行最高风险决策机构职能提出了具体要求。据调研了解，多数财务公司董事会均能妥善履行风险管理职责，通过问卷调查，近七成财务公司有明确的、成文的风险偏好规范，董事会在履行全面风险管理职能方面较以往有较大提升。

2. 董事会专业委员会

据调研了解，多数财务公司均在董事会层面设置了分管风险的专业委员会，负责风险管理政策制定及相关风险管理的专业工作。从高级管理层来说，多数财务公司建立了负责业务决策的专业委员会，将业务决策和风险管理有机结合起来，部分财务公司还在管理层层面设置了风险管理委员会，负责风险管理组织、管理制度、管理策略、管理方法及管理体系的建设。

3. 风险管理部门

根据调研，多数财务公司单设了风险管理部，并且风险管理部作为风险管理工作的具体执行机构，能够按照监管要求及公司经营管理要求，开展对具体业务的各类风险识别、监测、评估、计量、报告工作，对风险管理工作的有效性负直接责任。风险管理部门有权参加公司战略规划、业务拓展等重大决策，并建立了向董事会的直接报告路径。

同时，财务公司风险管理部门目前承担的职能逐步扩展，涵盖了日常业务审查、风险制度体系建设、风险分类识别计量及控制、非现场监管反馈、反洗钱、监管专项检查等。特别是在近年来监管形势持续趋严，风险管理部门工作职责界面也逐步向业务一线延伸，风险控制关口前移明显，在提前识别控制风险方面起到了关键作用。

4. 内部审计部门

作为风险管理的"第三道防线"，财务公司内部审计部门充分发挥了监督检查职能，对风险管理的实施效果进行独立、客观、公正的监督、检查、评价、报告。从全行业调研来看，多数财务公司将稽核、内控等职责赋予内部审计部门，使得内部审计稽核与日常业务结合更加紧密，监督更加及时。大多数财务公司在董事会层面建立了审计委员会，并建立了内部审计部门与审计委员会的报告路径，有效帮助了董事会及时掌握公司全面风险管理开展情况，促进董事会改进全面风险管理工作。

5. 监事会

监事会是风险管理有效性评估的最终决定机构，是风险管理组织架构闭环的重要组成部分。根据全面风险管理指引的要求，监事会承担全面风险管理的监督责任，负责监督检查董事会和高级管理层在风险管理方面的履职尽责情况并督促整改。

目前，财务公司监事会对高级管理层在资本管理和资本计量方法管理中的履职情况尚未开展有力的监督评价，对全面风险管理的履职尽责情况的监督和检查尚待加强。

（二）风险治理架构的适应性分析

财务公司作为"内部银行"和集团"资金结算中心"，承担着连接企业与金融、资本与货币、市场与集团内部的桥梁纽带作用，这一角色决定了财务公司的业务主要集中在支付结算、筹融资、资产管理和金融顾问等方面。近年来，财务公司机构数量持续增加、资产规模保持了快速增长、风险防范能力不断增强、盈利能力持续向好、资金集中度不断加强、服务集团功能不断强化。但从财务公司行业整体情况来看，信贷业务仍是最重要的资产业务，成员单位存款仍是最重要的负债来源，中间业务仍以传统业务为主，外汇业务仍以结售汇业务为主，议价能力普遍较弱，投资风格普遍较为稳健。

综合考虑财务公司定位及业务特点，总体而言，行业整体风险管控难度较小，参照商业银行搭建管理架构具有普遍性，但根据财务公司行业实际面临的风险敞口和风险管控难度进行个性化设计的需求，也在日益提升。由于面临的风险敞口和风险性质均与银行不同，财务公司风险治理架构在参照银行、向银行学习靠拢的同时，也在通过积极努力，探索更适合自身经营风险情况的组织结构安排，进一步提升管控效率。

（三）风险治理架构的监管要求及发展趋势

近年来，监管机构不断强调完善风险治理架构，是在判断我国整体金融行业发展现状、结合国民经济发展阶段及国际金融市场规则条件下做出的方向性要求。监管机构强调各金融机构认真按照现代金融企业组织运行方式，就是要督促法人治理结构的落实，要求股东充分履行出资人权利，要求董、监事会合理界定职责范围充分履职，要求高级管理层在授权范围内尽职尽责。

在考虑发展趋势的时候，必须注意到以下宏观经济金融方面的几个重要外部条件。

一是国民经济在供给侧改革后正在经历结构调整，过程中难免会出现市场出清，而金融企业不可避免地会受到冲击，发生金融资产的各种风险。

二是在经历一段时间的货币宽松后，金融市场杠杆率高企，金融创新层出不穷，其中难免良莠不齐，出现一些资金空转和金融泡沫，伴随实体经济增速放缓，一些以套利为目的的金融创新产品难免遭遇挤出，金融企业面临的风险凸显。

三是我国在多年国际化进程后，金融体系的国际接轨也迫在眉睫，巴塞尔协议的过渡期即将届满，以商业银行为代表的我国金融企业要逐步面临国际金融巨头的挑战，需要完善各项经营管理手段，提升风险防范能力。

综合上述情况考虑，监管机构对金融企业风险治理架构的要求将更加严格，其监管目标是要督促国内各金融企业向国际先进水平靠拢。只有这样，才能守住不发生系统性风险的底线，才能对结构性改革中实体经济起到支撑作用，才能在未来的国际竞争中站稳脚跟。

在完善风险治理架构、加强全面风险管理体系建设的过程中，各家财务公司都形成了具有自身特色的经验和实施方案，例如鞍钢集团财务有限责任公司等财务公司，通过将法人治理顶层设计与日常经营管理有效融合，极大地提升了公司治理水平和风险治理水平。

 案例

案例 14-1　中航油财务公司全面风险管控体系

中航油财务公司从防范交易对家信用风险、加大重要业务风险排查力度、培育合规文化等方面入手，推动公司全面风险管控体系建设。

第一，建立"1+2"交易对家管理制度模式，从源头防范和管理交易对家信用风险。"1"为公司《交易对家信用风险管理办法》，主要规范结算、投资等经营性业务交易对家及非经营性业务交易对家的联合准入评估程序。"2"为公司《同业拆借业务交易对家池管理办法》及《信用评级办法》，分别规范公司在同业拆借业务中与直连银行、其他股份制银行、国有大型集团财务公司等三大类交易对手的评级、授信程序以及对集团公司成员单位的信用评级工作程序。

公司根据"1+2"交易对家管理制度要求，充分利用合同管理信息系统，组织开展新交易对家联合准入评估程序，按年开展交易对家联合准入评估及信用风险动态排查，对交易对家重新核准，建立健全信用评级机制。

第二，关注重要业务，加大风险排查力度。

在信贷业务方面，严格遵循"先评级、后授信"原则，将信用等级评定结果作为确定成员单位综合授信额度和授信风险限额的重要依据。综合考虑借款人风险程度、偿债能力等因素，区分担保措施。坚持贯彻信用风险滚动排查机制，从行业、区域、业务品种、客户等维度全面排查信用风险，探索绘制金融风险图谱，对重大风险分布予以准确把握。

在同业业务方面，不断加强与各类金融同业机构沟通合作，积极推动年度授信总额度申请、同业分授信进程。相继出台《同业拆借业务交易对家池管理办法》《同业拆借业务管理办法》《同业拆借授信操作管理办法》，加强同业拆借交易管理，统一授信标准，规范业务流程和部门职责。

在投资业务方面，严格按照监管机构资质批复范围和投资要求，严控单只货币基金投资规模上限，综合考虑基金公司、基金规模、基金经理风格等因素开展投资关注，实现投资风险可控。

第三，贯彻"合规审慎、稳健经营"理念，定期开展专题教育培训活动，普及金融行业风控知识，提升公司全员风险管理意识，大力培育企业合规文化。

三 风险管理制度建设

风险管理制度既是公司风险管理政策的体现，也是管理层和风险管理"三道防线"开展风险管理工作的依据和指引。2018年，财务公司行业普遍建立了以全面风险管理制度为核心、具体业务风险管理制度为重点、其他制度为补充的风险管理制度体系。本年度，银保监会、人民银行等监管机构共发布包括《商业银行委托贷款管理办法》在内的多项与财务公司相关的监管制度和规范性文件。"严监管""防风险"的监管主题要求财务公司密切关注政策环境与监管制度变化，深化政策研究，结合自身情况适时开展风险管理制度更新完善。

（一）风险管理制度框架

2018年，财务公司风险管理制度框架日趋成熟，形成了由全面风险管理制度、业务风险管理制度和其他风险管理制度三大支柱构成的风险管理制度体系。大部分财务公司建立了全面风险管理制度，确立了公司风险管理的总体目标与原则，对已识别出的主要风险管理类型和相应的风险管理流程做出总体规定，界定了业务部门、风险管理部门和稽核部门"三道防线"在风险管理与监督工作中的职责权限，为公司全面开展风险管理、合规经营和实现经营发展目标提供了基本保证。

业务风险管理制度是风险管理制度的细化和延伸。2018年部分财务公司的业务风险管理制度体系以风险管理类型为依据，按照信用风险、市场风险、操作风险、流动性风险、新兴业务风险、法律风险等类别，制定特定风险管理细则，明确特定风险类型项下各业务的风险识别、计量、控制方法。部分财务公司以业务活动中的风险管理和审查流程为依据，按照信贷业务、投资业务、支付结算业务、同业拆借业务、国际业务等类别，制定业务条线风险管理细则，依托业务操作流程，规定各业务下的风险类型、风险审查要点和主要风险管理控制措施。

其他风险管理制度，是财务公司在全面风险管理制度和业务风险管理制度的基础上对公司风险管理工作的规范和完善。截至2018年末，财务公司普遍建立了《资本管理办法》《突发事件应急处置预案》《重大事项报告制度》《反洗钱管理办法》《案防工作管理办法》等其他风险管理制度。

（二）风险管理制度结构

美国反虚假财务报告委员会下属的发起人委员会（COSO）的全面风险管理框架把风险管理体系分为内部环境、目标制定、事件识别、风险评估、风险应对、控制活动、信息与沟通、监控等八个要素，它们共同构成了特定类型的风险管理流程。财务公司在制定风险管理制度时，将上述八个要素嵌入其中，以充分发挥制度对风险管理工作的引领和规范作用。

从2018年实际工作情况来看，财务公司风险管理制度一般涵盖总则、风险管理内容、风险管理主体、风险管理流程与方法、检查监督与改进、附则等基本要素。制度总则涵盖了内部环境和目标控制两个要素，通过分析公司内部环境，依据总体风险偏好制定适当的风险管理目标和政策，明确制度的目的和适用范围。风险管理内容涵盖事件识别要素，通过分析经营管理过程中的各项事件，根据业务重点、特点和外部环境变化，识别特定风险类型下公司面临的主要风险。风险管理主体涵盖控制活动、信息与沟通两个要素，依托业务活动分工明确各层面、各部门的风险管理职责权限及信息传递过程。其中，风险管理流程与方法是制度的重点，涵盖风险评估、风险应对、控制活动三个要素，规定特定类型风险的评估流程、管理方法、监测手段和报告预警机制。检查监督与改进应涵盖监控要素，规定风险管理机制的评估监控程序、改进措施和内部责任追究机制。

四 风险管理信息系统建设

风险管理信息系统是全面风险管理体系中的重要组成部分，为全面风险管理体系进行风险评估、实施风险管理解决方案、执行风险管理基本流程、履行内部控制系统提供必需的技术基础。

2018年，财务公司大力推进风险管理信息系统建设，将业务风险点固化在流程当中，实时监控风险节点；因地制宜搭建系统风险管理模型，对风险进行定量和定性的分析；不断完善报告流转与信息披露机制，将风险问题和状况及时通知流程中的各相关责任人。

根据调研，目前部分财务公司采用的风险管理信息系统主要有授权控制平台、内控系统平台和全面风险管理平台。授权控制平台通过对系统用户的授权及权限设置、对不相容职务及关键敏感职能的分离控制、对特殊用户的监控管理等手段，实现授权管理风险的预防性控制。内控系统平台通过建立内控矩阵，实现对管理活动及业务流程的动态管理，建立内控诊断与评价管理机制，辨识内控缺陷，实现内控缺陷整改，建立内控数据统计与分析，实现内控体系各种报表的生成及上报。全面风险管理平台通过建立风险事件数据库，形成包括风险工作计划、风险辨识评估、风险应对与风险监控、风险改进与报告在内的闭环风险管理流程，针对关键风险指标开展实时监控与预警，建立风险管控实时信息报表。

五 风险管理文化建设

（一）风险管理文化建设概况

风险管理文化体系是全面风险管理体系的重要组成部分。风险管理文化是财务公司风险管理的灵魂，优良的风险管理文化有助于提升从业人员风险意识和合规意识，成为风险管理制度体系的有益补充。银保监会也明确要求财务公司推行稳健的风险文化，形成与本机构相适应的风险管理理念、价值准则、职业操守，建立培训、传达和监督机制，推动全体工作人员理解和执行。2018年，各财务公司对构建风险管理文化的重视程度不断提高，从组织架构、文化建设、资源支持、激励机制等多方面入手，努力打造全体员工认同并自觉遵守的风险管理文化。

（二）风险管理文化建设重点

1. 积极倡导科学合理、全员认同的风险管理理念

风险管理理念是风险管理文化的核心，是财务公司在风险管理上的价值标准和思想引导。风险管理文化建设需自上而下引导全员树立科学的风险管理理念。

在具体工作方面，2018年财务公司一方面提高董事会、高级管理人员对风险管理文化的重视程度，将风险管理文化视为财务公司长期稳健发展的重要内生动力。以制度形式明确董事会、高级管理人员在风险管理文化建设中的责任，将风险管理纳入公司总体发展规划，让风险管理意识和文化渗入公司各业务环节。建立包括薪酬延期支

付、薪酬扣回、行政处分在内的风险问责机制，确保实现风险管理与业务发展的有机统一。另一方面，通过建立科学的考核和激励约束机制，通过在薪酬绩效考核体系中增加风险合规类指标等形式，让风险管理成为员工职业发展的重要因素，增强员工对风险管理理念的认同感和运用风险管理思维解决问题的意识和能力，引导全体员工主动、积极开展风险管理工作，打造全员风险管理文化。

2. 努力打造内容丰富、保障健全的风险管理文化建设体系

在这个方面，2018 年财务公司结合监管政策导向，运用微信公众号、官方网站、展板海报、宣传折页等手段，围绕合规文化建设、普法教育、反洗钱宣传等重点内容，开展集中培训、案例教育、自学自查、知识竞赛等活动，建立有效的培训和信息传达机制。提升公司风险管理文化建设队伍水平，为风险管理文化建设人员的锻炼与成长提供必要环境和条件，为风险管理文化建设人员开展工作提供必要的技术支持和资金保障，推动风险管理文化建设体系。

 案例

案例 14-2　国联财务公司以培育合规文化为手段助力公司经营发展

国联财务公司不断丰富合规内涵，积极通过以下方式为合规文化融入管理、助力经营指明方向。

第一，整合梳理外部规定。公司结合业务实际，就国务院、人民银行、银保监会、证监会、商务部等部委对财务公司的监管要求进行全面梳理筛选，组织编印《财务公司监管相关法律、法规、规章及规范性文件选编》，合计收录规范性文件 255 份，全面覆盖公司涉及业务。

第二，修订完善内部制度。公司于 2017 年和 2018 年分别制定修订规章制度 26 项和 42 项，内容涉及法人治理、内部控制、财务管理、操作风险等方面。其中，新修订的《问责管理制度》解决了定性难量纪、问责方式难把握的短板，进一步明确责任范围、问责种类、问责流程，细化各类违规行为，明确员工各类违规成本，真正做到问责处理有法可依。

第三，创新开展教育培训。公司在开展的"新政策、新法规"专项学习培训中，建立全员"学测评"制度，先后组织七轮自学及集体学习、四次定向考试抽测和两次错题难题回头看活动，实现应知应会政策法规全面覆盖。此外，公司通过更新培训激励制度，

积极鼓励支持员工开展学历、职称、专业资格晋升，激励员工加快知识更新，努力提高学历水平和业务技能水平。

第四，多维组织文化宣传。2018年，公司不断提高宣传教育重视程度，在官微中开辟了"金融知识普及课堂""征信小课堂""反洗钱课堂"等栏目，普及金融知识和合规管理要求。启动图书角升级计划，每年分批次更新金融、法律、监管相关书籍杂志，举办合规文化宣传同业交流和业务培训，力求让合规文化深入人心、融入经营。

第十五章
风险管理策略*

相对于商业银行，财务公司经营范围的内部性决定了各类风险的产生、传导、防范、控制方面都存在自身的特色。根据金融风险的分类，结合财务公司经营管理实际，财务公司全行业面临的主要风险包括信用风险、市场风险、操作风险、流动性风险。法律合规风险作为特别的操作风险，也在近年来受到高度重视。通过调研发现，2018年各财务公司均针对主要业务条线，建立了较为系统的分类风险管理手段和方法。同时，随着近年来各类新业务的推出，各财务公司也将新业务风险和信息科技风险作为单独一类风险，制定了有针对性的制度和方法对其进行管控。另外，随着信息技术的应用推广加快，财务公司全行业风险管理信息化程度也在2018年出现显著提高，风险管理信息系统作为风险管理的自动化工具，正在越来越多地受到各财务公司的重视，风险管理信息系统的建设力度也逐年加大。

一 信用风险管理

信用风险是金融企业最常见和最主要的风险种类，对于财务公司来说，信用风险主要体现在信贷业务、票据业务、同业业务和固收类投资业务上。针对上述业务，财务公司均建立了符合自身业务特色的风险防控手段，通过完善业务流程、增加管控措施、实施限额管理等手段对信用风险实施管控。

---

* 本章数据和信息，均取自中国财协采集报表、调查问卷和案例。

（一）信贷业务

信贷业务是财务公司最基础的资产业务之一，也是财务公司信用风险的最重要来源之一，财务公司信贷业务主要包括流动资金贷款、固定资产贷款、项目贷款和票据贴现。

2018年，财务公司普遍按照监管要求建立了贷前调查、贷中审查、贷后检查的信用风险管理流程，实现了审贷分离。多家财务公司建立了信贷业务审查委员会，一方面负责具体组织财务公司信贷业务政策、制度的制定，另一方面负责重大信贷业务的审查审批。财务公司采用的信用风险计量方法主要有权重法和标准法等，大部分财务公司建立了自己的客户信用等级评定体系，通过专家判断法或结合打分卡法对信贷业务客户进行定量和定性的识别、判断。在信贷业务中主要的信用风险管理方法如下。

1. 以尽职调查为基础的风险识别手段

财务公司根据自身集团发展战略和客户分布情况、公司风险偏好等，在信贷业务开展之前对客户开展尽职调查，根据现场走访、调阅财务报表等方式，对信用风险进行识别。

具体到2018年的实际工作中，在贷前调查过程中，财务公司主要判断客户经营持续性和与集团战略发展的吻合度。一般来说，对集团战略发展重点客户给予较大的信贷支持，风险容忍度相对较高。对非集团战略重点企业，则主要根据成员单位实际生产经营状况、区域政策、信用环境等，遵循发展、收益、风险相协调的原则，通过财务指标和经营现金流等识别企业经营稳定程度、盈利能力和偿债能力，从而识别和判断企业信用风险。部分财务公司建立了以专家判断法为基础，以打分卡法为补充的客户评级体系，有效地进行了客户信用风险识别。

2. 以限额管理为核心的风险控制方法

财务公司普遍以授信管理、贷审分离、贷后检查等方式进行信用风险控制。在日常业务开展中，保持业务条线与风险管理条线相互独立，并且在高级管理层下建立信贷业务审查委员会，对贷前调查情况是否属实、贷款投向、贷款额度的合理性、归还的可能性、合同内容的合法合规性进行判断。同时，财务公司结合客户信用风险评级结果和自身信贷政策，对成员单位信贷总量进行限额控制，构建了符合自身特色的授信系统，对信用风险总敞口形成有力管控。在信贷业务发生后，财务公司通过现场或非现场的方法，对信贷业务客户生产经营情况、贷款使用情况进行跟踪监测，对影响信贷资金归还的要素及时做出分析，并采取相关控制缓释措施。同时，部分财务公司还在授信管理的基础上,根据业务类型、期限结构等维度建立了限额管理体系,并配套制定了超限额的处理方案和限额的动态调整机制。

根据调研了解的情况,2018年财务公司全行业普遍建立了各类信用风险管理模型,实现了不同程度的风险量化管理。多数财务公司采取权重法进行信用风险的计量管理,部分财务公司已开始采用标准法对信用风险进行计量。越来越多的财务公司还结合自身情况开展了信用风险压力测试,通过测试不同客户在压力情境下的表现,对其承受信用风险的"底线"做出预判。压力测试的结果可广泛应用于信贷业务的各个环节。在贷前环节,可通过压力测试结果归纳得出更准确的"准入指标",在贷中主要应用于为客户设计更为合理的信贷方案(包括规模、期限、定价及担保方式),在贷后主要应用于贷后检查的指导,可根据压力测试结果合理确定贷后检查频率、重点及方向。

3. 以风险处置预案为抓手的风险缓释措施

为提高对信用风险的应对和处置能力,至2018年,财务公司普遍制定了信用风险处置预案,最大限度地预防信用风险的发生,并减少其可能的损失。信用风险处置预案在明确各层级职责的前提条件下,通过适时掌握风险监测报告,要求各部门从不同角度加强风险监测、风险报告。同时,预案结合信用风险监测系统随时掌握各信用风险敞口的体量和风险程度,对风险事件的重要层次进行划分,通过定性结果的判定把握处置的有利时机。在处置预案中,财务公司不但结合了传统的抵质押、保证等信用风险缓释手段,还创新了诸如回款账户监控,账户支付限额等新型的信用风险监测、缓释措施,为优化信用风险管理提供了重要帮助。

此外,多家财务公司已开始探索自己建设客户评级授信系统,通过规范化、系统化的客户评级授信,有效控制信贷业务中的信用风险。

 案例

案例 15-1 中国能建财务公司客户评级授信

中国能建财务公司于2018年全面开展度客户信用评级及统一授信工作,主要方法如下。

一、建立健全评级授信操作流程

(一)客户信用评价体系

信用等级评定采用定量分析与定性分析相结合方式。

1. 定量分析

定量分析采用功效系数法，功效分数的计分方法是对选定的指标分别确定满意值和不允许值这两个参照值，以满意值为上限，以不允许值为下限，计算各指标实际值实现满意值的程度，并转化为相应的功效分数：

指标的功效分数 =（指标的实际值 – 指标的不允许值）/（指标的满意值 – 指标的不允许值）

其中，指标得分 = 指标的功效分数 × 该指标的权重，比满意值好得满分，比不允许值差得零分。

定量指标主要包括偿债能力、财务效益、资金营运、发展能力等四个部分，按各自的权重赋权打分。

2. 定性分析

定性分析采用综合分析判断法，即综合考虑成员单位经营状况、信誉情况、管理水平、发展前景等潜在的非计量因素，进行比较分析判断。

（二）统一授信测算方法

公司以成员单位有效的净资产为核心，综合考虑信用等级、盈利能力等因素，测算该成员单位授信额度理论值。测算客户授信额度理论值后，应根据成员单位的经营特征、财务状况、实际发展前景及公司信贷服务能力等因素测算实际信用需求，核定成员单位最高综合授信额度。

二、首次引入评级体系参照值

2018 年度信用等级评定采用定量分析与定性分析相结合方式，其中定量评定的关键因素是确定的参照值。为此，公司依据中国建筑、中国中铁、中国铁建、中国交建、中国电建、中国能建、中国中冶七大建筑央企 2016～2018 年相关财务指标作为定量评价体系参考值。其中，满意值指标依据七大建筑央企 2016～2018 年相关财务指标的平均值，不允许值在参考七大建筑央企 2016～2018 年相关财务指标最差值的基础上，结合集团各成员单位财务状况确定。这种设计使得评级结果更符合集团各成员企业实际情况，并大大提升评级结果的可操作性。

三、建立授信额度授权机制

由于集团内成员单位层级较为复杂，法人企业个数众多，为有效统一管理成员企业单位授信额度，建立了授信额度授权机制，即某成员单位尚未申请授信或授信额度不足时，可在其上级单位书面授权的前提下使用其上级单位的授信额度。这不仅提升了财务公司办理授信业务的效率，而且有利于集团控制各成员单位的授信额度。

（二）票据业务

随着金融市场的发展，企业融资渠道和融资方式也日益多样化，票据融资成为企业融资的重要手段。特别是 2016 年上海票据交易所的成立，标志着一个全国统一、信息透明的电子化票据市场框架的初步确立。近年来，财务公司已然成为票据市场的重要参与者，全行业票据承兑与贴现业务规模体量呈现显著增长态势。2018 年，财务公司全行业票据发生 77.12 万笔，较上年增长 33.96%；票据承兑量为 8460.34 亿元，较上年增长 22.00%；票据贴现累计发生额 4425.41 亿元，较上年增长 23.54%。

财务公司行业票据业务整体风险可控，但也面临诸多风险和挑战。特别是受国内经济增速下行影响，个别公司出现票据违约情况，潜在信用风险不容忽视。财务公司承兑汇票虽被人民银行认定为银行承兑汇票，但受限于行业经营管理情况和风险管理水平参差不齐，财务公司承兑汇票仍面临社会认可度低、信用风险较大等问题。此外，合规风险、信息科技风险也成为财务公司开展票据业务面临的重要风险。因此，2018 年财务公司普遍将票据风险防控列为工作重点，根据自身实际情况，采取卓有成效的措施。

根据对部分已开展票据业务的财务公司的调研和访谈，目前针对票据业务的主要风险管理措施如下。

1. 构建全流程风险防控体系

从顶层制度设计和制度建设入手，构建贯穿事前、事中、事后的全流程票据风险防控体系。首先，以合同设计、风险评估、岗位设置和法律审查等为切入点，制定票据全流程管理制度和操作规程，覆盖票据承兑、质押、票据池、贴现、转贴现、再贴现等各项业务；其次，在业务存续期间，定期、持续跟踪交易对手的经营状况，加强对票据业务前瞻性的风险分析与预测；最后，密切关注票据市场与相关市场的利率走势，实时判断并处置突发票据业务风险。

2. 提高信息科技风险防控水平

多数财务公司建立了较为完善的信息系统内控制度，实行严格的权限管理，完善业务流程制约机制；提高应急处置能力，针对硬件故障、网络攻击、系统瘫痪等情况制定了应急处置方案，保障信息系统及业务连续开展。

3. 优化票据定价策略，有效防御票据市场风险

部分财务公司在充分考虑内外部影响因素的基础上，结合公司票据经营策略和资产结构，开发了专属票据资产定价模型。同时，个别财务公司通过综合运用动态计量、高级数理统计等方法提高票据利率预测水平，或是通过运用金融衍生工具规避利率风险，降低利率市场化对票据业务的不利影响。

（三）同业业务

同业业务主要包括同业拆借、存放同业及正逆回购等在金融机构之间开展的资金业务。由于财务公司同业业务主要是为了满足流动性需求开展的资金调剂行为，因此其主要的信用风险主要来源为交易对手信用风险。

2018年针对该类风险，部分财务公司集中力量完善同业业务信用风险管理政策，其管理手段主要包括集中度限制和交易对手名单制。

交易对手名单制主要包括黑名单和白名单。财务公司可通过监管信息、市场公开信息获取关于金融机构的负面消息，并根据自身政策将其列入交易对手黑名单，拒绝与其开展同业业务。也可按照自身风险偏好和选择标准，选择资质优良、规模较大、交易活跃的金融机构进入交易对手白名单，从中挑选同业交易对手。

集中度限制主要是贯彻风险分散原则，将同业业务规模在有限的交易对手中进行分配，从而避免将风险敞口过分集中于某一交易对手的管理政策。财务公司一般采用规模集中度指标，可参考的规模集中度上限一般控制在全规模口径的20%～30%，以限制集中度风险。

（四）固定收益类投资业务

根据调研，财务公司对固定收益类投资产品的风险管理重点在于制定详细和有针对性的信用风险管理政策和程序，并保持和信贷业务、资金业务信用风险管理策略的统一性和协调性。

2018年，国内市场信用风险不断积聚，财务公司行业采取了积极措施应对投资产品交易对手的信用风险，包括明确交易对手资质信用评估方法和选择标准，综合考虑运营环境、财务状况和风险因素等，全面客观地计量和评估交易对手的信用风险，持续监测交易对手综合风险状况，并根据对交易对手信用的评估结果和监测情况，设置

并及时调整交易对手风险限额。对信托产品、银行理财和资产管理计划等固定收益类特定目的载体投资按照"穿透式"和"实质重于形式"原则进行风险管理并足额计提资本及拨备，将最终债务人纳入统一授信和集中度风险管控。

 案例

案例15-2　大唐电信财务公司信用风险管理实践

大唐电信财务公司通过以下方式细化评级授信管理，优化利率定价体系，从源头上改变信贷业务简单粗放管理模式，提升信用风险防控能力，防范化解重点客户信用风险隐患。

第一，紧贴产业发展，动态更新信用评级指标体系。公司每年定时根据国务院国资委《企业绩效评价标准值》对公司信用评级定量指标进行更新调整。在采用最新指标基础上，从定性指标、定量指标两大维度，历史信用、企业竞争力、偿债能力、经济实力等10个细项，对客户综合信用状况进行整体评价，同时引入"+""-"符号对评级结果进行微调区分，以确保信用评级结果能更加细化地反映成员单位信用状况、偿债能力。

第二，立足集团实际，量化核定综合授信额度。公司坚持"定期评估、动态监测"原则，根据成员单位经营状况、业务需求及内外部融资变化开展动态监测，适时调整授信额度。同时，为防止过度授信，科学合理评定授信额度，公司引入量化指标，探索建立综合授信额度模型，适度向集团重点支持产业、集团综合持股比例较高以及合作记录良好的成员单位倾斜，凸显产融结合功能，助力集团主业发展。

第三，探索风险收益补偿机制，实施差异化贷款定价。公司尝试贷款利率市场化定价方式，在流动资金贷款定价时综合考虑人行基准利率、成员单位资金集中度及合作关系等因素，对成员单位提供差别化信贷服务，调动成员单位与财务公司合作积极性，努力探索信贷风险收益补偿新机制。

第四，实行"穿透式"业务排查，防范化解风险隐患。公司发挥金融专业优势，灵活运用各类业务风险管控方法，积极参加集团融资性贸易业务"穿透式"检查及集团内部资金借款专项检查工作，通过审查业务背景资料、访谈关键人员、走访重点客户等形式对成员单位融资性贸易、"空转"、"走单"等违规业务进行全覆盖、无死角排查工作，为进一步防控借款资金风险，保障集团资金安全发挥了重要作用。

二 市场风险管理

由于财务公司主要定位于服务集团成员企业，部分财务公司还不具备投资业务资格，因此财务公司面临市场风险的业务条线主要集中在投资业务和国际业务上，部分财务公司根据自身风险偏好和经营需求，开展了上述业务，并对相关业务面临的市场风险进行了有效的管控。

（一）投资业务

2018年，受到国内去杠杆和外部环境恶化的双重夹击，资本市场经历了前所未有的低迷。受此影响，财务公司行业投资业务规模和投资收益同比均明显下降。截至2018年末，获批开展金融机构投资业务的财务公司共有82家，获批开展固定收益投资业务的财务公司有178家，获批开展全部有价证券投资的财务公司有62家，获批开展以上三项投资业务的财务公司共有53家。从投资结构上看，债券投资、货币基金等低风险品种的余额占比为47.71%，较上年增长1.71%。

根据调研，财务公司行业的合规风险与市场风险，特别是股票价格风险是财务公司投资业务面临的主要风险类型。随着证券投资市场化程度的不断提升，股票价格受政策环境、市场因素的影响越来越大，但财务公司人力财力资源和业务管理手段与其他专业机构相比仍有差距，也较少应用对冲手段应对股票价格波动，使得股票价格风险成为投资业务风险管理的难点。作为"严监管"基调下的重点关注业务之一，投资业务的合规风险也较为突出，"穿透式"管理和投资比例调整要求给财务公司投资业务管理带来一定冲击，行业监管评级办法也对财务公司投资方向做出新的规定。根据调研，2018年大部分财务公司都能立足于基本定位，遵循安全性、流动性和效益性的原则，积极采取有效风险管理措施，做细做实风险管控，具体措施如下。

1. 建立市场风险管理组织体系和制度体系

多数财务公司已建立了良好的公司治理结构和健全的市场风险管理组织体系，明确董事会、高级管理层、风险管理部门、内部审计部门以及其他业务与管理部门在市场风险管理中的职责，并以"投资决策、交易执行、会计核算、风险控制之间相互独立、互相制衡"为原则，建立了投资业务决策程序和管理制度。

2. 制定市场风险基本管理政策

在市场风险管理的总体策略方面，多数财务公司已经制定了市场风险管理总体政策，并能够根据市场风险状况、金融形势和宏观调控政策的变化情况以及自身投资业务风险控制需要，及时修订和完善。

在限额管理政策方面，多数财务公司已按资产组合、金融工具和风险类别制定交易限额和止损限额，部分市场风险管理经验较为丰富的财务公司能够根据业务性质、交易复杂程度和风险承受能力调整限额管理策略，并通过证券交易系统的风控功能设置股票池、实现部分交易品种的信息化限额管理。

在止盈止损策略方面，多数具有股票投资业务资质的财务公司已经将设置股票或以股票为主要底层资产的资管产品止盈止损策略作为投资方案的重要组成部分。部分业务规模较大、信息化水平较高的财务公司能够通过证券交易系统的风控功能实现个股的止盈止损预警和控制，但目前在系统中实现投资组合止盈止损预警和控制仍需要进一步探索。

3. 不断探索市场风险管理工具的应用

从总体上看，财务公司行业投资业务市场风险管控方式相对单一，多数财务公司能够采用不同的方法计量银行账户和交易账户中不同类别的市场风险，并已采用敏感性分析、压力测试等工具进行管控，少数几家财务公司开发和使用了 VaR 值（风险价值）等模型或初步建立量化指标体系。

4. 深化投资产品市场风险的"穿透式"管理

2018 年，按照"穿透式"和"实质重于形式"原则进行投资业务穿透式管理成为主流，其主要包括三个层次：一是资本穿透计算资本充足率；二是穿透查看资金流向是否符合国家宏观调控政策，穿透授信及计算授信集中度指标；三是穿透后按照底层资产性质足额计提风险拨备。在"穿透式"管理的基调下，"三三四"检查和市场乱象整治专项工作取得明显成效，财务公司行业整体合规意识持续增强，"穿透式"管理水平和开展特定目的载体投资审慎程度明显提高。

（二）国际业务

财务公司外汇业务主要是配合集团公司海外战略，帮助成员企业开展即期结售汇、货币兑换，以及以套期保值为目的开展的远期、掉期、互换等。财务公司的外汇业务的市场风险主要来自自持外汇敞口的汇率风险。

在 2018 年的实际工作中，财务公司为了避免市场风险，主要采取严格的限额管理措施，限制隔夜自营敞口规模。对即期交易来说，由于交割时间短，财务公司与成员企业交割之前市场波动一般不会太大，所以财务公司普遍不予限制即期交易规模。而外汇衍生品交易由于交割时间较长，财务公司可能在交割前面临头寸价值变动，从而形成市场风险。针对这样的情况，财务公司一般按照期限、交易对手和汇率波动情况制定具体限额政策，对衍生品交易实施敞口规模限制。一部分财务公司已开始尝试针对持有的自营头寸建立对冲头寸以抵消市场波动带来的影响。

案例

案例 15-3　上海电气财务公司海外工程项目汇率风险敞口管理

上海电气财务公司作为集团汇率风险管理平台，重点聚焦集团海外工程项目汇率风险管理，2018 年累计参与 14 个海外工程项目汇率风险敞口管理工作，管理敞口币种涵盖美元、欧元等主流币种和科威特第纳尔、孟加拉国塔卡、马来西亚林吉特等小币种，有效推动集团汇率风险管理体制深化落地。公司全程参与集团旗下输配电集团海外工程项目管理工作，从结算币种确定、融资方案选择、汇率风险敞口识别统计、对冲方案制定和实施等方面给予专业化建议，提高项目人员主动管理汇率风险敞口意识，助力海外项目汇率风险敞口管理水平提升。

三　流动性风险管理

财务公司流动性风险产生的主要原因是资产负债结构的先天性不匹配、集团公司的资金管理政策及国家货币政策的影响。根据《企业集团财务公司管理办法》，在财务公司出现支付困难的紧急情况时，其集团公司将通过增加资本金等方式对财务公司进行流动性支持，因此财务公司发生流动性危机的概率一般很小。但近年来，由于财务公司深入参与金融市场活动，业务边界逐步拓展，其面临的流动性风险来源也逐步增多，除了资产和负债同质性程度较高导致的流动性紧张、被动期限错配引致的持有期缺口导致的流动性风险外，利率变化、外部市场等因素对财务公司流动性影响也逐步加大。除此之外，部分财务公司近年来开展的票据业务缺乏相应的控制措施，导致流动性风险事件发生。

由于财务公司资金来源受限，其流动性风险情况与集团公司行业特点、产业发展所处周期、资金积累状况密切相关，流动性比例高的公司可达到100%以上，低的却长期在监管阈值附近徘徊，差异巨大，与银行机构相对平衡的状态有较大差异。现阶段，资金短缺型、业务扩张型集团财务公司的流动性风险较为突出。截至2018年末，财务公司行业流动性风险总体可控，各季末财务公司行业流动性比例均值为62.34%，较上年相比，仍处于较高水平。

2018年，财务公司大力加强流动性风险管理，丰富管理方法，主要包括流动性限额及预警、资金计划、流动性压力测试、流动性应急预案等。流动性限额及预警主要是财务公司根据自身资产负债情况、流动性风险管理政策和监管要求，设定流动性风险限额，设置预警阈值，当流动性状况达到预警情况时启动预警，财务公司将有意识地控制资产负债结构。资金计划主要是财务公司通过定期收集成员单位的资金收付计划和融资计划，匹配自身资产负债机构，将非现场监管报表中G22流动性监测数据作为流动性风险管理的主要依据。2018年，一些财务公司已开始尝试用数据挖掘的方式解决资金计划准确性的问题。通过观察成员企业资金收付规律，建立资金收支模型，推算各个时点各个阶段的流动性情况。流动性应急预案主要是以预警体系为支撑，以流动性备付体系为主干建立的流动性风险缓释手段。

随着大数据技术的成熟与应用，有个别财务公司已经将相关的技术应用于流动性风险管理，提高了整体的流动性风险管理技术水平，如广西交投财务公司、新奥财务公司等已开始使用压力测试等方式，对流动性风险进行有预见性的管理。此外，北控财务公司等还在同业存款、同业存单、同业拆借等流动性管理工具的基础上，开创性地运用货币市场基金等金融工具作为流动性风险管理工具，不断丰富流动性风险管控手段和工具。

 案例

案例15-4　广东交通财务公司基于大数据分析的流动性管理

广东交通财务公司通过以下手段积极运用大数据助力流动性管理，有效管控流动性风险。

第一，用活数据资源，深入探究历史规律。深挖资金池历史存款数据，总结存款客户行业特点及存款周期性变动规律。通过分析资金池存款波动的最大最小波幅、付款高峰时段及资金净流出比率等信息，设计"合理备付率"量化模型，测算出资金池在不同头寸备付比率下流动性风险的发生概率，在综合平衡公司流动性和效益性的基础上确定资金池合理备付区间。

第二，建立流动性风险量化模型。在总结多年资金管理经验的基础上，设计出流动性匹配率动态监测模型、流动性风险指数预警模型、合理信贷资产配置测算模型、存款账户变动监测模型、合理头寸配比模型、存款及账户集中度测算模型、资金归集及池外资金分布监测模型等多种实用流动性风险量化模型。在公司总体合理备付区间范围内，根据吸收存款结构变化情况灵活调整资产配置结构，并根据客户付款计划进一步对资金进行精细化管理。

第三，建立流动性日常监控预警机制。设计流动性风险监控平台，整合上述各类指标，建立彼此间有效的联动预警机制。设专人专岗对各类流动性风险指标进行实时监控，并于每个工作日将以上流动性指标报送相关领导及各部门负责人。当存在潜在流动性风险时，监控平台将自动预警，提醒相关管理人员提前采取适当措施进行资金调配，及时化解流动性风险。

案例

案例 15-5　广西交投财务公司压力测试

根据中国银行业监督管理委员会《商业银行压力测试指引》《商业银行市场风险管理指引》及其他有关法律、法规，结合公司实际，广西交投财务公司于 2017 年末先后开展了公司成立以来首次流动性风险压力测试，成为国内率先开展此类风险压力测试的财务公司之一。

一、制定测试目标

通过分析假定的、极端但可能发生的不利情景对财务公司整体或资产组合的冲击程度，评估相关资产价值、盈利及资本承受压力事件的能力，寻求可采取的降低风险的措施，有效预防和缓释极端事件可能对财务公司带来的影响，有效评估财务公司承受风险的能力。

二、综合采用敏感性分析和情景分析方法

根据各类风险的特点，科学设置压力测试对象、时点及方法，综合采用敏感性分析和情景分析两种压力测试方法。

三、科学设置压力测试情景

根据压力情景中风险因素对流动性风险、市场风险、新业务信用风险的影响程度不同，将压力情景分为轻度压力、中度压力、重度压力等三个情形。三种压力情景按照顺序不断增强；另外合理设定压力情景参数，为设定压力情景参数寻找可靠的参考依据。

四、科学设置压力测试的风险因素及承压指标

一是根据风险识别情况，科学选取各类压力测试的风险因素。二是根据各类风险的特点，选定风险压力测试承压指标。

五、建立压力测试应急预案

假设存款业务、投资业务因出现风险而导致投资资产损失，及时启动应急预案，并采取有效措施。一是根据资产损失情况，及时向上级部门及公司领导报告有关情况，加强内外部沟通，减少因信息不对称而给财务公司带来的不利影响。二是暂停新业务的开展，密切关注存量业务的风险状况。三是可考虑提前出售原定持有到期的有价证券投资。四是通过法律手段和诉讼程序，尽可能保全财务公司各类资产，将资产损失减少至最低限度。

六、压力测试报告

1. 报告内容

（1）压力测试的目标；

（2）压力测试的持续期和业务范围；

（3）压力测试方法、风险因子、压力情景下承压指标变动等；

（4）压力测试结果及分析；

（5）风险应对措施及下一步工作意见和建议。

2. 报告路径

压力测试结果向公司高级管理层报告，提交公司董事会审议；并向属地监管部门报告。压力测试结果视情况抄送相关业务部门。

四　操作风险管理

操作风险是财务公司必须面临的风险类型，存在于每一个业务环节中，也是最难以识别和管控的风险之一。按照操作风险发生频率和造成损害的可能性，财务公司对业务领域的操作风险的管控主要集中在支付结算业务和信贷业务方面。同时，随着近年来各财务公司的迅速扩张和发展，管理领域的操作风险也逐步突出，例如在人力资源和信息系统方面的操作风险也得到了诸多财务公司的高度重视。

（一）业务领域操作风险

1. 支付结算业务

支付结算业务是财务公司最基础的业务，也是服务集团公司成员企业的最重要手段。截至 2018 年末，财务公司全行业结算量达到 433.17 万亿元、1.95 亿笔。支付结算作为操作风险的重要来源，一直以来受到各财务公司的高度关注。

具体到 2018 年的实际情况，各财务公司不断加强信息化建设，完善信息系统功能，提高软件稳定性、系统成熟性，结算自动化率逐步提升，有效降低支付结算手工操作带来的诸多操作风险。例如，北汽财务公司通过凭证管理自动化，实现了结算凭证自动化匹配程度 100%，大大减少纸质打印凭证带来的纸张消耗和手工操作的工作量，有效提高了结算服务效率，降低了结算差错率。

另外，多家财务公司实施了银企直连，成员企业支付结算指令可通过银企直连系统直接实施，有效降低了支付结算指令落地处理带来的发生错误的可能性。在支付结算系统设计中，复核方式创新也进一步降低了支付结算业务的操作风险。例如中油财务公司近年来对多项关键支付结算业务环节，采用录入复核代替原始的目视复核，并且系统强制识别录入复核不得为同一人等操作风险防范机制，有效降低了支付结算业务中的操作失误率。

案例

案例15-6　南网财务公司云南分公司支付结算业务案防工作

南网财务公司云南分公司积极探索多项措施，降低支付结算业务操作风险，防范案件发生。

第一，严格按照不相容岗位原则设置系统权限。公司营业部电子支付业务系统操作岗位和银行接口操作岗位实行不相容岗位分离原则，设置柜台经办、营业复核及柜台清算三个岗位，明确各岗位操作权限。业务人员系统操作密码、电子证书等实行个人负责制，密码系统每月强制要求更换，确保业务处理的独立性。

第二，建立多层级支付审核及轮岗制度。明确柜台及电子支付系统两个渠道的付款业务办理审批清算流程，并于每日业务终了时由营业复核监察当日发生的所有业务，严查各岗位操作规程遵循情况。针对关键岗位人员，实行定期轮岗及强制休假制度。

第三，建立三方独立对账体系。于每日营业系统开关机前通过内部对账系统执行营业部、综合部及风险管理部三方独立对账程序，检查是否存在原因不明的差异数据，确保财务账、银行账、营业账三账之间实现账账相符，保证资金安全。

第四，以技术手段严防案件发生。近年来，公司在结算系统中全面推广"财企直联"，各支付指令通过成员单位财务审批后自动生成并进入结算系统，避免人为控制，最大限度降低业务操作人员对结算指令的干预度。

2. 信贷业务

信贷业务是财务公司的日常业务，一般办理手续较为复杂，业务环节较多，也是操作风险高发、频发的业务条线。对于信贷业务的操作风险，一般来说体现在贷前调查、信贷审批及贷后管理环节中。信贷业务的操作风险很容易向信用风险转化，甚至有可能导致形成不良贷款。

2018年财务公司在对信贷业务进行的操作风险防控时，普遍采取细化规章制度、明确操作流程等方式，并结合内部控制体系建设予以实施。例如潞安集团财务公司采取非现场和现场稽核相结合的方式，通过询问、系统查询、资料审阅、统计分析等方法，对操作风险进行管控。航天科工财务有限责任公司创新性编制了《正常类客户贷后管理操作手册》，明确了贷后管理的具体职责和任务、贷后管理重点内容及工具，采取定期监控、用途监控、到期提示与临期业务排查相结合的方式对贷款进行贷后管理，也可以有效地提高贷后管理阶段的操作风险防控效果。

（二）管理领域操作风险

1. 信息科技风险

信息科技风险是指在财务公司运用信息科技过程中，由于自然因素、人为因素、技术漏洞和管理缺陷产生的操作、法律和声誉等风险。

2018年，财务公司在应对信息科技风险方面，采用系统恢复时间目标、信息系统稳定性、操作风险损失度等指标来进行预警和控制。

其中多家财务公司积极开展信息系统容灾备份建设，例如天津医药集团财务有限公司，通过项目建设完善了对外区间（银行、银保监局、人民银行）网络冗余、内部核心数据存储双活、本地数据实时备份及同城数据定时备份，实现了IT系统全部关键设备的双重冗余架构，有效提升了系统服务的安全性、持续性、有效性。

国电财务公司创新开展金融云平台建设，采用VMware软件定义数据中心的方式构建基础云，采用标准化的服务器构建资源池，打破过去各应用独立部署系统的传统，构建以分布式存储为核心的全软件定义的双活数据中心，有效提升了系统运行的安全性和稳定性。

2. 人力资源风险

人力资源风险指公司因员工发生内部欺诈、失职违规、各层次人员需求供应状况不匹配、人才流失等问题引发的风险。

受限于公司规模和财力人力，财务公司普遍存在一人多岗的情况，且其虽属金融机构，但员工行为管理方式也存在局限性，可能面临因员工欺诈、失职违规等引发的人力资源风险。

2018年，部分财务公司通过完善授权管理体系、定期开展规章制度和岗位操作手册修订、强化问责追究机制、重要岗位强制休假和定期轮换、加强合规文化建设等措施，积极防范人力资源风险。

第五篇　服务篇

2018年，财务公司服务职能发挥再上新台阶，以服务所在企业集团、服务集团成员单位、服务产业链等三个方面为重点，发挥财务公司贴近集团、贴近成员单位、贴近产业链的独特优势，取得了长足进展。

在服务集团方面，财务公司依托所在企业集团，以习近平新时代中国特色社会主义思想为指导，坚持稳中求进工作总基调，对接国家战略，服务实体经济，为企业集团践行供给侧结构性改革、"一带一路"倡议、"三大攻坚战"、制造业高质量发展做出了重要贡献。与此同时，财务公司积极服务企业集团，发挥资金归集平台功能作用，提高资金使用效率；发挥资金结算平台功能作用，提高集团资金周转效率；发挥资金监控平台功能作用，服务集团财务风险管控；发挥金融服务平台功能作用，提升集团资金保障能力。

在服务成员单位方面，财务公司完善金融服务体系，创新金融产品和服务手段，服务成员单位坚定不移地深入实施创新驱动发展，大力推动新旧动能转换，妥善处置"处僵治困"、深化改革带来的各种风险和挑战，有效化解国际化发展的困难和压力，为实施供给侧结构性改革、创新驱动发展、迎接高水平开放提供助力，为企业集团在稳增长、促改革、调结构、控风险、惠民生中发挥中流砥柱作用做出了卓越贡献。

在服务产业链方面，财务公司借助贯通全产业链金融服务的发展优势，充分运用贯通全产业链的金融产品和服务手段，通过持续加强对产业链上下游的金融服务，着力疏通资金流入实体经济不畅的"中梗阻"，有力地缓解了产业链上下游中小微企业的融资难、融资贵、融资慢问题，促进了产业链各利益攸关方和谐共生、利益共享，使供应链各环节紧密联结，帮助企业集团建立了长期稳定贸易合作关系，有效润滑了整个供应链的管理，逐步解决了产业链失衡问题。财务公司通过加快推进产业链上游金融业务，稳步拓展产业链下游金融业务助力疏通货币政策传导机制。财务公司凭借其在结算、征信、风控、信息等方面的较大优势，与各家金融机构建立联系，协同构建一体化产业金融服务体系。财务公司运用金融科技变革产业链金融服务模式，积极探索商业模式变革，聚焦提升客户服务效率，促进提高公司管理能力。

Part 5　Service

In 2018, finance companies improved their services to a new level by fully utilizing the close connection with corporate groups, member units and the industrial chain.

As for serving corporate groups, guided by Xi Jinping's new era of socialism with Chinese characteristics, finance companies made progress while maintained stability, and made contributions to the Belt and Road initiative, the "three major battles" and the high-quality development of the manufacturing industry. At the same time, finance companies improved the efficiency of capital use by playing the role of fund centralization. They also acted as the fund settlement platform, and improved the efficiency of the group's capital turnover. Fund monitoring ensured controllable risks of corporate groups, and their services also secured groups' fund affordability. In terms of serving the member units, finance companies improved the service system, innovated financial products and service means, and assisted member units with the innovation-driven development, vigorously promoted the conversion of old and new kinetic energy, and properly handled difficulties in deepening reform. Finance companies solved various international risks and challenges, providing assistance for supply-side structural reforms, innovation-driven development, and high-level opening-up. They have made outstanding contributions to groups in stabilizing growth, promoting reform and structural adjustments, managing risks and bringing benefits to people's livelihood.

In serving the industrial chain, finance companies leveraged the connection with all players along the chain, fully utilized the financial products and service means that penetrated the whole chain, continuously strengthened upstream and downstream financial services, and strove to dredge the flow of funds into the real economy. The efforts have effectively alleviated the difficult, expensive and slow financing problems faced by small and medium-sized enterprises along the upstream and downstream businesses, and promoted the harmonious coexistence and benefits sharing of various stakeholders along the chain, making the supply chain closely linked. This allowed corporate groups to establish long-term and stable trade partnerships, effectively improved the management of the entire supply chain, and gradually solved the imbalance problems. By accelerating the upstream financial businesses, finance companies steadily expanded the downstream financial businesses to help clear the monetary policy transmission mechanism. With its large advantages in settlement, credit reporting, risk control, and information, finance companies established contacts with various financial institutions and collaboratively built an integrated industrial financial service system. Finance companies used fin-tech to reform the financial service models along the chain, and actively re-structured business models to improve service efficiency and companies' management capabilities.

第十六章
服务企业集团

2018年是全面贯彻党的十九大精神的开局之年，是决胜全面建成小康社会的关键之年。面对经济运行稳中有变、变中有忧的挑战，面对深刻变化的外部环境，尤其是中美贸易摩擦给企业生产经营、市场预期带来的不利影响，面对两难多难问题增多交织的复杂局面，企业集团财务公司以习近平新时代中国特色社会主义思想为指导，坚持稳中求进工作总基调，聚焦实体、回归本源、强化内功、转型发展，充分发挥连接金融与产业的内在优势，充分释放特色金融牌照的综合服务潜能，通过有针对性的金融服务和辅助管理手段，服务集团践行国家战略，帮助集团在稳增长、促改革、调结构、惠民生、防风险中发挥重要作用，同时充分发挥四个平台功能，助力集团有效管控风险，为集团发展创造有利条件。

一　服务集团践行国家战略

（一）服务供给侧结构性改革行稳致远

自2015年正式启动供给侧结构性改革以来，国家持续加大"破、立、降"力度，推进钢铁、煤炭等行业去产能，积极化解房地产库存，促进房地产行业持续发展。随着国内外环境深刻变化以及改革成效显现对于改革信心的增强、改革共识的凝聚，供给侧结构性改革逐步向纵深领域推进，改革侧重点向根本性问题、关键环节聚焦。党的十九大报告提出，"建设现代化经济体系，必须把发展经济的着力点放在实体经济上，把提高供给体系质量作为主攻方向""优化存量资源配置，扩大优质增量供给，实现供需动态平衡"。2018年，站在新的历史起点上，企业集团积极适应新时代发展新要求，紧扣时代发展脉搏，紧跟行业发展大势，着力推动产业高质量发展，改革重心向"去杠杆""补短板""降成本"倾斜，各项工作不断取得新进步。对此，企业集团财务公司积极响应所在集团的改革发展诉求，在监管机构的支持和引导下，主动进取，努力作为，服务集团供给侧结构性改革新任务，不断取得新成效。

1. 优化服务手段，帮助集团降杠杆

财务公司借助跨界产业及金融的天然优势，利用兼具商业银行与投资银行的业务资质，顺应国家政策变化及金融市场形势发展，协助集团规划负债规模及结构，优化金融服务手段，完善融资服务方案，配合抓住市场有利时机，选择合适的融资工具，帮助集团降低负债水平。

2018年，财务公司切实运用好各种融资工具，发挥内部银行和融资平台功能，积极对接集团成员企业融资需求；调研摸底企业外部融资情况，利用利率优惠、还款方便等优势替代外部贷款，通过合并报表抵消，推动集团资产负债率整体下降。同时，在企业集团支持和授权下，财务公司遵循央行和银保监会票据业务相关监管要求，实行票据集中管理，推广电子商业承兑汇票业务，有效管控成员企业签票规模，优化票据期限结构，节约了票据融资成本，帮助成员单位清理债权债务，改善资产负债率。

另外，财务公司积极发挥财务顾问角色。当前，不少企业集团面临资产负债率偏高、"两金"高企的挑战和压力，基于加快资金周转、改善经营性现金流以及防控金融风险的考虑，企业集团努力寻求各种手段和方式盘活部分资产负债，拓展低成本融资渠道。财务公司作为集团及成员企业的财务顾问，通过了解和分析集团、成员企业及其上下游合作伙伴的融资需求，协助设计融资和发行方案，协调和联络外部金融机构，完成企业现场尽调、融资结构设计、申报材料制作和投资者路演推介，提请市场归口管理部门审批，积极参与发行产品定价，推动融资计划实施。例如，中铁建财务公司以集团内成员企业应收账款作为基础资产，协助成员企业在交易所市场公开发行ABS，帮助其实现应收账款出表，加快资金周转。淮南矿业财务公司加强宏观政策研究，准确研判货币政策和市场利率走向，抓住上年下半年货币政策宽松、市场利率较低的有利窗口，协助集团集中发行债券，累计融入中长期资金146.27亿元，发行价格处于行业较低水平，大幅降低集团公司财务费用。

2. 坚守传统谋创新，支持企业降成本

作为扎根于企业集团的内部银行，财务公司提供优质金融产品和服务，努力帮助所在集团及成员单位降低财务成本，充分体现了财务公司的独特服务价值。

2018年，财务公司持续通过存款利率上浮、贷款利率下浮、结算免费、手续费减免、中间业务价格优惠等措施全力支持集团产业发展，最大限度帮助企业降本增效。全年财务公司行业通过利率优惠、费用减免等措施，累计为企业节约各项成本790.34亿元。同时，各家财务公司从所在企业集团的政策要求、行业特征、业务特点、管理模式等实际情况出发，紧密贴合集团产业发展降成本、提效率诉求，在业务品种、服务方式等谋求创新，注重服务质量和服务内涵不断提升。

例如，本钢财务公司针对企业办理进出口业务时需向海关提交全额税款或银行关税保函，存在资金占用情况突出、财务费用较高、通关效率低等问题，向海关总署申请成为海关事务担保试点，将集团成员企业的海关关税担保业务进行整合，实行集中授信、穿透管理、分批担保的业务模式。企业在进出口每一批货物时，本钢集团财务公司向海关出具汇总征税保函，企业可先行申报和办理提货手续，只需在约定时点前汇总缴纳上月全月应税款即可，当企业每月以汇总征税方式向海关申报的税款总金额在担保可用额度内时，每月结算并统一向海关支付税款，享受"先放后税、汇总征缴、属地备案、全国通关"等政策便利。该业务每年为本钢集团可减少财务费用千万余元。

3. 发挥自身优势，协助企业补短板

创新是引领发展的第一动力，是建设现代化经济体系的战略支撑，尤其在中美贸易摩擦具有长期性、严峻性，外部环境趋于复杂的情况下，切实增强自主创新能力，实现关键环节、核心技术的自主可控对于深入推进产业转型升级、增强综合国力，具有特殊而紧迫的重要意义。

2018年，面对企业集团转型升级与稳健发展的潜在冲突，结构调整与控制风险的内在矛盾等两难局面，企业集团财务公司注重站在时代前沿和战略全局的高度观察、思考和处理问题，坚持战略思维、辩证思维、创新思维、底线思维，以推动集团创新发展、促进产业转型升级为出发点和落脚点，抓关键、找重点、固根本，充分发挥产业金融的功能属性和内在优势，在有效控制风险的前提下将有限资源向事关集团长远发展的战略性、方向性领域倾斜。例如，中兴通讯遭遇美国政府制裁后，集团本身及产业链上下游都承受了巨大挑战和压力，中兴通讯集团财务有限公司积极拓展供应链金融业务，及时为上游供应商提供贴现服务，极大地缓解了供应商的恐慌情绪和经营周转困难，避免了供应商资金链的断裂和企业倒闭，有效地维护了集团整个产业链的稳定，为集团能在"拒绝令"解除后迅速恢复正常经营发挥了重要作用。

案例

案例 16-1　中化工程财务公司发挥金融咨询服务，协助成员企业发行应收账款资产支持证券

2018 年，为完成国资委对中央企业"两金"工作的部署，中化工程财务公司协助集团提出运用应收账款保理、债权转让、资产证券化等多种金融工具来控制应收账款规模，以财务顾问的身份帮助中国化学工程股份有限公司（简称"中化股份"）成功发行应收账款资产支持证券（简称"应收账款 ABS"）。

一是充分调研成员单位的应收账款 ABS 需求。财务公司调研中化股份主要下属企业开展应收账款 ABS 业务的意向，了解到部分企业压降应收账款的任务艰巨，部分企业对于募集资金也有急迫的需求。明确募集资金主要用于补充流动资金及偿还银行贷款，满足企业降负债以及做强做优做大的需求。

二是配合中化股份进行中介机构选聘。开展应收账款 ABS 业务主要涉及计划管理人、会计师事务所、律师事务所和评级机构等中介机构，财务公司协助集团公司完成对计划管理人及承销商的选聘工作。

三是参与设计应收账款 ABS 要素结构。财务公司协助中化股份厘清资产证券化的交易流程、各相关主体责权范围，制定入池应收账款标准，研究原始权益人及资产增信方案，明确循环购买结构及本金兑付方式，提出发行规模及期限建议。

四是协助完成资料编制及审核。财务公司协助中化股份，配合各中介机构快速确定本次发行的尽调工作及尽调范围，收集尽调材料，保障中介机构及时、准确拟定交易文件，并发挥财务顾问的身份完善对交易材料的审核工作，保障发行工作的时效性。

五是争取优异发行价格。在应收账款 ABS 发行之初，财务公司持续与多家银行、保险、基金等投资人沟通，建立定期会议机制，跟进市场行情及投资者态度，并合理引导授信合作银行的报价，最终以优异的价格，协助中化股份完成了发行工作。

（二）服务"一带一路"倡议走深走实

自 2013 年国家提出"一带一路"倡议以来，"一带一路"沿线国家本着共商共建共享原则，全面推进政策沟通、设施联通、贸易畅通、资金融通，为世界经济增长注

入新动力,为全球发展开辟了新空间,彰显了中国智慧和中国力量。企业集团积极融入开放型世界经济,勇立高水平对外开放最前沿,统筹谋划,尽展所长,继续聚焦基础设施互联互通,积极深化智能制造、数字经济等领域合作,实施创新驱动发展战略,进一步提高企业国际化水平。财务公司作为集团产业发展的助推器和稳定阀,顺全球一体化潮流而为,应集团战略布局而动,不断拓展业务覆盖广度和深度,完善支持成员企业深度融入"一带一路"建设的金融服务方案,持续提升服务集团国际化发展的水平和质量,为"一带一路"建设的顺利推进做出应有贡献。

具体到2018年财务公司服务"一带一路"建设具体工作中,一是扎实做好基础金融服务。企业集团"走出去"离不开包括财务公司在内的各类金融机构在资金、结算、担保等方面的支持和帮助。财务公司坚持立足集团、服务产业,注重发挥资金集中管理平台的功能,积极为集团及成员企业参与"一带一路"建设提供资金结算、账户管理等基础性金融服务,并减免其相应费用。2018年,财务公司行业支持企业集团积极参与"一带一路"建设,累计办理国际结算达到933.64亿元。

二是全面保障业务融资需求。财务公司充分结合企业集团行业属性、发展战略、服务需求等,积极发挥自身优势,创新金融产品,优化业务模式,以融助产、以产促融、产融结合,满足实体经济有效融资需求,提高资金配置和使用效率。例如,2018年,广西交通投资集团财务有限责任公司结合集团及成员企业参与"一带一路"产业发展实际情况,推出"电票通"商业服务模式,借助公司电票系统上线,搭建"电票通"数据库,推动电子商业汇票结算方式,与外部金融机构合作,通过运用票据承兑、保贴、贴现和转贴现等票据产品,让电子商业汇票在产业链金融中有效流通,带动上下游企业应用,实现产业链整体降本增效。

三是积极提供保险经纪服务。为充分保障企业海外经营或项目顺利实施,尽力规避"一带一路"沿线国家各种潜在风险,在符合所在国或地区监管要求的前提下,降低企业保险采购、索赔及风险管理成本,财务公司依托自身综合业务资质,积极为成员企业提供保险咨询服务,协调国内外保险公司制定适合的保险安排模式,确保操作的合规性与服务质量,努力为成员企业开展国际业务保驾护航。例如,国投财务公司协同旗下国投保险经纪公司顺应企业或项目所在国家的监管要求,与当地保险机构建立联系,设计由当地保险机构出单,并以再保险方式大比例回分至国内市场的服务方案,该方案在出单形式上满足了当地监管要求,但在实质上由国内大型保险公司承保,这既保证了保险保障与期内服务,又帮助企业享受到国内的保险条件,节约保险费支出60万元。

（三）服务"三大攻坚战"打好打赢

一是服务防范化解金融风险打好打赢。"防范化解重大风险"是"三大攻坚战"的首要任务，而"防范化解金融风险"又是"防范化解重大风险"的重中之重，尤其是 2018 年面临内外部环境的深刻变化、两难多难问题增多交织的复杂局面，打好打赢防范化解金融风险的攻坚战，守住不发生系统性金融风险底线对于推动经济转向高质量发展、实现全面建成小康社会的奋斗目标具有深远的历史意义和时代价值。在这一过程中，财务公司积极顺应"严监管""强监管"态势，强化红线意识，坚守底线思维和零容忍要求，注意从集团产业特点与风险特征入手，兼顾服务产业发展与化解潜在风险，制定并执行切实有效的金融风险防控措施。

具体做法方面，首先是促进集团产业持续健康发展。集团产业健康发展是防范化解金融风险的基础，财务公司积极发挥优势，创新金融产品，优化业务模式，以融助产、以产促融，促进集团产业持续健康发展。其次是协助集团平稳降低杠杆水平。财务公司通过内部贷款逐渐替代企业外部贷款，发挥财务顾问功能帮助盘活集团存量资产负债水平、抓住市场时机进行低成本融资，以加强风险企业资金监控、逐步压缩负债规模等举措逐步解除杠杆率偏高的各种隐患。最后是进一步提升公司风险管控水平。财务公司将风险管理策略与公司发展战略深度融合，将合规风控要求全面渗入公司经营管理各个环节，完善风险管控架构、优化制度流程、配齐配强专业资源、强化全员风控意识，提升系统支撑能力，确保公司持续健康发展。

二是服务污染防治攻坚战打好打赢。坚决打好污染防治攻坚战，加大力度推进生态文明建设，是关系民生的重大社会问题，也是新时代经济转型升级的重要方向。企业集团以国家生态文明建设战略为指导，以产业生态化和生态产业化为目标，结合集团发展战略、产业结构、技术优势及资源储备，按照构建高质量产业体系要求，着力推动绿色发展，立足自身、各展所长、各有侧重，发展节能环保产业、清洁生产产业、清洁能源产业，推进资源全面节约和循环利用。在这一过程中，财务公司积极践行绿色发展理念，紧紧围绕集团绿色低碳发展战略，完善绿色金融体系，引导信贷资源不断投向核电、风电、光伏、地热等清洁能源产业。

例如，2018 年，广州发展集团财务有限公司全年累计向光伏、风电等清洁能源项目发放信贷 3.5 亿元，绿色贷款余额为 2.8 亿元，有效支持了集团的清洁能源建设，实现了社会责任和经济责任共赢。中石化财务公司全力保证集团绿色产业项目建设融资需求，累计提供贷款资金十多亿元，用于地热和光伏等项目建设。公司所支持的地热供暖项目占全国中深层地热供暖的 40% 以上，每年可替代标准煤 142 万吨，减排二氧化碳370万吨，产生了良好的社会和经济效益。同时，财务公司发挥融资平台功能和专业优势，灵活运用外部金融市场支持集团产业转型升级。例如，鞍钢财务公司为保证集团旗下节能技术服务企业烟气脱硝脱硫项目资金需求，除直接提供1亿元贷款支持，还利用自身可用存量票据资产作为质押为企业提供3亿元担保，协调商业银行为企业提供3亿元贷款。此外，财务公司还深入开展绿色金融体系研究，建设绿色信贷管理评价体系，集中资源优势为集团主业领域及重大绿色项目部署提供优先金融保障。

例如，2018年，中节能财务公司根据监管部门指导文件，启动绿色金融体系建设工作，通过构建节能环保产业绿色信贷评价模型，建设绿色评价信息化系统，设计适合集团产业特点的绿色金融产品等措施服务集团绿色产业发展。截至2018年末，中节能财务公司已完成集团光伏发电企业及项目的综合授信、固定资产类贷款及流动资金类贷款所对应的量化评价模型设计，并已将该绿色信贷评价实际应用于相关业务审查及定价，绿色信贷评价系统一期已实现上线，完成《中节能财务有限公司绿色信贷管理办法》等相关制度建设工作。

三是服务精准脱贫打好打赢。打赢脱贫攻坚战是全面建成小康社会的底线任务，是党做出的庄严承诺。面对各地不同的致贫原因、家庭状况、生产条件等复杂情况，企业集团在帮助贫困地区、贫困人口脱贫道路上，紧紧抓住发展经济、完善公共服务体系、促进教育三条主线，立足当地资源、产业、市场、人文等优势，深入调研，找到"贫根"，对症下药，靶向治疗，精准扶贫工作取得了实实在在的成效。在这一过程中，财务公司以集团精准扶贫规划为指引，以扶贫项目为载体，完善配套金融产品和服务，创新金融支持扶贫项目服务模式，保障扶贫项目资金需求，有效降低融资成本，最大化提高扶贫投入产出比，协助集团履行打好打赢脱贫攻坚战的政治责任、经济责任和社会责任。

例如，云南建投集团财务有限公司在协助集团实施云南昭通等地易地扶贫搬迁安置工程中，根据工程施工款拨付滞后工程施工进度进而造成参建企业垫资过多、现金流压力增大情况，深入参建企业、施工现场调研，结合参建企业业务开展及资金需求，综合评价各项风险，科学测算项目回款周期及项目投入，制定"流动资金贷款＋商业汇票＋贴现"的金融服务方案，有效缓解了相关参与主体的资金压力。同时，云南建投集团财务有限公司持续加强与当地人民银行沟通，积极争取易地扶贫搬迁项目纳入再贴现业务范围，人民银行再贴现资金的支持有效降低了贴现成本，帮助参建成员企业控制了施工成本，保证了工程顺利进行。

案例 16-2　陕西煤化财务公司发挥优势助力集团实施精准扶贫

为深入贯彻落实党的十九大重要精神，贯彻落实国务院《中共中央国务院关于打赢脱贫攻坚战的决定》以及陕西省委、陕西省国资委相关文件精神，加快汉阴及榆林两地产业扶贫项目的开发建设工作，陕煤集团决定建立汉阴、榆林两只专项扶贫基金，助力扶贫攻坚工作。陕西煤化财务公司利用专业优势协助集团管理扶贫基金，使得扶贫工作达到既解决企业发展瓶颈，带动贫困人口脱贫，又能够安全合理使用扶贫款项，避免国有资产流失的双重目的。

一、协助建立扶贫基金制度，完善管理组织架构

根据既有的相关规章制度，结合扶贫基金的特点，财务公司协助两只扶贫基金快速建立起从《合伙协议》到《贷后管理操作细则》等一套完整的规章制度体系；成立了投资决策委员会，通过完善的管理制度、严谨的业务流程帮助扶贫基金尽早开展相关工作；成立扶贫项目尽调组，对符合条件的企业进行尽职调查工作，确保扶贫资金合理发放使用，避免国有资产损失。

二、深入调研帮扶对象，积极寻找脱贫路径

第一，通过当地政府了解产业结构、贫困人口分布、结构和主要生活来源，通过相关资料和数据研究分析，进而制定科学有效的产业基金扶贫策略和考察重点。

第二，通过当地政府和集团驻点工作站的推介，尽调人员前往被推介企业了解情况，对企业生产能力、管理能力，尤其是对困难群众的扶贫帮带效果进行考察，通过对企业的实地调研和与企业管理者的访谈了解企业的现实困难、经营瓶颈等。

第三，对已经通过两只扶贫基金投资决策委员会决策立项的项目，立即进入尽调阶段。尽调人员和当地政府、集团扶贫工作站共同进驻立项企业，从公司设立到现有规模，从原材料收购到销售终端进行全面的尽职调查。

第四，前往企业原料来源产地，走访当地村民，核实企业扶贫带动效果，确保扶贫基金不仅帮助企业，同时也帮助贫困户摆脱贫困。

第五，与当地金融机构积极联系，建立畅通有效的放款渠道。财务公司通过原有的业务关系网络协助扶贫基金同当地金融机构签订相关协议，使扶贫资金的发放做到合法

合规、风险可控。

三、拓展扶贫工作思路，化解工作实际困难

首先，与榆林合力公司、集团驻汉阴县扶贫工作站通力合作，通过它们的协助，进行项目初筛，对于符合要求的项目通过扶贫基金投资决策委员会进行立项和决策。

其次，通过与企业管理者的座谈，改变企业管理者对扶贫基金的认识，不仅让符合条件、有潜力的企业打开视野，放下思想包袱，提升效率，提高企业扩大经营再生产能力，也让管理者正视企业经营管理和扶贫资金的使用，达到预期的扶贫社会效果。

最后，协助扶贫基金提前做好基金介绍资料、业务材料等措施，帮助当地政府、金融机构等快速了解基金业务模式、工作流程等，一方面缓解了业务办理时交流的难度，另一方面也提高了业务办理时的速度，提升了办理效率。

自从扶贫基金设立以来，两只扶贫基金为汉阴和榆林共计五家企业发放了 3500 万元扶贫专项资金，不仅解决了当地企业的燃眉之急，也为困难群众脱贫摘帽提供了帮助。

（四）服务中国制造业高质量发展

当前，面对世界范围内新一轮科技变革和产业革命的严峻挑战，从战略高度谋划、发展制造业尤其是先进制造业，对于塑造产业竞争新优势、推进工业强国建设具有重要意义。党的十九大报告提出，"加快建设制造强国，加快发展先进制造业，推动互联网、大数据、人工智能和实体经济深度融合，促进我国产业迈向全球价值链中高端，培育若干世界级先进制造业集群"。2018 年底召开的中央经济工作会议，把"推动制造业高质量发展"作为 2019 年要抓好的第一项重点工作任务，体现了党中央对制造业发展的高度重视，这也是我国经济迈向高质量发展的迫切需要。财务公司以国家政策及集团产业转型升级方向为指引，加大先进制造业相关领域研究力度，跟踪最新技术发展趋势及行业发展规律，对标分析国内外竞品企业，为集团及成员企业相关项目投资、运营及融资提供咨询服务，发挥金融服务优势及自有资金使用导向效应，引导资源持续向集团先进制造业项目倾斜。2018 年，财务公司行业全力支持新一代信息技术产业、高档数控机床和机器人、航空航天装备、海洋工程装备及高技术船舶、先进轨道交通装备、节能与新能源汽车、电力装备、农机装备、新材料、高性能医疗器械等领域企业或项目，累计发放自营贷款 2.91 万亿元和委托贷款 1.93 万亿元，有力

推动了集团制造业高质量发展。例如，2018年，北汽财务公司积极响应集团新能源汽车产业需求，积极引导信贷资源投向新能源汽车，提供流动贷款、票据等综合授信服务，全年累计为相关企业提供综合授信25亿元，开立财务公司承兑汇票超过12亿元。在北汽财务公司支持下，北汽新能源品牌的发展取得了优异的成绩，2018年北汽新能源累计销量超过15.8万辆，同比增长53%，连续六年斩获中国纯电动汽车销量冠军。

二 服务集团平台功能发挥

2018年，财务公司按照国家"集团资金归集平台、集团资金结算平台、集团资金监控平台、集团金融服务平台"的基本定位，立足集团、牢记使命，在监管部门和集团公司的指导和帮助下，充分发挥了金融服务集团产业作用，有效履行了辅助集团加强财务管控职责，促进了集团优化资源配置，节约了财务成本，保障了资金安全，提升了运行效率。

（一）发挥资金归集平台功能，提高资金使用效率

资金归集属于财务公司法定职责，也是财务公司立身之本。2018年以来，财务公司全行业继续强化资金归集力度，优化资金归集路径，完善金融产品和服务，加强资金归集效果考核评价，资金集中度稳步提升，资金使用效率不断提高。截至2018年末，财务公司行业资金集中度为49.48%，较上年提高1.57个百分点。各家财务公司因所属集团历史渊源、发展战略、产业结构、管理模式及自身发展阶段、经营管理能力等不同，在资金归集模式、策略、路径等呈现差异化、个性化，但在国家政策和监管要求的约束和引导下，财务公司在资金归集方面仍呈现出鲜明的共性特征和做法。

一是以强化账户管理集中引领资金归集。成员单位银行账户管理是集团资金集中管理的源头，把好账户管理关，也就建立了资金安全的第一道防线。纵观全行业财务公司在推进资金归集工作时，无不将账户集中管理作为重要基础工作抓实做好，协助制定、完善集团账户管理制度，收紧企业账户开户审批权限，规范账户开立、变更、维护、注销审批流程，定期实施账户清查工作，全面审视账户的实际使用情况，持续清理低效无效账户。

二是以完善金融服务手段推动资金归集。首先，积极开展财企直连。成员单位在资金或ERP等系统完成业务制单后，自动生成指令发送至财务公司核心系统，财务

公司支付完成后，及时将处理结果反馈给系统用户，自动完成记账工作。财企直连帮助成员单位实现支付全过程线上完成、线上自动对账等，减少出纳等基础核算人员，极大地提高了工作效率。其次，大力推广票据池产品。财务公司遵循监管部门票据业务相关要求，经集团授权实施票据集中管控，建设集团"票据池"，推动成员单位票据业务电子化，要求成员单位签发电子商票须通过财务公司电票系统，提高存量票据利用率，形成可共享使用的"票据池"额度，提供电子商票的到期合规管理和代理兑付服务，从而维护了集团成员单位的商业信誉，提高了成员单位使用商票的便利性，调动了成员单位通过财务公司进行票据签发、托收、结算，间接推动了资金归集工作。然后，适时推出资金池产品。为满足集团二级单位及下属单位资金集中管理的需要，优化资金管理手段，提高资金使用效率，财务公司适时向自身有内部资金调剂的企业推广资金池产品，成员单位依托财务公司资金结算系统，通过"内部借款挂往来账"或"委托贷款资金池"方式，实现二级单位对下属单位资金的归集、监控和调剂使用。最后，积极探索代理收付新模式。财务公司与商业银行合作，使成员单位无须在商业银行开立账户，仅在财务公司开立内部结算账户，实现"一站式"的收付款，收（付）款回单上仅显示成员单位信息，无财务公司信息。代理收款、退款款项系统自动识别，快速入账。

三是以加强信息化建设支撑资金归集。首先，加强财银直连平台建设。为了最大程度上提升资金归集的全面性、资金监控的实时性以及用户使用的便利性，财务公司尽可能扩大直连银行范围，下大力气推动银行账户授权工作。其次，推进纸电票据交易融合及线上清算。根据票据交易所要求和部署，财务公司改造自身票据交易管理系统，推动纸电票据交易融合，积极与票交所系统直连对接，将电票贴现后的交易、托管、清算、结算等业务从电子商业汇票系统迁移至中国票据交易系统，实现纸质票据、电子票据同场交易及票据全生命周期的直通式处理，提升了票据管理效率。最后，进一步提升资金结算系统能力。根据集团二级单位资金管理服务需求，财务公司利用金融行业经验与专业技术能力，开发建设集财务核算、资金结算、财企直联等功能于一体的结算中心平台，帮助二级单位内部结算中心实现业务审批流程化、预算管控、凭证制作、银行对账自动化，金融业务类型标准化，促进二级单位与财务公司的业务融合。

案例

案例 16-3　招商局财务公司运用资金池和法人账户透支业务助力集团成员单位资金集中管理

招商局财务公司为成员单位提供资金池服务，协助成员单位建立资金池账户体系，实施资金统一管理。资金池由母公司在招商财务公司资金系统中设立，将下级公司纳入资金池后，统一归集下拨资金，资金在资金池系统内按需调配。招商局财务公司提供的服务内容包括：资金池内归集下拨服务、账户余额调剂服务、资金清算服务、内部计价服务；同时，招商局财务公司还为资金池使用成员单位提供方案设计、系统接入、服务支持等现金管理整体服务。

随着招商局财务公司司库服务功能的完善，越来越多的成员单位频繁使用招商局财务公司资金池产品进行资金归集下拨。在资金池模式下，母公司账户会定期对下属公司账户资金归集或下拨。虽然资金池的自动归集下拨有效地减少了企业的闲置资金的资源浪费，避免母子账户、子账户之间烦琐的人工转账，但是下属公司账户的存量资金会出现临时性对外支付资金不足的情况。面对资金池内下属账户资金不足导致的延误支付问题，招商局财务公司创新性地结合了资金池和法人账户透支业务，为成员单位提供支付便利，提高支付效率。

招商局财务公司为资金池内的下属公司子账户设定透支额度：日间，成员单位可以在额度内，无须申请下拨资金对外支付；日末，资金池主账户（母公司账户）对子账户进行透支补足，不产生利息，如日终未补足，则自动转为流动资金贷款。下属公司账户如产生资金透支，则由母公司将账户资金补足。法人透支账户模式是资金池业务的有效补充，通过先支付、后进行资金调剂的方式，避免了因为资金归集导致支付账户的临时性资金短缺。

（二）发挥资金结算平台功能，提高集团资金周转效率

资金结算是财务公司作为集团专业金融服务平台的立身之本和创新基础，作为企业集团资金结算平台，财务公司历来高度重视资金结算工作，注重借助持牌优势和渠道优势，通过产品创新、系统完善、配套服务等举措，努力提高成员企业的结算效率

和便利性，提高客户服务黏性和忠诚度。2018年，财务公司行业全年结算433.17万亿元，较上年增长23.22%。

财务公司一方面大力推广财企直连，帮助用户通过自身ERP系统或资金管理系统与财务公司核心系统直连，实现资金直接划转、数据返回的实时化、自动化；另一方面增加直连银行，基本覆盖集团成员企业账户，实现成员公司、财务公司、商业银行达成信息系统交互指令的授权互认，用一个"超级网银"代替若干商业银行网银，进行支付清算、查询余额流水及管理下属企业账户。例如，2018年，国机财务公司不断提升公司资金结算水平，围绕成员企业的日常经营资金流、项目资金流抓结算，提升结算活跃度；围绕成员企业收付款环节，抓实收付结算，提高结算的有效性；围绕成员企业结算便利性需求，大力拓展网银结算和财企直连结算，抓好科技创新对资金结算的带动作用，提高结算的依存度。

此外，财务公司加强票据结算推广，扩大票据结算比例。制定票据结算服务方案，联合商业银行提供保贴服务，提供票据到期合规管理和代理兑付服务，优化票据结算流程，完善电子商业汇票系统，主动适应票据交易规则变化，开展纸电票据交易融合工作，提升票据运作能力，切实提高票据结算效率。例如，2018年，南网财务公司与19家成员单位签订了票据承兑总协议，全网共开立商业汇票8931笔，金额110.06亿元，是上年同期的5.5倍，其中，开立财务公司承兑汇票1092笔，金额28.54亿元，是上年同期的61倍，开立商业承兑汇票7839笔，金额81.52亿元，是上年同期的4.18倍。

（三）发挥资金监控平台功能，管控集团财务风险

财务公司依托账户集中、结算集中和资金集中优势，协助集团对成员企业进行财务风险管控；在协助集团加强账户集中管理，做实做精成员企业资金、票据结算主渠道的过程中充分发挥资金监控平台作用，有效保障集团资金运行安全。尽管各家财务公司因所在集团主导产业、经济结构、管控模式、资金状况、信息支撑等存在差异，但在加强资金监控的重点工作上存在不少相通之处。

一是抓实账户定期检查工作。在资金监控平台建设方面，依托集团公司支持和帮助，财务公司以集团合并报表全级次企业为检查范围，定期盘点成员企业银行账户情况，包括账户数量、账户性质、开户银行、账户余额、授权情况、使用情况，检查成员企业账户管理的操作规范性、信息填报准确性、风控落实有效性，全面审视成员企业账户使用情况，持续清理低效、无效账户。例如，国投财务有限公司在集团财务部

领导下，以集团合并报表全级次企业为检查范围，通过账户年检掌握成员企业银行本外币账户清单，并与年度审计数据核对，最终形成全面覆盖集团合并报表范围全级次成员企业的账户年检数据及报告。通过账户年检工作，全面掌握了集团成员企业银行账户1600余个，并按账户性质区分资金构成。监督成员企业清理不常用、不必要账户。以账户年检为基础，通过"透过账户看资金"的形式，全面掌握集团资金现状。

二是努力推进账户授权工作。着眼于实现对资金进行动态监控，财务公司努力推动银行账户授权工作，借助信息系统自动抓取授权账户的余额及交易流水数据，未授权账户支持成员企业手工填报，实现对成员企业银行账户余额监控，并与财务报表数据核对提高银行余额填报准确性、真实性，实现对成员企业银行账户余额、银行账户变动实时监控。例如，联通财务公司通过持续优化账户管理平台功能，建立全量账户信息监控机制，实现账户管理全面覆盖。通过集团公司与7家总行银企直连接口，实现银企直连账户交易明细及余额的实时监控；对于非银企直连行账户，通过手工录入或者模板导入的方式，将网银交易流水录入平台。深化全量账户监控功能应用，通过大数据分析手段，强化对账户效率、大额支付、资金沉淀、银企差异等信息的监控，助力集团公司在线监控账户及开展账户使用效率评价。

三是做实资金计划执行监督。在抓好账户管理和监控基础上，财务公司积极协助集团资金监控与预算管控对接，依托信息系统健全资金计划编制、报送、审核、监督执行等工作机制，密切跟踪资金需求，规范成员单位按照资金计划进行付款，评价成员企业资金计划编制执行的准确性，从而提高资金预判能力。例如，晋煤财务公司在公司核心业务系统基础上开发资金计划管理系统，通过核心业务系统与集团公司预算管理系统的无缝对接，在完善权限管理和支付控制管理功能的基础上，实现内部计划报送流程的线上处理，使资金收支预算与资金结算有机结合，为集团公司的全面预算管理搭建服务平台。同时，根据国务院国资委关于"运用信息化手段实现中央企业大额资金使用动态监控"的工作要求和安排部署，中央企业集团财务公司上线大额资金动态监控系统，实现与国资委大额资金监管系统的互联对接，做好数据报送传输的及时性和安全性，财务公司依托大额资金动态监控系统能够对集团成员单位的大额资金使用情况进行实时监测，推动各成员单位强化在财务公司开户、直连及支付结算工作，进一步提升资金集中管控水平，严控资金使用风险，确保集团大额资金动态监测数据的真实性和完整性。

（四）发挥金融服务平台功能，提升集团资金保障能力

2018年，面对宏观经济下行和供给侧结构性改革深入推进等因素带来的风险和挑战，财务公司充分利用专业优势和平台优势，为集团内外资源整合、深化改革开发提供有力支持，为集团资本运作、拓展融资渠道提供咨询服务，不断提升资金保障能力。

在支持集团深化改革、资源整合上，财务公司凭借扎根产业的便利，在有效控制风险的前提下，提供的金融服务方案周全、措施得力，投入充足资源支持集团变革。例如，南网财务公司坚持以集团改革发展进程中的金融需求为导向，加强金融产品创新，为深圳前海蛇口自贸区供电有限公司收购深圳招商供电有限公司100%股权提供了融资支持，发放并购贷款4.5亿元，为实现前海自贸区供电服务一体化、持续深化混合所有制改革提供金融支持。

在服务集团资本运作、拓展融资渠道上，财务公司作为集团的专业金融服务机构，有效发挥专业优势、信息优势及渠道优势，主动为集团及成员提供专业咨询服务，协助设计金融解决方案，联络外部金融机构和中介机构，推动项目融资计划落地。例如，中煤财务有限责任公司深度融入央企煤炭资源整合，参与中煤集团与国投集团、保利集团等煤炭业务资产移交方案设计和债权债务处置，精心设计各种金融工具和服务在内的整体解决方案，拓宽中煤集团融资渠道，协助中煤集团成功引入产业基金，与民生银行设立了总规模为100亿元的中煤民生产业投资基金，牵头组织中煤集团成功发行30亿元永续债，保障落实煤炭整合优势资产的资金需求。

三 服务集团有效管控风险

财务公司作为紧密依托实体经济、贴身服务企业集团的一类金融机构，对于宏观经济形势和行业发展变化的感受最灵敏、最直接。2018年，面对错综复杂的内外部环境，特别是部分行业所遭遇的前所未有的困难局面，财务公司作为金融与实体的重要连接点，也出现了风险抬头的情况，甚至所属集团经营形势出现较大波动的情况下，出现了票据违约事件，导致行业整体在金融市场的认可度和信誉受损。虽然财务公司作为持牌类金融机构，接受银保监会监督和管理，但与所在集团"一荣俱荣、一损俱损"的天然联系使得财务公司经营状况很难摆脱其影响，再次凸显了作为集团重要产

融结合平台的财务公司发挥好辅助管理职能、协助管控好集团各类风险、维护好集团财金秩序的重要意义。

（一）协助有序降低集团信用风险

企业特别是国有企业资产负债率偏高是当前影响宏观经济平稳运行的重要风险点，财务公司作为集团内部银行，充分发挥资金集中管理平台功能和专业金融服务优势，多措并举协助集团降低信用风险，具体做法包括：调研摸底成员企业的经营情况和资产负债情况，针对资产负债率高企、经营体量较大的企业，制定"一企一策"，在有效控制风险的前提下，努力通过内部贷款替代企业外部贷款，整体降低集团资产负债率；对于风险偏高企业，协助集团加强资金和财务状况监控，将各类融资工具均纳入限额控制管理，要求制订压缩负债规模计划并监督其执行；积极发挥好财务顾问角色，帮助设计融资服务方案，配合抓住市场有利时机，选择合适的融资工具，帮助降低负债水平。例如，中铝财务公司担任中铝租赁 ABS 融资财务顾问，制定了发行和融资方案，牵头完成项目立项、主承筛选、担保增信措施安排等重点任务，配合完成了企业现场尽调、融资结构设计、申报材料制作和投资者路演推介等工作，产品发行认购期间，财务公司充分发挥金融机构专业优势，与数十家机构投资者进行了沟通谈判，在保证 13.9 亿元融资总额的基础上，引导票面发行利率最终降至 4.98%，创同期同品种市场最优水平，取得了良好的经济效益和社会影响。

（二）辅助管控成员单位财务风险

在协助集团抓好账户管理，推动资金监控和预算管控对接，强化资金计划执行刚性的基础上，财务公司对于成员企业在各地的资金流量、流向能够进行实时监控和统一调控，确保集团资金协调、有序、可控运行，防控成员企业资金风险的能力大幅增强，辅助集团管控财务风险的基础更为扎实。尤其是在集团深入推进供给侧结构性改革、加大"处僵治困"力度之时，对于长期亏损、行业前景不明、技术不具优势的企业，财务公司基于对企业资金、对外负债、生产经营、财务状况的实时监测，能够有效辅助集团决策，提供相应金融服务方案，保障企业资金链不断裂和基本稳定，逐步止住"出血点"，稳妥化解潜在各种风险。

（三）持续加强管控外汇波动风险

2018年，中美贸易摩擦成为全球关注焦点。随着中美贸易摩擦持续发酵，人民币汇率出现较大波动，加剧对汇率走势判断的难度，同时在相当程度上给集团涉外业务汇率风险管理带来较大挑战和压力。财务公司顺应集团的国际化经营和发展趋势，积极开展跨境外汇资金集中运营，积极联合境内外金融机构，搭建境内外外汇资金池，并打通实现资金联动，通过开展结售汇、远期、掉期、套期保值等业务，规避汇率风险波动，提高集团资金整体使用效率，降低资产负债水平。例如，光明财务公司作为光明集团跨境外汇资金集中运用管理的主办企业，推动合作银行、成员企业与财务公司签署资金池委托贷款框架协议，通过国际和国内外币资金主账户进行境外资金归集、与境内资金池联动，利用 LIBOR± 点的利率定价机制、远期购汇、套期保值等汇率避险工具锁定融通境外外币资金的汇率波动风险，从而实现集团境内外资金联动，提高集团整体资金使用效率。

第十七章
服务成员单位

当前，国内经济已由高速增长阶段转向高质量发展阶段，正处在转变发展方式、优化经济结构、转换增长动力的攻坚期，深化供给侧结构性改革、实施创新驱动发展战略、主动迎接高水平对外开放是现代企业跨越关口的迫切要求和战略选择。

2018年，在国内外形势复杂严峻、经济下行压力加剧、中美贸易摩擦风险叠加、金融强监管引致发展环境趋紧的情况下，财务公司坚定不移地协助所在集团成员单位深入实施创新驱动发展，大力推动新旧动能转换，妥善处置深化改革、"处僵治困"带来的各种风险和挑战，创新金融产品和服务手段，完善金融服务体系，助力成员单位高质量发展。

一　支持成员单位深入实施转型升级

在企业集团尤其国有企业集团深化供给侧结构性改革任务艰巨、时间紧迫的情况下，财务公司作为植根于实体经济，专属于所在集团、服务产业的金融机构，依托对集团及成员单位发展战略、产业特征、技术特点、资源优势、经营周期、财务状况等情况的全面掌握，在服务成员单位深入推进供给侧结构性改革上提供了外部金融机构力所不逮的支持和帮助。

具体来说，基于对成员单位管理团队、创新能力、产业优势、资源保障、政策支持等的了解和分析，财务公司对于成员单位实施转型升级的预期成效有更为务实的理解和判断，能有效区分高效和低效创新，注重理顺金融资源支持成员单位转型升级的内在机制，在金融供给及创新上更为精准、有效，提供包括信贷支持、贸易融资、结算理财、现金管理等综合金融服务，进而引导、协调各种资源向优化配置。

例如，重汽财务公司深入贯彻落实新旧动能转换重大工程的决策部署，坚持以"提升发展质量和核心竞争力"为中心，以"回归本源、优化结构、注重质量、提升效益"为基础，对集团旗下山东润通精密齿轮生产项目和山东浩信集团高端免维护轮端一体化智能制造项目分别提供融资支持 4.3 亿元和 5.5 亿元。山东润通精密齿轮生产项目落地后计划年产 2000 万件各类齿轮、35 万台汽车变速箱，极大地提高了企业机械化及自动化程度，提升了产品质量和企业竞争力。山东浩信集团高端免维护轮端一体化智能制造项目将按照"信息化、智能化、全球化"的思路进行科学规划，引进 3D 打印、机器人等先进设备，建成了智能铸造、绿色铸造的示范基地。

对于集团内困难或亏损企业，在协助集团实施"处僵治困"的过程中，财务公司会基于困难企业的行业前景、主营业务、技术优势、集团策略、政策保障及潜在风险，有能力做出全面准确评估，因地制宜实行"一企一策"。对于长期亏损、行业前景不明、技术不具优势的企业，财务公司加强对企业资金、财务状况监测，与集团公司紧密协同配合，保障企业资金链不断裂和基本稳定，为集团逐步清理退出创造有利条件，稳妥化解潜在各种风险；对于有一定发展潜力但年度亏损的企业，协助集团积极开展专项治理，在信贷资源、金融服务上给予倾斜，帮助提升经营质量。例如，中信集团旗下江阴恒阳化工储运有限公司（简称"江阴恒阳"）是从事各类石化产品的码头装卸、仓储中转和运输物流服务设施的企业，因发生火灾事故，江阴恒阳日常经营陷入困境，后续融资变得异常艰难，中信港口投资有限公司收购江阴恒阳相关股权后，中信财务公司考虑到江阴恒阳在长江经济带拥有优质的岸线资源以及大量的罐容优势，符合中信集团发展战略，且能够通过"江海联动"，与集团原有的港口码头业务产生较强的协同效应。2018 年，中信财务公司对江阴恒阳提供充足信贷支持，累计签署了 11 亿元的贷款合同，发放贷款 6.2 亿元，成为江阴恒阳单一最大融资机构，成功助力江阴恒阳脱困并进入良性发展轨道。

二 助力成员单位创新驱动发展战略

面对国内主要矛盾已转为人民日益增长的美好生活需要和不平衡不充分的发展之间的矛盾，企业要清除无效供给、止住"出血点"，更要聚焦有限资源，加快形成有效供给能力，稳步推进内外部资源整合，培育拓展新产业、新业态。随着国内外技术水平日益拉近，原有"后发优势"对于提高供给质量的效能日益式微，特别是发达国家基于战略考量对于国内技术转移的保守倾向，倒逼企业要加大创新投入，完善创新激励约束机制，切实增强自主创新能力，持续提升创新效率，实现关键环节、核心技术的自主可控。

面对这一大势，财务公司依托扎根集团、熟知产业的内生优势和专业金融优势，"从产业中来，到产业中去"，以国家政策及集团战略为导向，借鉴创投机构做法，弱化担保、资产规模、收入利润等传统要素权重，适当增加风险容忍度，根据企业技术创新项目所处不同阶段、企业管理团队的素质及稳定性、技术创新项目与企业原有业务及能力匹配度等，联合政府有关部门、银行、保险及担保公司，制定实施有针对性的金融服务方案以及风险缓释措施，提供精准信贷支持，支持企业加大研发投入，创造、巩固自身技术优势和产品优势，加快技术成果向市场应用转化，提高企业核心竞争力。

例如，上海复星高科技集团财务有限公司积极服务复星医药自主创新战略，在信贷资源方面给予复星医药充分支持，公司与复星医药签订为期3年、10亿元授信额度的金融服务协议。2018年1月，公司根据复星医药的实际资金需求，向其发放1年期流动资金贷款3亿元，贷款用于支持生物医药研发、高性能医疗器械等方面具有先进技术及行业领先领域的项目，帮助复星医药推进关键技术研发和科技成果转化，真正实现信贷投向民生保障领域的投入。

同时，基于财务公司资金性质与创新投入的风险性、长期性不匹配，在支持企业创新过程中，财务公司注意摸索行之有效的机制和方法，在合理评估风险基础上，注重发挥金融服务功能和资金投入导向作用，优化金融服务解决方案，引导各类资源投入最有效的地方，支持企业产品研发、技术创新，同时实现创新风险的分散、分担、转移，保障集团整体资金安全。例如，安徽能源集团财务有限公司积极支持集团旗下环保发电公司垃圾焚烧项目，促进垃圾发电产业自主创新和技术进步，自2012年以来，财务公司累计为环保发电公司发放贷款8.9亿元，其中，流动资金贷款1.5亿元，项目贷款7.4亿元。2018年，除发放自营贷款外，财务公司还为环保发电企业办理委托贷款5.6亿元，免收委托贷款手续费565万元。此外，财务公司支持企业创新不浮于表面，注意从企业创新过程中遇到的痛点和难点问题入手，深入摸底、靶向治疗、服务到位，能够提供有针对性的金融解决方案，以金融产品和服务为润滑剂、黏合剂有效理顺了技术创新应用各种关系，从而实现多方共赢。例如，中船重工财务公司在支持成员企业研发、制造智能停车系统过程中，调研获悉虽然企业产品技术居于行业领先，但产品推广因客户融资难且对产品投资回报不确定而持观望态度遭遇不小阻力，中船重工财务公司既为成员企业及下游客户制定了买方信贷金融解决方案，帮助企业成功实现产品销售，加快回笼资金，又满足了客户项目启动融资的需求。该项目实施改善了区域停车难问题，同时助推成员企业在"智能交通"领域进一步发展。

三 配合成员单位的国际化业务开展

党的十九大提出，"坚持引进来和走出去并重""创新对外投资方式，促进国际产能合作，形成面向全球的贸易、投融资、生产、服务网络，加快培育国际经济合作和竞争新优势"。2018年，中国的外部环境面临深刻变化：一方面，中美贸易摩擦等外部挑战对国内经济改革发展持续施压，倒逼相关领域、行业开放力度进一步加大；另一方面，企业集团始终保持战略定力，砥砺奋进、锐意进取，加快推进国际化布局和发展，推动国内外资源整合取得新突破。

在这一过程中，财务公司牢牢抓住国家建设高水平开放体系大势，紧随集团国际化战略纵深推进步伐，配合成员单位国际化发展，发挥自身优势和专业特长，借助外部金融机构进行产品和服务的创新，成功开展了代理国际结算、即期结汇业务、贸易融资、外币自营贷款和委托贷款、外债及外币拆借等外汇业务，加速推进国际业务的发展。例如，2018年，中信财务公司积极协调外部银行、成员企业推进代理信用证模式，约定以中信财务公司授信为基础，依据成员企业真实贸易背景及业务申请向银行申请开立信用证，信用证到单后，中信财务公司依据成员企业的承兑付款指令向银行进行承兑付款确认并进行单据的传递。通过这种授信的传导，成员企业以较低的成本实现了通过财务公司代理由银行向受益人开立国际信用证。

案例

案例17-1 中化财务公司外币发票融资业务创新与实践

中化集团某贸易企业（以下称"成员单位"）经营模式是购买国内供应商的产品，加工后出口至国外大型跨国公司，因境内支付人民币和境外收汇存在账期，成员单位提出通过财务公司对美元的应收账款做相应的保值，并贷款人民币用于国内货款支付。但该方案下支付银行远期结汇的保证金成本和人民币贷款成本过高。

根据成员单位业务模式和美元应收账款情况，中化财务公司设计出了更贴合客户业务需要的产品模式，即通过应收账款质押的方式提供授信，进行发票融资。成员单位将融资来的美元结汇支付境内客户的货款，待外商付款后归还财务公司的美元贷款。

对成员单位来说，应收账款形成时便可获取优于人民币贷款利率的外币资金支持。将贷款结汇用于国内货款支付，既可以满足规避美元敞口汇率风险需求，又能盘活资金，降低成本；对财务公司来说，通过国外大型跨国公司的应收账款质押降低资金回收风险，同时可获得美元贷款利息收益，增加结汇收入。

第十八章
服务产业链

国家之间的产业竞争已进入产业链竞争阶段，产业链布局与效率的持续优化，已经成为经济发展的重要驱动力。而产业链金融作为实体经济与金融业务的有效契合点，对于推动产业链发展、带动整体经济提升具有关键意义。

2018年，财务公司牢牢抓住贯通全产业链金融服务的发展优势，通过持续加强对产业链上下游的金融服务，使供应链各环节紧密联结，帮助企业集团建立了长期稳定的贸易合作关系，有效润滑了整个供应链的管理，逐步解决了产业链失衡问题，引导并推动所在集团重点领域与产业转型升级。

一 助力疏通货币政策传导机制

产业链作为国民经济各部门不同企业间基于某种技术经济范式而进行价值创造和转移的企业群结构，不仅包括规模庞大、管理规范、控制力强的企业集团，还由众多处于从属、配角地位的中小企业组成。随着经济社会的不断发展，中小企业对企业集团持续健康发展的重要作用愈加突出，对社会进步和国民经济转型的重要作用愈加突出。2018年，因外部环境因素、周期性因素以及结构性因素等影响，民营企业、中小微企业在经营层面遭遇较大困难和挑战，造成融资能力下降，并与金融强监管政策效应相叠加，融资环境进一步趋紧，企业资金链承受更大压力，企业家信心和预期受到较大影响和冲击。面对民营企业、中小微企业发展遇到的困难和问题，国家高度重视、积极进取、主动作为，通过推进减税降费、加大融资支持力度、保护企业产权、营造公平环境等举措，坚定企业家改革发展信心，支持民营企业及中小微企业脱困、发展、壮大。

在这一过程中，财务公司作为现代金融体系重要组成部分，紧紧把握自身的站位优势和专业优势，充分运用贯通全产业链的金融产品和服务手段，着力疏通资金流入实体经济不畅的"中梗阻"，有力地缓解了产业链上下游中小微企业的融资难、融资贵、融资慢问题，促进了产业链各利益攸关方和谐共生、利益共享。

（一）加快推进产业链上游金融业务

随着国内经济增速持续放缓、企业"两金"高企掣肘去杠杆以及顺应企业集团对财务公司创新发展、更好服务产业的要求，财务公司大力开展"一头在外"的票据贴现业务和应收账款保理业务，帮助上游供应商盘活存量资产、缓解融资压力，帮助成员企业润滑供应链管理，保障配套产品供应质和量，降低综合采购成本。2018年，财务公司全行业共有54家开展延伸产业链金融业务，累计办理各类供应链金融业务1318.00亿元，较上年增长87.06%，其中，票据贴现业务累计办理1148.10亿元，应收账款保理业务累计办理169.90亿元。具体做法如下。

一是多措并举畅通票据在产业链流转，推动票据贴现业务。财务公司积极配合集团加强票据集中工作，推动建立集团"票据池"；优化票据结算流程，完善电子商业汇票系统，主动适应票据交易规则变化，开展纸电票据交易融合工作，提高结算服务效率；注重票据结算推广，扩大票据结算比例，通过对成员企业签发的电子商业承兑汇票提供一手或多手保贴，并通过商业银行授信的方式争取票据贴现额度，为成员企业签发的电子汇票提供流动性支持，保证电子商业汇票到期按时解付，从而调动成员企业、供应商使用电子商业承兑票据进行支付清算、融资的便利性和能动性。

二是完善与成员企业合作机制，积极推进应收账款保理业务。与传统信贷业务相比，供应链金融业务更多以真实贸易背景为前提、强调融资还款来源的自偿性，这就意味着在业务拓展、风险控制等方面财务公司都离不开集团及成员企业的支持与配合。因此，财务公司需与成员企业构建紧密协同、互利共赢的合作机制，让成员企业在信息交互与风险控制方面发挥更大作用，支持财务公司构建产业链交易信息跟踪、核查能力，能够对应收账款的贸易背景做到实时跟踪，确保业务的真实性、有效性。充分挖掘产业链数据价值，对链上供应商提交的保理融资申请能够在线评估，快速放款。财务公司可以实时风险预警，及早发现问题，在成员企业配合下采取相应手段，最大限度规避风险。

三是积极争取低成本资金来源，努力降低供应链企业融资成本。财务公司通过"一头在外"的票据贴现业务和应收账款保理业务，很大程度提高了集团上游配套企业的融资可得性，同时坚持立足集团、服务产业的初衷，着眼于降低产业链成本、提高产品竞争力的考量，在供应链金融产品定价上采取保本微利策略，给予上游供应商的产品利率较同期市场融资成本下降30%以上，有效地降低了上游中小微企业的财务费用。例如，2018年，在上游各类配套中小微企业无法获取商业银行融资的情况下，山东重工财务公司坚决保障其各类融资需求，在融资价格上，给予供应商贷款平均利率仅为4.89%，远低于同期金融机构对小微企业贷款的平均利率。同时，与商业银行相比，财务公司整体资金成本偏高，拓展供应链金融业务会面临一定掣肘，尤其是在办理银票贴现业务时，由于银票贴现价格偏低且公开透明，财务公司在办理此类业务时可能存在价格倒挂。为了维护财务公司经营信誉，保障配套供应商正常融资需求，财务公司积极拓展低成本融资渠道。例如，南网财务公司充分利用人民银行扩大再贴现额度等正向激励措施，加大票据运作力度，积极向人民银行广州分行争取再贴现政策支持，获得人民银行广州分行月再贴现额度6600万元，成功开展首笔再贴现业务，金额为5320万元，再贴现利率为2.25%，为加大对电网行业产业链上游中小微企业的融资支持提供了低成本的流动性支撑。

（二）稳步拓展产业链下游金融业务

财务公司产业链下游金融业务起步较早、发展成熟、行业集中，产业链下游金融业务持续开展帮助成员企业加快产品销售，快速回笼资金，解决客户购买力临时性不足、融资难问题，有效提高发展质量和生活水平，形成财务公司重要经济增长点，实现多方共赢、和谐共生。2018年，财务公司全行业共有37家财务公司开展消费信贷、买方信贷和融资租赁业务，累计发生金额3666.01亿元。具体做法如下。

一是平稳发展消费信贷促进居民消费升级。面对前期房价持续上涨对居民杠杆水平较快拉升带来的偿债压力以及消费金融市场不规范发展对居民有限购买力侵蚀，进而造成消费金融行业风险陡升、引发监管机构关注，财务公司冷静应对、保持定力，牢牢把握服务集团主业、促进消费升级的宗旨，坚持审慎的风控标准和操作流程，理性选择目标客群，执行合理的融资价格，加强贷后跟踪和管理，有效促进了集团产品销售，维护了消费金融行业良性发展秩序。2018年，财务公司行业共有12家财务公司开展消费信贷业务，累计办理融资1374.30亿元，较上年增长28.66%。

二是积极开展买方信贷和融资租赁助力供求共赢。2018年，买方信贷和融资租赁作为财务公司服务集团产品销售、解决客户融资问题的金融工具继续发展着重要作用，全行业共有36家财务公司开展买方信贷和融资租赁业务，分别累计发生2226.50

亿元和 65.22 亿元。除了融资价格优惠、流程简便、服务效率高等固有优势，财务公司在开展买方信贷和融资租赁业务时，积极转换服务理念，站在产业角度去看金融、用金融，能够主动深入产业链，发挥产业链联动效应，以金融产品有效供给来提升上下游合作黏性，润滑企业经营遇到的摩擦，协调供需矛盾。例如，陕西煤化财务公司与华电集团财务公司签署战略合作协议，为华电集团旗下电厂采购集团煤炭时提供买方信贷服务，帮助弥补电厂融资难的短板。截至 2018 年底，陕西煤化财务公司买方信贷业务累计发生 2.1 亿元，贷款余额 1.6 亿元。

二 协同构建一体化产业金融服务体系

为完善产业链金融服务体系，不断深入推进集团产融结合，增强集团产业链体系竞争力，不少企业集团站在时代前沿和战略全局高度积极谋划、推动产业链金融生态圈建设，通过新设、并购等方式拥有各类金融牌照，组建金融服务板块，建构集团产业板块的全新一极。在此过程中，企业集团注重指导和规范旗下各类金融机构的发展定位与业务边界，充分发挥各类金融机构的牌照和业务优势，建立健全风险管控及隔离机制，引导彼此之间相互补台、紧密协同、形成合力。

财务公司作为集团较早成立的一类金融机构，凭借长期发展积累的专业知识、风险管控、人才储备等优势，在其他金融机构组建时都会或多或少给予一定的业务、技术、人才等支持。同时，财务公司作为集团资金集中管理平台，凭借结算、征信、风控、信息等较大优势，使得各家金融机构与财务公司之间都会存在千丝万缕的联系。考虑到这些金融机构所从事业务多为"类贷款"业务或服务于企业、个人融资，与财务公司业务存在潜在冲突的可能性，财务公司深入领会集团战略意图和政策指向，紧跟集团战略规划及工作要求，勇于担当集团金融板块"先行者"职责，主动与兄弟金融企业进行业务对接，有所为、有所不为，充分利用内部各金融单位销售网络，共享产业链金融客户资源，共同发掘潜在客户，加强金融交叉产品的研发、推广和管理，提升交叉产品与服务，通过为客户提供全方位、高价值的综合金融服务，增强客户体验。发挥信息技术优势，对内部金融单位业务运营进行全面的资源整合，建立共享业务中心，推动业务协同运作。通过后台运作规范化，促进集团服务的标准化以及各金融客户资源共享，缩减金融服务成本，有效降低风险，增强产业链金融核心竞争力。例如，陕西煤化财务公司不断强化自身平台功能，同时致力于形成以财务公司为核心平台，协同集团其他金融企业的生态圈，发挥资源聚合优势，为集团各产业板块提供更丰富的金融服务，推动集团产融结合质的飞跃。截至2018年底，陕西煤化财务公司管理的金融资产总规模已达到约530亿元。

同时，财务公司积极加强与产业链上下游同业之间协作。产业链上下游间相互关联，财务公司同业间产业链金融业务存在广泛合作空间。在监管机构批准开展的业务基础上，产业链上下游财务公司可以就同业授信、资金融通、商票互认、票据转贴现等方面展开合作，在涉及各自企业集团成员的经营状况、资金状况、信用状况等方面，进行相互的担保和信息咨询，做大做强产业链金融服务。产业链上下游财务公司之间通过票据贴现合作，一是畅通产业链上下游资金流转渠道，盘活成员企业票据，加速资金周转；二是加强集团产业链上下游之间的合作，巩固和发展产业生态圈，为开展延伸产业链金融打好基础；三是丰富同业之间流动性管理的手段，互通有无、互相帮扶。例如，2018年，昆钢财务公司与下游建筑企业集团财务公司积极寻求产业链金融合作，分别给予对方一定的同业授信额度，用于票据转贴、同业拆借等同业业务。当集团成员企业有资金需求时，可持另一集团财务公司承兑的商票到所属集团财务公司办理贴现，负责贴现的财务公司根据自身的资金情况，选择持有至到期或向承兑财务公司申请办理转贴现，提前回笼资金。

三 运用科技变革产业链金融服务模式

新一代信息技术与财务公司产业链金融业务加快融合发展，帮助财务公司及时规避网点、人员、风控等不足，同时使得服务产业链"长尾客户"的经济价值和社会价值进一步凸显，在协助有效甄别、评估、定价客户风险的基础上，财务公司的服务效率和客户体验反而得到进一步提升，财务公司作为产业链金融服务的重要地位和功能属性得到进一步强化。在加快推进新一代信息技术与产业链金融业务融合发展上，财务公司积极从商业模式、服务效率、内部管理等侧面切入并予以推动和实施。

（一）积极探索商业模式变革

数据是核心竞争力，开展产业链金融业务也概莫例外。理论上讲，财务公司与集团成员企业是一家人，财务公司系统可以与集团成员单位的采购、销售、财务、仓储、物流系统建立对接，实现信息互联互通，可以在线抓取成员单位与产业链合作伙伴的合同、订单、发票、发货、入库、销售、挂账等交易信息，充分挖掘这些数据价值，用于对链上成员进行信用评估，进而实现全流程线上操作，降低操作风险，加快放款速度，改善客户体验。实际上，财务公司接入成员单位系统，实现信息互联互通或多或少存在障碍，这主要源于产业链中的交易信息、数据对于成员单位而言是头等商密、重要资源，企业对开放、共享这些数据持相对保守态度，况且一般情况下集团产、供、销、人、财、物、存等信息、数据分别掌握在不同参与主体手中，若要实现商务、物流、资金流、信息流等归于一统，需要将分散在各方的数据、信息进行整合并接入外部第三方数据进行分析、挖掘，因此，在现有模式和技术路径下，财务公司依托自身力量实现产业链金融业务全线上化操作存在较大挑战和压力。

对于保证各参与主体"数据隐私""数据主权"、实现集团产业链大数据共享共治的核心问题，部分财务公司已先行尝试采用区块链技术作为底层技术，由集团统一领导，财务公司组织实施，重点企业积极参与构建联盟链，运用物联网、大数据、人工智能等技术主动采集、汇总、分析、挖掘，利用区块链的分布式记账、点对点传输、共识机制、加密算法等技术优势，确保信息不可被篡改，在众多参与者实现相互信任，极大降低交易成本，鼓励引导成员企业将信息、数据上传至区块链上，保护"数据隐私"情况下，联盟链用户因融资、交易等需求可以经过授权、鉴权向相关合作方选择开放部分数据、信息，实现信息交互、验证、分析、挖掘等。基于区块链技术搭建的产业链金融平台，使得陌生主体之间建立信任成本为零，这意味着平台本身具有的开放性以及财务公司盈利模式调整的可能性。例如，2018 年，万向财务公司积极开展"一头在外"票据贴现业务，全年为 49 家企业办理了"一头在外"贴现业务 94 笔，贴近金额合计 2.6 亿元，同比增幅 300%。同时，万向财务公司突破性地开展了基于区块链技术下的应收账款保理业务 2 笔。

（二）聚焦提升客户服务效率

随着移动互联网技术与传统金融业务深入融合、与客户金融消费习惯向移动端迁移相互影响、交互激荡，财务公司紧随集团产业转型升级方向，及时捕捉新业态、新模式对金融服务的诉求，整合"生物识别""电子认证""智能客服""管理驾驶舱"等技术，加快构建移动金融生态服务体系建设，适时推出移动支付、手机银行、微信银行、微信公众号等产品或服务，支持客户通过移动端办理信息查询、支付结算、贷款贴现、审批授权、资金管理等，从而摆脱物理空间及设备的束缚，支持随时随地高效、便利地处理各种金融业务，降低人力和时间成本。例如，上汽财务公司为满足集团旗下"享道出行"网约车平台对移动出行支付体系建设需求，在用户端整合了支付宝、微信支付、银联闪付等主流第三方支付渠道，完全满足客户小额高频的支付要求，能够承受平台全部运营车辆满负荷运营时的瞬时迸发支付压力；在司机端支持司机提供自己已有任意银行卡信息，就可以根据运营方设定的规则将自己的奖励佣金提现，实时到账，不收任何手续费；在平台端设置客户收款和司机付款收支两条线的专用账户，并根据订单自动关联，为平台提供自动对账和清账服务。"享道出行"从成立到 2018 年 10 月开始试运行，上汽财务公司用不到 4 个月的时间完成了平台互联网支付需求收集、账户设计、系统测试、正式上线试运营的全部流程。至 2019 年春节，平台互联网支付量保持在月均 2 万笔以上，用户和司机端均反馈良好，有力地支持了"享道出行"品牌的推广和发展。

第六篇 发展篇

2018年，财务公司行业的发展呈现出多方面新特点。传统业务持续发展进步，不断提升质量效应，体现出稳中有进的发展步调，迸发勃勃生机；产业链金融继续引领行业创新，带动各方面工作整体提升；风险管控顺应"严监管""强监管"新常态，进一步巩固行业发展根基；以信息化为代表的科技创新驱动行业发展升级，勾画未来发展新蓝图；依托财务公司与其他金融机构之间、不同财务公司之间协调合作关系的持续深化，行业生态链建设再上新的台阶。

与此同时，财务公司的发展也面临多方面挑战，其中比较突出的方面，包括宏观形势对产业发展传导的影响，金融市场波动带来的压力，监管环境对业务创新活动的约束等等。此外，成员单位需求升级、风险管理标准升级、业务拓展空间升级、服务国家战略与履行社会责任能力升级、信息系统建设与运维升级等方面的发展需求，也对财务公司增强自身能力提出了挑战。

展望未来，财务公司行业将在延续当前发展势头、发挥自身独特优势、回应内外多方挑战的轨道上，呈现出新的气象。具体地说，财务公司将更加积极地对接国家战略，服务实体经济；更加主动地回归行业本源，规范发展方向；更加充分地发挥独特优势，赋能集团发展；更加全面地提升服务能力，优化金融供给；更加有力地狠抓风险管控，巩固发展基础。

Part 6　Development

In 2018, the development of the finance company industry showed many new features. Traditional businesses continued to develop and the quality kept improving, showing a steady progress and strong momentum of the industry; industrial chain finance continued to lead the innovation, driving all aspects of work to improve; risk management and control conformed with strict supervision requirements; technological innovation represented by IT application drove the development and upgrading of the industry; finance companies deepened coordination and partnerships with other peers and financial institutions, propelling the industrial ecological chain to a new level.

At the same time, the development of finance companies also faced many challenges, among which the prominent aspects were the impacts of macro economic situations, the pressure brought by financial market fluctuations, and regulatory constraints on business innovations. In addition, the upgraded development needs of member units, improved risk management standards, expanded businesses, more required social responsibilities, optimized IT systems and maintenance propelled finance companies to enhance their own capabilities.

Looking into the future, the industry will keep the current momentum, and leverage its own unique advantages to the respond to challenges both inside and outside. Specifically, finance companies will keep in line with the national strategies and serve the real economy, focus on the main businesses, and standardize the development models; they will also play the full role of their advantages to provide better services to the groups, optimize financial supply, and effectively manage risks to consolidate the foundation of development.

第十九章
新特点

一 传统业务迸发新生机

企业集团财务公司是最有中国特色的金融机构，在改革开放的时代大潮中应运而生，紧密依托实体经济发展，连接金融与产业，贴身服务所在企业集团，贡献独特价值，帮助企业集团在经济社会发展中发挥中流砥柱作用。在这一过程中，一方面，各财务公司从所服务企业集团的行业特点、所有制类型、管理模式等实际情况出发，抓住企业集团主业发展的实际需求，在业务品种、业务发展方向等各个环节，呈现百花齐放的个性特征，体现了不同企业集团对财务公司定位与诉求的差异，以及不同财务公司发展内外条件的差别；但另一方面，经过长期发展，在国家政策和监管环境的约束与引导下，财务公司的业务发展仍呈现出鲜明的共性特征。特别是在作为行业发展纲领性文件的《企业集团财务公司管理办法》对财务公司定位、财务公司职能进行明确的情况下，各财务公司普遍将结算与资金集中、存款、贷款、票据作为主干业务和基础业务，这是监管环境的要求，也是行业发展的必然。对财务公司行业而言，上述业务也就逐渐成为监管倡导、集团接受、公司重视、行业关注的传统业务，成为服务集团资产保值增值等其他品类业务次第展开的基础，为财务公司所在集团贡献价值创造条件，成为行业稳健发展的基石。

2018年，财务公司各类传统业务作为行业发展的基石，持续发展进步，多项业务数据再创新高。不过，更值得注意的是，传统业务在不断扩大规模、丰富产品、改进服务的同时，也在不断提升发展质量，丰富发展内涵，从帮助集团提高管理水平、联通内外市场等多个维度，与财务公司所在集团、所在产业的发展大势深度融合，体现了从外延式发展到内涵式发展的转型态势，反映了整个财务公司行业稳中求进的总体发展基调，呈现勃勃生机。

财务公司行业传统业务发展的生机与活力，在资金集中、票据等业务领域体现尤为突出。以资金集中业务为例，2018年，全行业资金集中度达到49.48%，相比2017年增长1.57个百分点；保持了稳步发展态势，成为财务公司为集团提供各类金融服务、发挥辅助管理职能的坚实基础，也为财务公司资产类业务的发展提供了充足的资金资源，成为财务公司建设集团内部司库的有力支撑。与此同时，资金集中业务的发展更加注重质量与内涵，与集团加强整体管控、促进主营业务发展的整体部署深度融合，也与财务公司打造综合性金融服务平台的战略举措深度融合。

具体地说，部分财务公司在通过加强资金集中、解决"如何将资金管起来"问题的前提下，深耕综合性金融产品体系，特别是在资产业务端面向集团内外两个市场，提高资金资源的使用效率和配置水平，深入思考和探索"如何将集中之后的资金用起来"，使资金集中真正成为集团以资金管理为切入点、提高内部管控力度和资源运用效率的有效手段，避免产生"资金单纯为集中而集中"，减少财务公司集中资金所面临的各种阻力。同时，部分财务公司在争取资金集中度再创新高的基础上更进一步，开始关注资金集中的实际质量，包括配合集团在成员单位原有资金集中时点考核基础上探索日均考核，以回避出现周期性成员单位"存款搬家"，解决资金集中度数据虚高但实际可用资金头寸有限的矛盾；也包括在配合集团加强成员单位资金计划管理方面发挥更加积极的作用，使财务公司的资金集中职能与集团资金计划管理全局深度融合，在资金实现物理集中之前先行完成管理集中和信息集中，并使财务公司资金集中平台成为集团自觉运用的资金管控与流动性管理工具，在彰显财务公司独特价值的同时，进一步巩固财务公司的生存发展基础。

 案例

案例19-1　中车财务公司以集团资金预算管理为主线，加强资金集中

中车财务公司将资金集中与集团一体化资金预算管理深度融合，进一步提升财务公司履行集团司库管理职能的水平和层次。

公司通过建立集团整体全口径的资金预算管理体系，通过对集团整体资金流向分析，调剂集团内资金盈缺情况，发挥金融同业优势，融通外部市场不同融资渠道，在以最优成本满足集团整体资金需求的基础上，有效应对市场价格波动及规模紧缩。公司通过四周滚动预算动态调整，有效平抑集团资金峰谷，优化财务费用支出，合理提升盈余资金收益，打通集团全口径的资金管理平衡路径，实现集团整体利益最大化。同时，从2018

年起，公司开始为集团各类资金资产类业务提供全方位咨询管理服务，受托管理集团全口径资金四周滚动预算、资金计划，日均规模近千亿。公司以资金全面预算管理为切入点，以月度滚动预算为引领，着力提升财务分析、行业对标、风险提示、指标预警等专业能力；更加注重"两化"原则下的一体化经营平衡与协同，持续提高资金集中水平、合理平衡资金运用；在确保金融行业各项监管指标合法合规的同时，更加注重对金融风险与市场波动的事前提示与预警。

二　产业链金融引领新业务

在监管趋严的大背景下，近年来，企业集团财务公司在业务创新的方向选择上有所收窄；以延伸产业链金融服务试点为代表的产业链金融业务，协同买方信贷、消费信贷等其他服务范围延伸至集团成员单位之外的业务，积极发挥服务实体经济、服务集团产业链上下游、服务小微企业的独特价值，成为财务公司业务创新领域最为耀眼的闪光点。

2018年，共有54家财务公司在获得监管部门延伸产业链金融服务资格的前提下，以"一头在外"的票据贴现业务和应收账款保理业务的方式，开展面向集团成员单位产业链上下游的金融服务。全年累计业务发生额达到1318.00亿元，相比2017年增幅87.06%，显示出蓬勃发展的态势。

值得注意的是，财务公司产业链金融业务在规模不断增加、具体产品和服务方式日益丰富、对集团上下游关联企业实际需求契合程度日益紧密的同时，逐渐成为财务公司走出集团范围、对接外部市场的重要渠道。产业链金融的发展，有利于促进财务公司在经营战略和业务理念方面进一步解放思想、转换思路，并带动各个方面的具体工作，包括提高服务标准、建设定价机制、升级信息系统、完善风控体系、打造人才队伍，发挥不可多得的"练兵场"作用，提高作为专业持牌金融机构的全方位竞争能力，例如，财务公司的产业链金融服务往往存在客户规模较小、数量众多、分布分散的问题，对财务公司的服务效率、风险管理能力、专业人才队伍的数量与质量等环节来说，意味着更高的标准和要求，必然倒逼财务公司在相关领域加大投入，持续改进提升。

案例

案例19-2　中石化财务公司产业链金融创新带动服务管理全面提升

中石化财务公司以服务实体经济为导向，大力推进产业链金融业务，助力集团主业经营，支持产业链企业发展；同时，为顺应产业链金融业务发展的实际需要，在业务推介方式、产品定价机制、服务效率、风险控制等方面采取针对性措施，带动公司服务能力与竞争能力全面提升。

在业务推介方面，为适应产业链金融服务直面众多小微企业的实际需要，公司积极转变观念，从坐商变行商，从"电话式"服务变为"面对面"服务，主动"走出去"，与客户面对面交流，提供贴身服务。公司通过现场走访、参加客户交流会等方式，向核心企业和产业链客户详细介绍产业链金融业务的特点和流程，现场解答客户的疑惑，与客户建立深入密切的联系，为后续业务开展创造有利条件和坚实基础。

在定价机制方面，公司坚持以市场为导向，密切关注市场利率变化，综合考虑业务规模等多种因素，合理灵活进行业务定价，提升公司业务报价的竞争力，通过优惠的市场价格争取客户，切实为产业链客户提供质高价优的服务，有效缓解产业链客户融资难、融资贵的问题。

在服务效率方面，公司秉持"客户至上、效率优先"的理念，针对客户备案、业务办理、款项支付等各个环节，优化内部流程设置，耐心指导客户操作，在确保风险控制的基础上，有效提高了业务办理效率，持续改善客户体验。

在风险防控方面，公司严格按照监管部门的相关要求，构建了适合集团产业链金融发展的特色风控体系，实施客户准入、业务办理、贷款管理全流程全生命周期风险管控，确保合规经营，严格防范控制信用风险，推动业务发展行稳致远；同时也带动了公司风险防控能力的整体提升。

三　严监管筑牢发展新基础

2018年是全面贯彻落实党的十九大精神的开局之年，也是打好三大攻坚战的开局之年。作为三大攻坚战之首，防范化解金融风险，在经济社会发展全局中的地位进一步凸显，已成为中国全面建成小康社会必须跨越的重要关口。

在这一大背景下，在前期"严监管""强监管"趋势基本成型的基础之上，一系列针对金融风险的监管政策陆续出台，遏制杠杆率过快上升势头、治理金融乱象、化解地方政府隐性债务风险、整顿资管业务、提升金融机构合规意识等成为监管关注的重点问题。作为专业持牌金融机构的企业集团财务公司，也逐步形成了顺应"严监管""强监管"形势、提高全流程全面风险管理水平、将合规风控要求全面渗入公司经营管理各个环节的"新常态"，有利于财务公司行业可持续健康发展。

2018 年，财务公司积极顺应金融监管架构的调整变化和多重监管不断加强的趋势，面对银保监会、证监会、人民银行及国资委等不同部门的监管政策和管理要求，不断提高因地制宜贯彻落实的工作水平，较好地适应了银保监会以 1104 报表为抓手的日常非现场监管标准和要求的进一步提高、人民银行机构评级工作常态化和反洗钱工作要求从商业银行向财务公司延伸等政策的调整变化。同时，作为中国金融市场重要参与者的财务公司通过落实资管新规等重点工作，积极承担金融风险防控责任，配合监管机构扫除监管死角，形成防控金融风险的合力。

同时，财务公司在经营管理全流程进一步深入贯彻"严监管""强监管"背景下的风险导向，依托国家政策和集团取向明确自身定位、回归服务本源、找准风险偏好、完善风控架构、优化制度流程、充实由各类风控方法和风控工具形成的"风险管理武器库"；通过风险管理与公司整体战略、具体业务操作各环节的深度融合，形成以风险管理为导向的管理闭环；加大专门机构、专职岗位、专业人员等方面的投入与保障，在业务日益复杂、管理时效性要求日益提高的情况下积极推进风险管理数字化与信息化，开发专业系统，探索将大数据、云计算、AI 人工智能等前沿技术手段用于风险管理实践；同时面向全员强化风险意识，建设风险文化，将风控基因深深植入公司肌体，以"严风控""强风控"的新自觉，回应"严监管""强监管"的新常态。

案例

案例 19-3　申能财务公司多措并举升级全面风险管理体系

申能财务公司在"严监管、强监管"的背景下，严格落实各项监管措施，防风险、补短板、加强金融乱象治理，通过多项举措，实现了全面风险管理体系的升级。具体措施如下。

一是引入专业资源，抓好短板建设。公司引入德勤作为第三方专业机构协助公司开展业务流程复核与再造，查漏补缺，规范操作。在梳理过程中，比对行业先进经验，挖掘不足；同时，进一步明确和完善分级授权体系，加强信用风险的流程标准化、流程化管控，优化市场风险管理的跟踪监督机制。

二是开展制度修订，夯实业务基础。2018年公司将制度梳理完善列为年度重点工作，从内外部合规性要求出发，充分考虑公司业务实际需求和前、中、后台业务诉求，年内新增制度14项、修订195项、废止5项；公司修订后的制度共计214项。

三是实现系统升级，提升科技引擎。公司上线以自主研发为主的新一代核心系统，实现移动办公和业务线上审批，为加强实时风险监测与管控创造条件；与票交所实现系统直连；参与了上海市信息安全测评认证中心组织的等保测评，获得安全保护等级第三级，进一步巩固信息安全基础。

四是优化岗位设置，强化法务管理。公司将法务岗从综合管理部调整至风险合规部，并配备了具有律师资格证书的岗位人员，进一步强化法务工作管理的专业性；通过梳理日常法务工作的类型、重要性和频次，合理安排法务审核的方式，兼顾质量和效率。

五是重视业务保障，落实连续性演练。年内按时开展半年度和年度演练，测试突发事件情况下各部门的组织协调性，强化特定场景下应急策略的有效性，切实保障关键业务的稳定开展。

四 信息化勾画未来新蓝图

在金融科技高速发展、信息化对各类金融机构和金融业务的渗透不断深化、科技创新成为金融创新重要原动力的大背景下，财务公司行业的信息化发展驶入快车道，信息化、数字化日益成为支撑行业发展的关键性力量。

就财务公司行业自身情况而言，随着行业发展，金融业务品种不断增加，业务规模不断增长，客户对于服务质量与效率的要求不断提高，公司风险防控和内部管理的标准不断强化，对财务公司充分运用信息化手段、释放业务与管理潜力、突破效率瓶颈提出了更高要求；特别是在财务公司普遍规模比较紧凑、服务网点与员工数量有限的情况下，依靠信息系统解决问题，在很多时候不仅是最佳选择，而且是唯一可行的选择。其中，面向集团外部海量小微客户展开的产业链金融业务发展，以及适应"严监管""强监管"形势的在线实时风险防控体系建设等因素，对财务公司加速信息化发展、完善信息化系统，发挥了显著的倒逼作用。

2018年，财务公司行业在加速信息化发展的实际举措方面，进行了全方位探索，主要内容包括：优化信息化顶层设计，在公司整体战略框架下充实信息化发展战略、目标与计划，加强信息化建设与公司经营管理各环节的衔接与融合，在经营管理的全过程贯彻数字化思维；因地制宜完善业务核心系统与各专业系统，在条件许可的情况下探索自行研发系统，或是提高对于外购系统深度定制开发的参与力度，减少乃至于消灭信息系统尚不能覆盖的业务死角，实现全业务在线运行；大力发展网上金融服务平台建设，以网络为载体延伸财务公司服务终端；加强财务公司系统与监管系统、交易系统、合作金融机构系统、集团财务资金计划预算系统等内外系统的互联互通，以财务公司主导的银企直联平台为切入点，争取和巩固集团成员单位"一站式"资金管理与金融服务平台地位；抓住风险实时在线监测与管控、线上合规管理、流动性监测管理、移动审批、基于大数据的决策辅助、财税服务与分析、绩效管理与人力资源线上服务等重点环节，提高管理领域的信息化、数字化水平；建设覆盖系统开发、运维、监控、软硬件管理等各个环节的数字化信息安全保障平台；探索关于吸收消化大数据、云计算、AI人工智能等信息化前沿技术，提高财务公司经营管理信息化水平的创新之道。

案例

案例19-4　中冶财务公司建设大数据分析平台提高决策与管理水平

中冶财务公司提出"智慧运营-数据驱动的运营建设方法"，形成了基于"互联网思维""全云化"的资金运营、数据决策分析架构，以大数据分析平台提升公司科学决策与精细化经营管理能力。

公司大数据分析平台整合了中冶财务各个业务系统单元，包括核心业务系统、OA办公系统等；根据业务系统数据存储方式和业务特点，按事先约定的数据标准，在数据集市中分类存储，并按照未来可用的形式对数据进行封装，便于未来数据分析时使用。这一平台在公司经营管理中发挥了多方面功能。

帮助管理层进行辅助决策：平台通过大数据分析，对关键指标进行实时直接展示，如吸收存款、资金计划、信贷计划、资金头寸安排等实时情况，从而帮助管理层高效决策。

实时监控重要指标：结合监管机构监管指标和风险控制指标形成风险实时监测管控体系，集中关键数据展示，动态跟踪，并引入红绿灯方式，通过设定的关键指标数据进行颜色显示，便于识别关键和重要的指标数据，主要跟踪指标包括资本充足率、不良资产率、不良贷款率、流动性比率、资金备付率、资金计划实现比率等。

自动生成管理报表：引入专业报表平台，通过直接调用元数据服务形式生成可用的数据报表，并对数据进行集中的实时显示，目前已经实现1104报表数据展示、资金头寸动态集中展示、资金计划直接展示等。

形成业务自动控制：根据分析形成的数据，设定特定业务开展前置条件，从而实现对部分业务的自动化控制，在符合特定条件时方可通过业务申请环节触发线上操作。

实现审计数字化：利用大数据集中分析等手段，将所有业务审批流（包括审批过程和数据）汇聚到综合审计平台，实时按类别、按金额、按业务等进行在线审计，并可以进行审计标注。

五 生态链建设再上新台阶

作为财务公司行业发展趋于成熟的重要标志，财务公司逐步发挥自身连接产业与金融的独特优势，以依托产融结合贡献独特价值为切入点，努力构建以实体产业发展为核心，以金融业务关系为纽带，连通实体产业与金融市场，连通集团内成员单位与产业链上下游利益相关者，囊括集团内部其他金融机构、关联企业集团财务公司、外部市场化金融机构和各类社会中介机构的产业金融生态链，实现项目资源、资金资源、信息资源、服务资源、管理资源等不同层次的统筹协调、交互合作，在促进所在集团高质量发展、发挥金融机构社会价值的同时，进一步巩固自身生存发展的基础。

具体到2018年的实践中，财务公司通过产业链金融、银团贷款、票据、同业等业务载体，加强与集团内部金融机构、外部市场化金融机构和各类社会中介机构的协调合作，在充分发挥合力、提高业务绩效的同时，逐步延伸自身作为集团内部金融机构关系统筹平台的职能，帮助集团创造更加有利的金融环境；据调卷统计，有128家已与外部市场化金融机构展开业务合作，并积极拓展金融合作创新。同时，各集团财务公司之间，在继续深化原有"军工票"等合作形式的基础上，通过所属集团在地理位置、产业类型、上下游产业联系等方面形成的关联纽带关系，通过同业授信、同业拆借、票据互认、银团贷款等业务载体，进一步拓展业务合作的深度与广度；据调卷统计，年内已有190家在财务公司行业内部展开业务合作。同时，各财务公司在中国财务公司协会的引导推动下，不断加强行业内部在发展经验、业务创新、政策诉求等方面的交流合作，凝聚行业合力，推进行业生态发展再上新台阶。

案例

案例19-5　徐工财务公司双管旗下构建同业合作生态圈

为拓宽财务公司的生存发展空间，在更大范围内统筹协调金融资源，为徐工集团发展创造有利条件，徐工财务公司从产业链合作和区域合作两个重点入手，加强与财务公司的业务合作，构建同业合作生态圈。

在产业链合作方面，徐工财务公司面向集团产业链上下游寻求合作机会。其中，连云港港口集团长期选用徐工集团工程设备，也是徐工集团产品拓展海外市场的重要出海口，与徐工集团合作历史悠久，合作基础深厚。2018年11月，徐工财务公司与连云港港口财务公司签署了战略合作协议，双方将在同业授信、资金融通、商票互认、票据转贴现等方面展开合作，在促进财务公司业务发展的同时，为集团进一步深化合作创造了条件。

在区域合作方面，徐工财务公司立足江苏，积极拓展区域合作关系。至2018年底，已基本完成与省内财务公司签署战略合作协议的工作计划，为信贷业务、流动性管理、产业链金融等领域的合作创造了条件。目前，与徐工签署合作协议、建立合作关系的财务公司总数已达22家。

第二十章
新挑战

2018年，财务公司在履行国家定位、服务实体经济与所依托企业集团的过程中，经营管理水平持续提高，行业发展的基础不断巩固。但是，复杂多变的宏观环境，趋于严格的监管标准，所在集团与成员单位在辅助管理、金融服务等方面的更高要求，也对行业发展形成了现实压力。各种压力从内部或外部，或直接或间接地传导至财务公司，为财务公司的功能定位、经营发展带来多重挑战。其中，以下四个方面的挑战需要特别关注。

一 宏观形势显著影响产业发展

财务公司依托集团、服务实体，是与实体经济联系最为紧密的金融机构，对宏观经济环境的感知极为敏感。近年来宏观经济环境的变化，包括各行业周期变动，通过以所属企业集团为载体的实业传导，对财务公司的经营发展带来显著影响。

2018年，中国GDP增速6.6%，超过6.5%的预期目标。但经济下行压力持续，中美贸易战、金融去杠杆、房地产调控等诸多因素相互作用，宏观经济环境的整体复杂多变局面仍在持续，部分产业和身处其中的企业集团仍未摆脱困境。在这种情况下，发展战略、管理风格、资金来源、业务机会、风险管控均高度依托于所在集团的财务公司，在企业集团面临困难局面的情况下，很难独善其身。

在这种情况下，财务公司首先面临因实体经济和所在集团经营困难导致的信用风险抬头问题。具体地说，国家供给侧结构性改革深入推进，"三去一降一补"持续实施，产能过剩行业仍在经历发展阵痛。而财务公司主要服务对象局限于集团内部，很难采取类似于商业银行的策略，通过多行业展业实现有效分散行业风险，在应对行业周期变动时存在先天不足，缺乏足够抵抗力。2018年财务公司行业不良资产与不良贷款率均出现比较明显的上升势头，显示这种由实体经济传导而来的信用风险有所抬头。在信用风险抬头的拖累下，部分财务公司面临银行授信压缩的连带影响，外部融资能力进一步下降，服务实体的能力受到进一步制约。

同时，年内部分财务公司在所属集团经营压力的传导之下，出现了票据违约事件，导致财务公司行业整体的市场认可度受损，影响了财务公司行业整体在金融市场的受认可程度。长期以来，为拓宽资金渠道、拓展同业业务、提升市场竞争力，财务公司一直致力于以承兑、保函等业务为切入点，提高自身作为专业存款类金融机构的市场认可度，构筑金融机构信用。财务公司虽然是独立经营的法人经营机构，但自身的信用状况很难摆脱集团影响，集团经营形势的整体恶化将直接影响财务公司信用；特别是在集团对财务公司定位存在偏差、过度发挥财务公司面向金融市场的信用创造与融资职能的情况下，将有可能导致公司风险过度积累，并在风险暴露后造成严重后果。例如，2018年下半年集中爆发的某财务公司承兑票据逾期事件，原因就在于财务公司所依托的集团经营困难、资金链紧张，财务公司为缓解这种局面，未独立评判风险，开具了远超自身承受能力的承兑票据；而造成这种影响的深层次原因，还是在于财务公司与集团发展的共生性，使财务公司成为集团经营风险与资金风险的集中爆发点。风险爆发的结果，是财务公司的行业整体形象在金融市场受到连带影响，导致财务公司票据与业务承诺的认可度下降，长期以来塑造金融信用的努力在一定程度上付之东流，不仅影响到行业声誉，而且在同业市场等环节对行业发展造成了实际压力。

二 金融市场波动带来明显压力

财务公司是中国金融市场的重要参与者，内外经济环境变动影响所带来的金融市场波动，也对财务公司的经营造成了直接影响。2018年，年中货币政策转向，货币市场环境变化明显；自4月起央行连续三次降准，并且扩大了公开市场操作的力度、降低了流动性操作抵押品的标准；在一系列"宽松"货币政策引导下，相较2017年紧张的货币市场环境，2018年第二季度起货币市场流动性逐步释放，市场利率显著下行。市场环境的变动，一方面有助于实体经济融资成本降低、融资环境改善，但另一方面，也造成了财务公司面临的竞争加剧，资产配置的获利空间收窄，在信贷、投资、外汇等方面承受多重压力。

具体地说，信贷方面，在货币政策进行预调微调的同时，市场信用并未得到同节奏释放，尤其在经济下行周期下，银行业"惜贷"情绪没有得到有效缓解，财务公司所依靠的产业集团依然是商业银行等外部金融机构的重要展业目标；各行业投资节奏放缓，企业融资需求下降；总体上看，财务公司所面临的同业竞争呈加剧趋势。从财务公司开展信贷投放的具体情况来看，如果集团客户资信较好，将面临银行竞争激烈、利率定价话语权不足的问题，压缩信贷业务的收益空间；如果集团内客户资信较差，则将出现信用风险压力加剧的情况，对业务发展和风险管控之间的平衡提出了很高要求。

在投资方面，2018年股市整体震荡下跌，股权投资下滑，结合资管新规等因素影响，行业股票、信托与理财产品投资占比下降。后续股市有所回温，但未来经济下行压力仍在、国际不确定因素增加，股票投资风险难以把握。同时，固定收益市场在货币宽松转向趋势明显之后利率一路走低，与债券违约率陡增的影响叠加，对财务公司的固定收益品种配置造成压力。

在外汇方面，2018年人民币汇率出现较大幅度震荡，年初人民币兑美元在6.3附近徘徊，之后在美元指数走强、全球资本加速回流美国、中美货币政策边际分化等多因素影响下，人民币自4月开始走弱，该趋势一直延续至年末，企业利用远期、掉期等外汇衍生工具降低汇率波动对企业利润和现金流影响的需求不断增强。汇率双向波动、外汇管制等因素叠加，提高了财务公司外汇业务操作与风险敞口管理的难度。

三 监管环境持续约束业务创新

2018年财务公司面临的"严监管""强监管"成为新常态。监管体系调整方面，原银监会与保监会合并，我国的金融监管逐步由"机构监管"转变为"市场监管"，有利于进一步消除监管真空地带、统一监管标准、全面监测与有效防范金融风险。但财务公司在一段时间内仍然面临银保监会、人民银行、国资委等主体多头监管的局面，监管协同机制有待进一步完善，监管标准统一尚需不断加强。同时，年内资管新规重磅发布，取消多层通道与嵌套业务，打破银行理财的隐性刚性兑付，财务公司资产配置渠道受到影响。

在"严监管""强监管"的新常态背景下，财务公司延伸服务范围、产品业务创新将继续受到较强约束。以延伸产业链金融服务为例，目前延伸产业链金融资质未全行业放开，具备业务试点资格的财务公司仅占行业的1/5，财务公司在提升集团产业链条服务深度方面依然受限。在获得开展延伸产业链金融服务资质的财务公司中，也有部分因监管评级未达标导致业务无法继续开展,业务资质不能连续,获客能力严重受损。

同时,适应财务公司行业实际情况的差别化监管体系目前尚未搭建完成,监管部门对财务公司行业的监管,在很多方面主要参照商业银行监管办法执行,未考虑财务公司的行业特殊性。另外,因财务公司在监管部门考量中地位相对较低,行业所得到的监管激励力度不够,一直处于"夹缝生存者"地位。例如在流动性管理上,财务公司流动性监管指标参照商业银行执行,但在流动性管理手段上却较商业银行有明显限制,"权利"与"义务"的不对等,给财务公司加强流动性管理、控制流动性风险带来了阻碍。

四 内外环境变化提出更高要求

近年来,随着供给侧结构性改革的不断推进,产能调整与优化不断加速企业集团内部去杠杆过程,加上货币政策环境等多重因素的影响,企业集团资金管理与融资需求快速向财务公司集中,2018年财务公司行业资产规模同比增长9.30%,其中信贷资产占比46%,较上年增加2个百分点。需求的集中,为财务公司提供了广阔的发展空间,同时也对财务公司服务能力、管理水平的各个方面,提出了更高要求,主要体现在以下几个方面。

(一)成员单位需求多样化和服务标准升级提出更高要求

经过三十余年发展,财务公司逐渐形成一套相对完善的产品服务体系。但成员单位在接受金融服务时,往往将财务公司的服务能力和水平与同行业最优机构对标,将服务价格与同行业最低水平对标,对财务公司的业务创新与服务质量提出诸多挑战。

在服务品种方面,成员单位的要求越来越高。为争取各大客户、提升市场份额,商业银行在开展对公业务时往往通过异质化服务提升市场竞争力,产品种类丰富、精细化程度高。成员单位尤其是各大国有企业集团长期处于金融市场买方地位,面临多样选择。成员单位各项业务回归内部财务公司后,多样的个性化、定制化需求集中涌现,财务公司现有产品体系存在继续拓展和创新的空间。

在服务质量方面,成员单位的要求越来越细。商业银行金融电子化进程加快,互联网金融迅速发展,各大银行均有庞大的研发与技术团队支持业务拓展,金融产品日新月异，服务模式日益多元。受限于资产规模、服务体量等因素，财务公司进行业务品种创新与功能改进的边际平均成本远高于商业银行，同时人才队伍的缺乏导致财务公司对市场反应速度不够灵敏。主客观等多种因素导致成员单位日益多样的服务需求与财务公司相对匮乏的创新能力之间形成冲突，且该冲突有加大趋势。

（二）业务增长对风险管理提出更高要求

财务公司业务规模得到快速增长对财务公司信用风险管理、流动性管理均带来一定挑战。虽然各财务公司均已具备完整、多层次的风控体系，但在风控手段的丰富程度上依然有完善空间。

财务公司信贷客户主要集中于集团内部，延伸产业链金融业务的信用风险实际也控制在集团内，长期以来财务公司客户的信息相对透明、信用风险较好把握，但这也造成财务公司信用风险管理手段相对单一，增信措施不够丰富。在经济发展的重要转型期，财务公司承接更多协助集团变革的使命，业务风险敞口随之增加，传统风控手段难以有效协调助力主业发展与自身稳健运营之间的矛盾。

在去杠杆背景下，成员单位的结算与融资均向财务公司集中，资金头寸安排和流动性管理难度增加，资产负债错配管理能力及工具手段是否能跟上业务规模发展速度是决定财务公司流动性风险是否会急剧上升的重要因素。

（三）财务公司经营"天花板"逐渐显现提出更高要求

财务公司的行业发展规模、质量和效益取决于集团的发展，这是财务公司的天然属性，传统业务规模增长到一定阶段后，不可避免会出现"天花板"。一方面，财务公司资金来源相对有限；另一方面，财务公司绝大多数服务范围仅限于集团内部成员单位，业务拓展空间相对狭窄，在传统业务走向"天花板"时，整体行业发展会逐渐失去生命力。

目前财务公司开展的业务，主要仍以结算、存款、贷款与票据、同业等基础业务为主，其他如发行和承销债券、资产证券化、结售汇等业务都需经监管部门的审批，影响了财务公司为集团成员单位提供多样化的金融服务的能力。

（四）服务国家战略发展与履行社会责任提出更高要求

供给侧结构性改革、"一带一路"倡议、制造业高质量发展等整体性、全局性部署，为各集团的产业结构调整与转型提供重大历史机遇，同时也促进深耕于企业集团的财务公司提升金融服务能力、深化产融协同创造力，目前财务公司业务资质与产品服务体系存在短板、海外资金管理功能相对缺位、服务网络相对稀疏等缺陷有所暴露，伴随未来财务公司对国家战略发展的深度融入，综合服务能力需要不断提升。

普惠金融服务目标与服务范围受限之间的矛盾逐渐突出。依托集团的财务公司在服务民营经济方面具有先天产业优势，受益于延伸产业链金融服务试点，2018年财务公司对小微企业与民营企业服务有所突破，但试点资质未在全行业放开，资质获得严格受监管评级约束，财务公司服务小微企业与民营企业的能力受到限制。

（五）信息系统升级与运维压力提出更高要求

财务公司业务量增长快速，服务对象数量和产品种类均有大幅增加，系统开发需求愈加频繁，为提升业务处理效率与信息管理安全，电子化与信息化是必经之路。各财务公司未来在云计算、大数据、区块链和人工智能方面均有布局构想，系统升级与技术开发压力也将随之增大。

此外，行业内各公司信息系统虽不断加快发展，功能逐渐完善，但相较商业银行等外部金融机构而言，财务公司在信息系统运维方面仍显薄弱。行业内各公司普遍尚未建立完整的自有系统研发团队，业务系统依靠市场上几大主要研发公司，系统稳定性与安全性外部依赖严重，甚至受具体公司经营和人员流动影响，存在不容忽视的风险隐患。

第二十一章
新趋势

一 对接国家战略，服务实体经济

财务公司将充分发挥对接产业与金融的独特优势，继续坚持通过服务所在集团、服务集团上下游产业链，提高对国家重要战略部署的对接与服务能力，通过有针对性的金融服务和辅助管理手段，帮助所在集团根据自身政治站位、经济特征、行业特点、社会责任的不同，在决胜全面建成小康社会的伟大历史进程中发挥更加积极的作用，围绕"国家战略－行业使命－集团责任－财务公司针对性金融服务"这一价值链，释放独特价值。

除原有围绕供给侧结构性改革、"一带一路"倡议、区域发展战略、创新驱动发展战略展开的金融服务之外，财务公司为国家战略落地做贡献的范围将得到进一步扩展，在绿色金融、扶贫攻坚等领域取得新的突破。

二 回归行业本源，规范发展方向

财务公司将直面行业发展出现的局部风险上升态势，在"严监管""强监管"的大环境下，更加注重强调回归行业本原，巩固行业安全稳健发展基础，稳固构建金融信用，为行业发展创造更加有利的外部条件。

在承认不同行业、不同地区、不同所有制企业集团对财务公司定位存在个性差异的同时，财务公司将坚持强调行业发展共性，坚守帮助加强企业集团资金集中管理和提高企业集团资金使用效率的基本职能，依托这一基本职能探索建立有利于所在集团安全、高效、便捷管控集团内各类资金财务资源的司库管理体系；避免过度强调利用财务公司资质与通道获取外部资金，或是面向外部市场配置资金获取利润的倾向。

三 发挥独特优势，赋能集团发展

财务公司将在现有的产品服务体系基础上，进一步发挥为集团发展贡献价值的深度与广度，以资金归集平台、资金结算平台、资金监控平台和金融服务平台等四个方面的基本职能为基础，围绕集团资金秩序管控、集团战略决策辅助参谋、集团数据资源治理开发、集团整体风险监管防控、集团金融运作咨询顾问、集团智力资源与专业人才培养造就等重点，进一步扩展职能、发挥优势、贡献价值；以资金管理为切入点，通过介入决策过程、参与制度搭建、落实辅助管理、对接集团系统、提供解决方案等不同手段，深度融入集团经营、管理全程，为集团主业发展全方面赋能。同时，在监管部门不断引导、各企业集团对于财务公司地位和作用认识不断深化的情况下，财务公司通过发挥金融服务和辅助管理职能，帮助所在企业集团提高发展质量效益的综合价值贡献，特别是表外价值贡献将得到更多的关注和认可，并在公司发展战略、绩效考核机制等方面得到更多体现。

针对2018年出现的局部新风险事件，财务公司将在紧贴集团战略、服务集团主业发展的同时，进一步强化专业金融机构独立判断与决策的责任与义务，通过不断完善符合金融标准的专业风险防控体系，帮助集团在整体风险防控方面"多加一把锁""多上一道保险"，成为集团综合性风险防控能力的重要一环。

四 全面提升能力，优化金融供给

财务公司将在行业保持长期稳健发展的基础上，通过历史回顾、经验积累、对标分析、专题研究等手段，深刻认识和全面把握自身作为一类特色存款类金融机构的特质，更加充分地释放自身在贴近实体经济、贴近企业集团、连通实业与金融、业务资质横跨传统商业银行与投资银行领域等方面的内在优势，同时找短板、找差距、找不足、找隐患，全面提升金融服务、经营管理与可持续发展能力，巩固自身生存基础和竞争优势，在金融供给侧结构性改革中发挥积极作用，形成国家支持、集团满意、市场需要、社会认可的金融供给能力，承担在金融供给侧结构性改革中的特殊使命和职责。

具体地说，在业务发展和创新能力建设方面，财务公司将在抓住资金集中基本职责、探索司库职能发挥这条主线的基础上，继续以产业链金融为突破口推进业务创新升级，争取业务资质更大程度放开，丰富产品体系，提高服务标准，在风险管控、客户管理、系统建设、人才队伍等方面适应以产业链金融推进业务范围向集团外扩展、向海量中小微企业扩展的实际需求；以票据业务为突破口，推进传统业务的转型升级，使传统业务在新的监管要求、市场环境和技术条件下，通过稳妥高效的产品创新、服务改进、流程优化、内外整合，更好地适应集团成员单位的金融服务需求；通过针对集团内中小微企业的专项金融服务，针对产业链上游的应收账款保理和票据贴现业务，针对产业链下游的买方信贷、消费信贷、融资租赁业务等渠道，进一步助力疏通货币政策传导机制，推动货币信贷资金流入实体经济，缓解集团产业链内外中小微企业的融资难、融资贵问题，促进中小微企业和民营经济充分释放活力。

在信息化、数字化能力建设方面，财务公司将完善顶层设计，加大资源投入，优化信息系统架构，消除信息化死角，巩固信息安全基础；同时，重视财务公司行业信息化专业人才队伍和自主研发能力建设，在条件许可的前提下探索制定行业指导性的信息系统建设规范与供应商遴选标准，应对系统建设与维护隐患。

在专业人才队伍建设方面，财务公司将进一步探索优化和完善包括招聘入职、晋升轮岗、绩效考核、薪酬福利、培训发展方面的体制机制，力求人才体制机制充分反映财务公司横跨产业与金融的独特定位，兼顾行业共性与集团个性，在条件许可前提下形成行业指导性规范，以帮助行业提高人才定力、释放人才活力、激发人才潜力、提升人才能力。

五 狠抓风险管控，巩固发展基础

在行业风险局部有所抬头的情况下，2019年，财务公司行业将继续以"严风控""强风控"作为行业发展的重要主题，端正态度、清醒认识、举一反三，以风险意识、合规意识、底线意识引领生产经营全局，在更好适应"严监管""强监管"形势的同时，巩固行业发展基础，扫除行业发展隐患，为维护和提升行业整体声誉创造条件。同时，对于2018年下半年以来宏观经济政策、监管政策方面出现的边际调整变化，财务公司应有清醒认识和准确把握，一方面要顺应形势，把握方向，履行责任，在促进实体经济发展、助力货币政策传导方面有所作为；另一方面要严守风险管控底线，不断加强实质性风控能力建设，巩固发展基础。

在风险意识方面，财务公司将严防思想认识上的麻痹松懈，坚决反对财务公司行业风险水平较低、导致风险管控方面可以不那么重视的惯性思维；防止风险管控上的走形式、走过场、装样子，将注意力集中于形成实质风险管控能力、对可能发生的风险实现有效监测与管控方面，而不是满足于程序完备；清醒认识到因集团资金集中、结算集中、融资集中、投资集中、金融业务操作集中可能产生的风险集中，努力建设与集中相匹配的风控体系与风控能力，使财务公司成为风险控制的关键有力一招，而非风险爆发的潜在隐患一环。

在风险管控的具体工作方面，财务公司将抓住以下几个要点。一是在监管部门和相关政府部门法律法规政策指令密集出台的情况下，提高对政策法规及时获取、准确理解、严格执行的工作能效，加强各个环节的请示沟通，严防合规风险；二是准确把握宏观经济环境、金融市场环境、集团经营环境变化对财务公司所面临的信用风险和流动性风险状况可能产生的影响，在公司战略决策、业务计划、资产负债管理的全过程贯彻风险导向思维，丰富风险缓释手段和管理工具，提高应急处置能力，全面提升信用风险和流动性风险的管控能力；三是充分运用数字化等有效手段，提高风险管控的实时化、自动化水平，实现全流程全方位覆盖。

附 录

财务公司机构名录[1]

序号	机构名称	机构简称	地区	行业	所有制
1	TCL集团财务有限公司	TCL财务公司	广东省	电子电器	集体民营企业
2	安徽省能源集团财务有限公司	安徽能源财务公司	安徽省	电力	地方国有企业
3	安徽省皖北煤电集团财务有限公司	皖北煤电财务公司	安徽省	煤炭	地方国有企业
4	鞍钢集团财务有限责任公司	鞍钢财务公司	辽宁省	钢铁	中央国有企业
5	百联集团财务有限责任公司	百联财务公司	上海市	商贸	地方国有企业
6	包钢集团财务有限责任公司	包钢财务公司	内蒙古自治区	钢铁	地方国有企业
7	宝钢集团财务有限责任公司	宝钢财务公司	上海市	钢铁	中央国有企业
8	宝塔石化集团财务有限公司	宝塔石化财务公司	宁夏回族自治区	石油化工	集体民营企业
9	保利财务有限公司	保利财务公司	北京市	投资控股	中央国有企业
10	北大方正集团财务有限公司	北大方正财务公司	北京市	投资控股	中央国有企业
11	北京金融街集团财务有限公司	金融街财务公司	北京市	投资控股	地方国有企业
12	北京金隅财务有限公司	金隅财务公司	北京市	建筑建材	地方国有企业
13	北京控股集团财务有限公司	北京控股财务公司	北京市	投资控股	地方国有企业
14	北京汽车集团财务有限公司	北汽财务公司	北京市	汽车	地方国有企业
15	北京首都旅游集团财务有限公司	首旅财务公司	北京市	酒店旅游	地方国有企业
16	北京首农食品集团财务有限公司	首农食品财务公司	北京市	农林牧渔	地方国有企业
17	本钢集团财务有限公司	本钢财务公司	辽宁省	钢铁	地方国有企业
18	兵工财务有限责任公司	兵工财务公司	北京市	军工	中央国有企业
19	兵器装备集团财务有限责任公司	兵装财务公司	北京市	军工	中央国有企业
20	渤海钢铁集团财务有限公司	渤海钢铁财务公司	天津市	钢铁	地方国有企业
21	诚通财务有限责任公司	诚通财务公司	北京市	投资控股	中央国有企业

[1] 按机构名称音序排列。

续表

序号	机构名称	机构简称	地区	行业	所有制
22	重庆化医控股集团财务有限公司	重庆化医财务公司	重庆市	石油化工	地方国有企业
23	重庆机电控股集团财务有限公司	重庆机电财务公司	重庆市	机械制造	地方国有企业
24	重庆力帆财务有限公司	重庆力帆财务公司	重庆市	机械制造	集体民营企业
25	重庆市能源投资集团财务有限公司	重庆能源财务公司	重庆市	煤炭	地方国有企业
26	创维集团财务有限公司	创维财务公司	深圳市	电子电器	集体民营企业
27	大连港集团财务有限公司	大连港财务公司	大连市	交通运输	地方国有企业
28	大唐电信集团财务有限公司	大唐电信财务公司	北京市	电子电器	中央国有企业
29	大同煤矿集团财务有限责任公司	同煤财务公司	山西省	煤炭	地方国有企业
30	大冶有色金属集团财务有限责任公司	大冶有色财务公司	湖北省	有色金属	中央国有企业
31	东方电气集团财务有限公司	东方电气财务公司	四川省	机械制造	中央国有企业
32	东方集团财务有限责任公司	东方财务公司	黑龙江省	农林牧渔	集体民营企业
33	东风汽车财务有限公司	东风财务公司	湖北省	汽车	中央国有企业
34	东航集团财务有限责任公司	东航财务公司	上海市	交通运输	中央国有企业
35	东旭集团财务有限公司	东旭财务公司	河北省	电子电器	集体民营企业
36	鄂尔多斯财务有限公司	鄂尔多斯财务公司	内蒙古自治区	民生消费	集体民营企业
37	福建七匹狼集团财务有限公司	七匹狼财务公司	福建省	民生消费	集体民营企业
38	福建省能源集团财务有限公司	福建能源财务公司	福建省	煤炭	地方国有企业
39	甘肃电投集团财务有限公司	甘肃电投财务公司	甘肃省	电力	地方国有企业
40	港中旅财务有限公司	港中旅财务公司	深圳市	酒店旅游	中央国有企业
41	供销集团财务有限公司	供销财务公司	北京市	农林牧渔	中央国有企业
42	光明食品集团财务有限公司	光明财务公司	上海市	农林牧渔	地方国有企业
43	广东省广晟财务有限公司	广晟财务公司	广东省	有色金属	地方国有企业
44	广东省交通集团财务有限公司	广东交通财务公司	广东省	交通运输	地方国有企业
45	广东温氏集团财务有限公司	广东温氏财务公司	广东省	农林牧渔	集体民营企业
46	广东粤电财务有限公司	粤电财务公司	广东省	电力	地方国有企业
47	广西交通投资集团财务有限责任公司	广西交投财务公司	广西壮族自治区	交通运输	地方国有企业
48	广州发展集团财务有限公司	广发财务公司	广东省	投资控股	地方国有企业
49	广州汽车集团财务有限公司	广汽财务公司	广东省	汽车	地方国有企业
50	贵州茅台集团财务有限公司	茅台财务公司	贵州省	民生消费	地方国有企业
51	贵州盘江集团财务有限公司	盘江财务公司	贵州省	煤炭	地方国有企业

续表

序号	机构名称	机构简称	地区	行业	所有制
52	国电财务有限公司	国电财务公司	北京市	电力	中央国有企业
53	国机财务有限责任公司	国机财务公司	北京市	机械制造	中央国有企业
54	国家电投集团财务有限公司	国电投财务公司	北京市	电力	中央国有企业
55	国联财务有限责任公司	国联财务公司	江苏省	投资控股	地方国有企业
56	国投财务有限公司	国投财务公司	北京市	投资控股	中央国有企业
57	国新集团财务有限责任公司	国新财务公司	北京市	投资控股	中央国有企业
58	国药集团财务有限公司	国药财务公司	北京市	商贸	中央国有企业
59	哈尔滨电气集团财务有限责任公司	哈尔滨电气财务公司	黑龙江省	机械制造	中央国有企业
60	海尔集团财务有限责任公司	海尔财务公司	青岛市	电子电器	集体民营企业
61	海航集团财务有限公司	海航财务公司	北京市	交通运输	集体民营企业
62	海亮集团财务有限责任公司	海亮财务公司	浙江省	有色金属	集体民营企业
63	海马财务有限公司	海马财务公司	海南省	汽车	集体民营企业
64	海南农垦集团财务有限公司	海南农垦财务公司	海南省	农林牧渔	地方国有企业
65	海信集团财务有限公司	海信财务公司	青岛市	电子电器	地方国有企业
66	杭州锦江集团财务有限责任公司	杭州锦江财务公司	浙江省	有色金属	集体民营企业
67	航天科工财务有限责任公司	航天科工财务公司	北京市	军工	中央国有企业
68	航天科技财务有限责任公司	航天科技财务公司	北京市	军工	中央国有企业
69	河北港口集团财务有限公司	河北港口财务公司	河北省	交通运输	地方国有企业
70	河北建投集团财务有限公司	河北建投财务公司	河北省	投资控股	地方国有企业
71	河钢集团财务有限公司	河钢财务公司	河北省	钢铁	地方国有企业
72	河南能源化工集团财务有限公司	河南能源化工财务公司	河南省	煤炭	地方国有企业
73	河南双汇集团财务有限公司	双汇财务公司	河南省	农林牧渔	集体民营企业
74	亨通财务有限公司	亨通财务公司	江苏省	电子电器	集体民营企业
75	红豆集团财务有限公司	红豆财务公司	江苏省	民生消费	集体民营企业
76	红星美凯龙家居集团财务有限责任公司	红星美凯龙财务公司	上海市	民生消费	集体民营企业
77	湖北交投集团财务有限公司	湖北交投财务公司	湖北省	交通运输	地方国有企业
78	湖北宜化集团财务有限责任公司	湖北宜化财务公司	湖北省	石油化工	地方国有企业
79	湖南出版投资控股集团财务有限公司	湖南出版财务公司	湖南省	其他	地方国有企业
80	湖南高速集团财务有限公司	湖南高速财务公司	湖南省	交通运输	地方国有企业

续表

序号	机构名称	机构简称	地区	行业	所有制
81	湖南华菱钢铁集团财务有限公司	华菱财务公司	湖南省	钢铁	地方国有企业
82	华联财务有限责任公司	华联财务公司	北京市	商贸	集体民营企业
83	淮北矿业集团财务有限公司	淮北矿业财务公司	安徽省	煤炭	地方国有企业
84	淮南矿业集团财务有限公司	淮南矿业财务公司	安徽省	煤炭	地方国有企业
85	吉林森林工业集团财务有限责任公司	吉林森工财务公司	吉林省	农林牧渔	地方国有企业
86	冀中能源集团财务有限责任公司	冀中能源财务公司	河北省	煤炭	地方国有企业
87	江铃汽车集团财务有限公司	江铃财务公司	江西省	汽车	地方国有企业
88	江苏凤凰出版传媒集团财务有限公司	凤凰出版传媒财务公司	江苏省	其他	地方国有企业
89	江苏国泰财务有限公司	江苏国泰财务公司	江苏省	商贸	地方国有企业
90	江苏华西集团财务有限公司	华西财务公司	江苏省	民生消费	集体民营企业
91	江苏交通控股集团财务有限公司	江苏交通财务公司	江苏省	交通运输	地方国有企业
92	江苏省国信集团财务有限公司	国信财务公司	江苏省	投资控股	地方国有企业
93	江苏悦达集团财务有限公司	悦达财务公司	江苏省	汽车	地方国有企业
94	江西高速集团财务有限公司	江西高速财务公司	江西省	交通运输	地方国有企业
95	江西铜业集团财务有限公司	江铜财务公司	江西省	有色金属	地方国有企业
96	金川集团财务有限公司	金川财务公司	甘肃省	有色金属	地方国有企业
97	锦江国际集团财务有限责任公司	锦江财务公司	上海市	酒店旅游	地方国有企业
98	晋煤集团财务有限公司	晋煤财务公司	山西省	煤炭	地方国有企业
99	京能集团财务有限公司	京能财务公司	北京市	电力	地方国有企业
100	酒钢集团财务有限公司	酒钢财务公司	甘肃省	钢铁	地方国有企业
101	巨化集团财务有限责任公司	巨化财务公司	浙江省	石油化工	地方国有企业
102	开滦集团财务有限责任公司	开滦财务公司	河北省	煤炭	地方国有企业
103	连云港港口集团财务有限公司	连云港财务公司	江苏省	交通运输	地方国有企业
104	联通集团财务有限公司	联通财务公司	北京市	其他	中央国有企业
105	潞安集团财务有限公司	潞安财务公司	山西省	煤炭	地方国有企业
106	马钢集团财务有限公司	马钢财务公司	安徽省	钢铁	地方国有企业
107	美的集团财务有限公司	美的财务公司	广东省	电子电器	集体民营企业
108	南方电网财务有限公司	南网财务公司	广东省	电力	中央国有企业
109	南山集团财务有限公司	南山财务公司	山东省	有色金属	集体民营企业

续表

序号	机构名称	机构简称	地区	行业	所有制
110	内蒙古电力集团财务有限责任公司	内蒙古电力财务公司	内蒙古自治区	电力	地方国有企业
111	内蒙古伊泰财务有限公司	伊泰财务公司	内蒙古自治区	煤炭	集体民营企业
112	青岛港财务有限责任公司	青岛港财务公司	青岛市	交通运输	地方国有企业
113	青岛啤酒财务有限责任公司	青啤财务公司	青岛市	民生消费	地方国有企业
114	青建集团财务有限责任公司	青建财务公司	青岛市	建筑建材	集体民营企业
115	清华控股集团财务有限公司	清华控股财务公司	北京市	投资控股	中央国有企业
116	日立（中国）财务有限公司	日立财务公司	上海市	电子电器	外资企业
117	日照港集团财务有限公司	日照港财务公司	山东省	交通运输	地方国有企业
118	三房巷财务有限公司	三房巷财务公司	江苏省	石油化工	集体民营企业
119	三环集团财务有限公司	三环财务公司	湖北省	汽车	地方国有企业
120	三峡财务有限责任公司	三峡财务公司	北京市	电力	中央国有企业
121	沙钢财务有限公司	沙钢财务公司	江苏省	钢铁	集体民营企业
122	山东晨鸣集团财务有限公司	山东晨鸣财务公司	山东省	民生消费	地方国有企业
123	山东钢铁集团财务有限公司	山东钢铁财务公司	山东省	钢铁	地方国有企业
124	山东黄金集团财务有限公司	山东黄金财务公司	山东省	有色金属	地方国有企业
125	山东能源集团财务有限公司	山东能源财务公司	山东省	煤炭	地方国有企业
126	山东省商业集团财务有限公司	山东商业财务公司	山东省	商贸	地方国有企业
127	山东招金集团财务有限公司	招金财务公司	山东省	有色金属	地方国有企业
128	山东重工集团财务有限公司	山东重工财务公司	山东省	机械制造	地方国有企业
129	山西焦煤集团财务有限责任公司	焦煤财务公司	山西省	煤炭	地方国有企业
130	陕西煤业化工集团财务有限公司	陕西煤化财务公司	陕西省	煤炭	地方国有企业
131	陕西投资集团财务有限公司	陕西投资财务公司	陕西省	电力	地方国有企业
132	陕西延长石油财务有限公司	延长石油财务公司	陕西省	石油化工	地方国有企业
133	商飞集团财务有限责任公司	商飞财务公司	上海市	机械制造	中央国有企业
134	上海电气集团财务有限公司	上海电气财务公司	上海市	机械制造	地方国有企业
135	上海纺织集团财务有限公司	上海纺织财务公司	上海市	民生消费	地方国有企业
136	上海复星高科技集团财务有限公司	复星财务公司	上海市	投资控股	集体民营企业
137	上海华信国际集团财务有限责任公司	上海华信财务公司	上海市	石油化工	集体民营企业
138	上海华谊集团财务有限公司	华谊财务公司	上海市	石油化工	地方国有企业
139	上海浦东发展集团财务有限责任公司	浦发财务公司	上海市	投资控股	地方国有企业

续表

序号	机构名称	机构简称	地区	行业	所有制
140	上海汽车集团财务有限责任公司	上汽财务公司	上海市	汽车	地方国有企业
141	上海上实集团财务有限公司	上实财务公司	上海市	投资控股	地方国有企业
142	上海外高桥集团财务有限公司	外高桥财务公司	上海市	投资控股	地方国有企业
143	上海文化广播影视集团财务有限公司	上海文广影视财务公司	上海市	其他	地方国有企业
144	申能集团财务有限公司	申能财务公司	上海市	电力	地方国有企业
145	深圳华强集团财务有限公司	华强财务公司	深圳市	其他	集体民营企业
146	深圳能源财务有限公司	深圳能源财务公司	深圳市	电力	地方国有企业
147	深圳市有色金属财务有限公司	深圳有色财务公司	深圳市	有色金属	地方国有企业
148	神华财务有限公司	神华财务公司	北京市	煤炭	中央国有企业
149	首都机场集团财务有限公司	首都机场财务公司	北京市	交通运输	中央国有企业
150	首钢集团财务有限公司	首钢财务公司	北京市	钢铁	地方国有企业
151	顺丰控股集团财务有限公司	顺丰财务公司	深圳市	其他	集体民营企业
152	四川省宜宾五粮液集团财务有限公司	五粮液财务公司	四川省	民生消费	地方国有企业
153	四川长虹集团财务有限公司	长虹财务公司	四川省	电子电器	地方国有企业
154	松下电器（中国）财务有限公司	松下财务公司	上海市	电子电器	外资企业
155	苏州创元集团财务有限公司	苏州创元财务公司	江苏省	机械制造	地方国有企业
156	太钢集团财务有限公司	太钢财务公司	山西省	钢铁	地方国有企业
157	特变电工集团财务有限公司	特变电工财务公司	新疆维吾尔自治区	机械制造	集体民营企业
158	天津渤海集团财务有限责任公司	天津渤海财务公司	天津市	石油化工	地方国有企业
159	天津港财务有限公司	天津港财务公司	天津市	交通运输	地方国有企业
160	天津能源集团财务有限公司	天津能源财务公司	天津市	电力	地方国有企业
161	天津天保财务有限公司	天津天保财务公司	天津市	投资控股	地方国有企业
162	天津物产集团财务有限公司	天津物产财务公司	天津市	商贸	地方国有企业
163	天津医药集团财务有限公司	天津医药财务公司	天津市	石油化工	地方国有企业
164	天瑞集团财务有限责任公司	天瑞财务公司	河南省	建筑建材	集体民营企业
165	通用技术集团财务有限责任公司	通用财务公司	北京市	商贸	中央国有企业
166	铜陵有色金属集团财务有限公司	铜陵有色财务公司	安徽省	有色金属	地方国有企业
167	万向财务有限公司	万向财务公司	浙江省	汽车	集体民营企业

续表

序号	机构名称	机构简称	地区	行业	所有制
168	五矿集团财务有限责任公司	五矿财务公司	北京市	有色金属	中央国有企业
169	武汉钢铁集团财务有限责任公司	武钢财务公司	湖北省	钢铁	中央国有企业
170	物产中大集团财务有限公司	物产中大财务公司	浙江省	商贸	地方国有企业
171	物美商业财务有限责任公司	物美财务公司	北京市	商贸	集体民营企业
172	西部矿业集团财务有限公司	西部矿业财务公司	青海省	有色金属	地方国有企业
173	西电集团财务有限责任公司	西电财务公司	陕西省	机械制造	中央国有企业
174	西门子财务服务有限责任公司	西门子财务公司	北京市	电子电器	外资企业
175	西王集团财务有限公司	西王财务公司	山东省	农林牧渔	集体民营企业
176	厦门海翼集团财务有限公司	厦门海翼财务公司	厦门市	机械制造	地方国有企业
177	厦门翔业集团财务有限公司	厦门翔业财务公司	厦门市	交通运输	地方国有企业
178	新奥财务有限责任公司	新奥财务公司	河北省	其他	集体民营企业
179	新凤祥财务有限公司	新凤祥财务公司	山东省	有色金属	集体民营企业
180	新华联控股集团财务有限责任公司	新华联财务公司	北京市	民生消费	集体民营企业
181	新疆金风科技集团财务有限公司	金风科技财务公司	新疆维吾尔自治区	机械制造	集体民营企业
182	新希望财务有限公司	新希望财务公司	四川省	农林牧渔	集体民营企业
183	徐工集团财务有限公司	徐工财务公司	江苏省	机械制造	地方国有企业
184	兖矿集团财务有限公司	兖矿财务公司	山东省	煤炭	地方国有企业
185	阳泉煤业集团财务有限责任公司	阳煤财务公司	山西省	煤炭	地方国有企业
186	一汽财务有限公司	一汽财务公司	吉林省	汽车	中央国有企业
187	伊利财务有限公司	伊利财务公司	内蒙古自治区	农林牧渔	集体民营企业
188	亿利集团财务有限公司	亿利财务公司	北京市	农林牧渔	集体民营企业
189	营口港务集团财务有限公司	营口港财务公司	辽宁省	交通运输	地方国有企业
190	粤海集团财务有限公司	粤海财务公司	广东省	投资控股	地方国有企业
191	云南建投集团财务有限公司	云南建投财务公司	云南省	建筑建材	地方国有企业
192	云南昆钢集团财务有限公司	昆钢财务公司	云南省	钢铁	地方国有企业
193	云南冶金集团财务有限公司	云南冶金财务公司	云南省	有色金属	地方国有企业
194	云南云天化集团财务有限公司	云天化财务公司	云南省	石油化工	地方国有企业
195	招商局集团财务有限公司	招商局财务公司	北京市	交通运输	中央国有企业
196	浙江海港集团财务有限公司	浙江海港财务公司	宁波市	交通运输	地方国有企业

续表

序号	机构名称	机构简称	地区	行业	所有制
197	浙江省交通投资集团财务有限责任公司	浙江交投财务公司	浙江省	交通运输	地方国有企业
198	浙江省能源集团财务有限责任公司	浙能财务公司	浙江省	电力	地方国有企业
199	振华集团财务有限责任公司	振华财务公司	贵州省	电子电器	地方国有企业
200	正泰集团财务有限公司	正泰财务公司	浙江省	电子电器	集体民营企业
201	郑州宇通集团财务有限公司	宇通财务公司	河南省	汽车	集体民营企业
202	中车财务有限公司	中车财务公司	北京市	机械制造	中央国有企业
203	中船财务有限责任公司	中船财务公司	上海市	军工	中央国有企业
204	中船重工财务有限责任公司	中船重工财务公司	北京市	军工	中央国有企业
205	中广核财务有限责任公司	中广核财务公司	深圳市	电力	中央国有企业
206	中国大唐集团财务有限公司	大唐财务公司	北京市	电力	中央国有企业
207	中国电建集团财务有限责任公司	中电建财务公司	北京市	建筑建材	中央国有企业
208	中国电力财务有限公司	中国电力财务公司	北京市	电力	中央国有企业
209	中国电信集团财务有限公司	中国电信财务公司	北京市	其他	中央国有企业
210	中国电子财务有限责任公司	中国电子财务公司	北京市	电子电器	中央国有企业
211	中国电子科技财务有限公司	中电科财务公司	北京市	军工	中央国有企业
212	中国航发集团财务有限公司	中国航发财务公司	北京市	军工	中央国有企业
213	中国航空集团财务有限责任公司	国航财务公司	北京市	交通运输	中央国有企业
214	中国航油集团财务有限公司	中航油财务公司	北京市	石油化工	中央国有企业
215	中国核工业建设集团财务有限公司	中核建财务公司	北京市	建筑建材	中央国有企业
216	中国华电集团财务有限公司	华电财务公司	北京市	电力	中央国有企业
217	中国华能财务有限责任公司	华能财务公司	北京市	电力	中央国有企业
218	中国化工财务有限公司	中国化工财务公司	北京市	石油化工	中央国有企业
219	中国黄金集团财务有限公司	中国黄金财务公司	北京市	有色金属	中央国有企业
220	中国建材集团财务有限公司	中建材财务公司	北京市	建筑建材	中央国有企业
221	中国南航集团财务有限公司	南航财务公司	广东省	交通运输	中央国有企业
222	中国能源建设集团财务有限公司	中国能建财务公司	湖北省	建筑建材	中央国有企业
223	中国平煤神马集团财务有限责任公司	平煤神马财务公司	河南省	煤炭	地方国有企业
224	中国石化财务有限责任公司	中石化财务公司	北京市	石油化工	中央国有企业
225	中国铁建财务有限公司	中铁建财务公司	北京市	建筑建材	中央国有企业
226	中国铁路财务有限责任公司	中国铁路财务公司	北京市	交通运输	中央国有企业

续表

序号	机构名称	机构简称	地区	行业	所有制
227	中国一拖集团财务有限责任公司	一拖财务公司	河南省	机械制造	地方国有企业
228	中国移动通信集团财务有限公司	中移动财务公司	北京市	其他	中央国有企业
229	中国重汽财务有限公司	重汽财务公司	山东省	汽车	地方国有企业
230	中海石油财务有限责任公司	中海油财务公司	北京市	石油化工	中央国有企业
231	中航工业集团财务有限责任公司	中航工业财务公司	北京市	军工	中央国有企业
232	中核财务有限责任公司	中核财务公司	北京市	军工	中央国有企业
233	中化工程集团财务有限公司	中化工程财务公司	北京市	建筑建材	中央国有企业
234	中化集团财务有限责任公司	中化财务公司	北京市	石油化工	中央国有企业
235	中集集团财务有限公司	中集财务公司	深圳市	机械制造	集体民营企业
236	中建财务有限公司	中建财务公司	北京市	建筑建材	中央国有企业
237	中交财务有限公司	中交财务公司	北京市	建筑建材	中央国有企业
238	中节能财务有限公司	中节能财务公司	北京市	其他	中央国有企业
239	中开财务有限公司	中开财务公司	深圳市	交通运输	地方国有企业
240	中联重科集团财务有限公司	中联重科财务公司	湖南省	机械制造	地方国有企业
241	中粮财务有限责任公司	中粮财务公司	北京市	农林牧渔	中央国有企业
242	中铝财务有限责任公司	中铝财务公司	北京市	有色金属	中央国有企业
243	中煤财务有限责任公司	中煤财务公司	北京市	煤炭	中央国有企业
244	中铁财务有限责任公司	中铁财务公司	北京市	建筑建材	中央国有企业
245	中信财务有限公司	中信财务公司	北京市	投资控股	中央国有企业
246	中兴通讯集团财务有限公司	中兴财务公司	深圳市	电子电器	集体民营企业
247	中冶集团财务有限公司	中冶财务公司	北京市	建筑建材	中央国有企业
248	中油财务有限责任公司	中油财务公司	北京市	石油化工	中央国有企业
249	中远海运集团财务有限责任公司	中远海运财务公司	上海市	交通运输	中央国有企业
250	忠旺集团财务有限公司	忠旺财务公司	大连市	机械制造	集体民营企业
251	珠海格力集团财务有限责任公司	格力财务公司	广东省	电子电器	地方国有企业
252	珠海华发集团财务有限公司	华发财务公司	广东省	投资控股	地方国有企业
253	紫金矿业集团财务有限公司	紫金矿业财务公司	福建省	有色金属	地方国有企业

后 记

2018年是改革开放40周年，也是全面贯彻党的十九大精神的开局之年。中国经济继续保持稳中有进的增长态势，供给侧结构性改革持续推进，产业结构持续优化。企业集团财务公司坚守"服务集团"的基本定位，不断深化金融服务，继续强化风险管控，进一步服务实体经济，为集团践行国家战略、优化产业结构提供了有力支撑。今年是中国财务公司协会（简称"中国财协"）联合中国社会科学院财经战略研究院，第四次组织撰写《中国企业集团财务公司行业发展报告》。报告运用大量数据和案例生动翔实地展示了2018年财务公司行业发展运行情况，忠实客观地描述了在发展过程中面临的机遇和挑战。

报告得到了中国银保监会非银部、中国财协领导的关心和指导，得到了各会员单位的支持和帮助。中国财协专职副会长李玉平和中国社会科学院财经战略研究院院长何德旭共同主持报告的起草工作；各会员单位积极反馈调查问卷和案例，为报告提供了翔实的数据和丰富的案例；浙江海港集团财务有限公司在编写组封闭写作期间提供了精心细致、热情周到的安排；社会科学文献出版社对报告的出版给予了大力帮助。在此一并表示衷心感谢！

报告由中国财协、中国社会科学院财经战略研究院、中海石油财务有限责任公司、中油财务有限责任公司、中国石化财务有限责任公司、中国电子科技财务有限公司、航天科技财务有限责任公司、中化工程财务有限公司、中核财务有限责任公司、中船重工财务有限责任公司、兵器装备集团财务有限责任公司等机构共同撰写。

报告各篇章的写作分工如下：第一、第二章由中国社会科学院郑联盛、王朝阳、孟雅婧、王文汇、史晓琳等共同撰写；第三章由中油财务有限责任公司周建林撰写；第四章由中国财协陶亮整理；第五、第六章由中国财协陈达、朱静和孙现梅撰写；第七章由中国石化财务有限责任公司杨睿撰写；第八章由中国电子科技财务有限公司吕煌撰写；第九、第十章由航天科技财务有限责任公司王晓莉撰写；第十一、第十二章由中化工程财务有限公司蒋燕撰写；第十三章由中核财务有限责任公司张剑撰写；第十四、第十五章分别由中船重工财务有限责任公司朱晓雯、中油财务有限责任公司刘畅撰写；第十六、第十七、第十八章由兵器装备集团财务有限责任公司孔舰撰写；第十九、第二十、第二十一章由中海石油财务有限责任公司汪恒、黄青撰写。

中国社会科学院郑联盛、王朝阳和中海石油财务有限责任公司汪恒负责报告的统稿工作，社会科学文献出版社史晓琳等负责报告的编辑校对工作，中国财协李清军、陈达和陶亮承担了报告的修改完善工作，中国财协孙现梅、刘姜琛、朱静做了大量的数据统计、问卷和案例回收整理及组织协调工作，中国财协吴珊、钟舒婷、钱昆承担了报告英文目录及各篇摘要的翻译工作。

由于水平有限，不足之处在所难免，恳请广大读者批评指正。

编写组
2019 年 5 月

图书在版编目（CIP）数据

中国企业集团财务公司行业发展报告.2019/中国财务公司协会，中国社会科学院财经战略研究院编著.--北京：社会科学文献出版社，2019.6
　ISBN 978-7-5201-5014-9

Ⅰ.①中… Ⅱ.①中… ②中… Ⅲ.①企业集团－金融公司－经济发展－研究报告－中国－2019 Ⅳ.
①F279.244

中国版本图书馆CIP数据核字（2019）第106884号

中国企业集团财务公司行业发展报告（2019）

编　　著 /	中国财务公司协会
	中国社会科学院财经战略研究院
出 版 人 /	谢寿光
责任编辑 /	史晓琳
文稿编辑 /	孙悦凡
出　　版 /	社会科学文献出版社·国际出版分社（010）59367142
	地址：北京市北三环中路甲29号院华龙大厦 邮编：100029
	网址：www.ssap.com.cn
发　　行 /	市场营销中心（010）59367081　59367083
印　　装 /	三河市东方印刷有限公司
规　　格 /	开　本：889mm×1194mm 1/16
	印　张：19.75　字　数：380千字
版　　次 /	2019年6月第1版　2019年6月第1次印刷
书　　号 /	ISBN 978-7-5201-5014-9
定　　价 /	148.00元

本书如有印装质量问题，请与读者服务中心（010-59367028）联系

版权所有　翻印必究